Dr. Friedrich W. Doucet
Die Toten leben unter uns

Gibt es ein Jenseits? Überlebt die Seele des Menschen den körperlichen Tod? Was ist von angeblichen Zeugnissen aus dem Jenseits wirklich gesichert? Gibt es Menschen, die bereits klinisch tot waren und ins Leben zurückgerufen wurden? Und was ist von der Reinkarnation zu halten? Diese uralten Fragen, die seit jeher die Menschheit bewegen, sind heute aktueller denn je, denn sie umschließen die Frage nach dem Woher und Wohin, nach dem Sinn des Lebens. Nur eine sehr dünne Schicht trennt die sichtbare Welt von der unsichtbaren. Natürlich leben die Toten nicht körperlich unter uns. Doch das unsichtbare Reich des Geistes und der Seele ist ebenso real wie das materielle Universum. Zu diesem Schluß kommt der Autor, der mit dem Rüstzeug der Tiefenpsychologie und der Symbolforschung den überlieferten Erfahrungsschatz der Hochreligionen aller Zeiten und Völker untersucht und analysiert hat. Übereinstimmendes ergibt sich aus den Geheimlehren der Pythagoreer, Alchimisten, Rosenkreuzer und aus den Psychopraktiken der buddhistischen Tantrik und des japanischen Zen. Das Ergebnis seiner Studien läßt ein die Menschheit gleichsam programmierendes und steuerndes Überbewußtsein erkennen.

Bestechend an diesem Buch ist die Methode der wissenschaftlichen Zusammenschau. Die Frage nach dem Jenseits und dem Überleben des Todes ist gewiß eine religiöse Frage; deren Verdrängung macht jedoch, wie jeder Psychotherapeut weiß, krank. Das bestürzende Ansteigen der psychosomatischen Krankheiten deckt sich mit dem Verlust des Lebenssinns, der unsere Zeit kennzeichnet. Dieses Buch bringt unerwartete Antworten auf einen Problemkreis, mit dem sich – bewußt oder unbewußt – jeder von uns zutiefst beschäftigt, und es verhilft zu neuen, beglückenden Einsichten.

Dr. Friedrich W. Doucet, geboren 1914 in Lublinitz (Schlesien), studierte Psychologie und Psychotherapie in Frankfurt am Main und in Zürich. Er lebt als Therapeut in München und veröffentlichte zahlreiche Bücher zu psychologischen Themen.

Dr. Friedrich W. Doucet

Die Toten leben unter uns

Forschungsobjekt Jenseits

Ariston Verlag · Genf/München

Andere Werke aus unserem Verlagsprogramm
finden Sie am Schluß dieses Buches verzeichnet.

CIP-Titelaufnahme der Deutschen Bibliothek

DOUCET, FRIEDRICH W.:
Die Toten leben unter uns; Forschungsobjekt
Jenseits/Friedrich W. Doucet. – 4. Aufl. – Genf;
München: Ariston Verlag,
1990. (Ariston-Paperback)
ISBN 3-7205-1412-9

Gestaltung des Einbandes:
Werbeatelier Jürgen Richter

Copyright © 1979 by Verlag Kremayr & Scheriau, Wien
Exklusive Lizenzausgabe für Ariston Verlag, Genf 1987

Vierte Auflage Oktober 1990
Printed in Austria 1990

ISBN 3-7205-1412-9

Inhalt

Zum Eindenken

Fragen, die uns alle bewegen   9

Drei Fragen, die sich jeder einmal stellt – Selbstvertrauen hilft überleben – Findet 1985 der Dritte Weltkrieg statt? – Erste Begegnung mit der Kraft des Seelischen – Was ist das Unbewußte? – Warum sich die Wissenschaft nicht mit dem »Jenseits« befaßt – Der Fortschritt und die Zauberlehrlings-Situation – Exakte Wissenschaft beginnt mit der Frage nach dem Warum – Eine Patientin, die ein Geheimnis vergiftet – Heilung durch das rechte Wort – Woher kommt die Intuition? – Zur Unterscheidung zwischen Seele und Geist – PSI-Erscheinungen sind natürlich – Zum Thema Wunderheilung – Geister-Erscheinungen und ihr Beweiswert – Unsere Sinne täuschen – Wir nehmen die Welt nur teilweise wahr – Wunder von gestern sind Selbstverständlichkeiten von heute – Für den Papua ist Fernsehen Zauberei – Unsterblichkeit und Weltraumforschung – Puzzle-Methode zur wissenschaftlichen Gesamtschau – Was Wernher von Braun über das Jenseits sagt

Teil I
Das Jenseits als Vorstellung und Wirklichkeit

Kapitel 1
Die Rätsel des Lebendigen und die Wissenschaft   43

Besuch aus dem Anderswo? – Ein Geist, der Spuren hinterläßt – Ein Freund stirbt, und die Uhr bleibt stehen – Geister-Erscheinungen und Vorzeichen – Tiere registrieren den Tod – Ist das Vorherwissen der Tiere ein Instinkt? – Das ungelöste Rätsel Mensch – Wo hat die Seele ihren Ort? – Vom Glauben an die Wissenschaft – Durch Glauben zum Wissen – Über Geisterbesuche bei spiritistischen Séancen – PSI-Forschung im Labor – Leben noch Pharaonen unter uns? – Die wiedergeborene Patientin des Dr. Wood – Der Münchner »Bahnsteig ins Jenseits« – Talkshow für Pseudo-Reinkarnation – Haben die Russen einen Bioplasma-Körper entdeckt? – Psychokinese und Autogravitation – Tote senden Schwerkraftfelder aus – Poltergeister im Studio – Wirklich ist, was wirkt – Ein geniales Experiment, das die Wirklichkeit der Seele beweist – Die Explosion psychischer Energie in der Kollektiv-Seele – Wenn der Jenseitsglaube eine Massenemotion auslöst

Kapitel 2
Jenseitsvorstellungen und Geisterglaube 80

Die Geburt des Ich – Drei Thesen zur Abstammungsgeschichte des Homo sapiens – Ist der Mensch ein Neubeginn der Schöpfung? – Für den Neandertaler ist die gesamte Natur beseelt – Der Tod als Seelenverlust – Ahnenkult und Jenseitsglaube – Der Totempfahl als Transmitter in die 5. Dimension – Die Welt zwischen den Welten bei Castaneda – Die Jenseitsreise der Schamanen – Was ein Indianer-Hauptmann der US-Army berichtet – Ein deutscher Wissenschaftler erlebt bei einem Nomadenstamm in Alaska seine Initiation – Geistermusik auf Knochenflöten und einem Flageolett aus Rabenbein – Die Hitze im Eis – Der Lift in die Vergangenheit von Tell-es-Sultan – Vor 8000 Jahren wird das Jenseits in den Kosmos verlegt – Der unsterbliche Ka des Pharao und das Rätsel der Pyramiden – Warum die Götter unsterblich sind – Osiris und das Seelengericht – Die Hölle der Nilpferde und Krokodile – Die Luziferlegende und der Tod – Nach der Bibel kommt der Tod erst durch Kain in die Welt – Das Südseemädchen Hainuwele und der Hirte Abel, eine Schicksalsparallele

Kapitel 3
Die Unsterblichkeit im Spiegel der Hochreligionen 116

Das irdische Jenseits der Bibel – Mysterienkulte der Antike und ihr Sinn – Homer und das Haus des Vergessens – Der Trunk der Erinnerung – Der Gott hinter der Maske – Orpheus in der Unterwelt – Eros und das Weltei – Pythagoras entdeckt das Geheimnis des Irrationalen – Mathematik und Unendlichkeit – Die Welt ist nach Maß und Zahl geordnet – Die Allbewußtheit des Kosmos – Eine elitäre Seelenwanderungslehre – Archetypen sterben nicht – Verbotene Wissenschaft – Der Traum des Buddha – Der buddhistische Kreislauf der Geburten – Wie sich die Lamas einen Geistleib schaffen – Die Tarnkappe der Tibetaner – Mithras und das Reich des Lichts – Der Geist der Samurai – Wenn die Seele auf Reisen geht – Die Soka-Gakkei-Bewegung und weshalb Japan eine Wirtschaftsweltmacht wurde

Kapitel 4
Die unsterbliche Seele und die Kultur des Abendlandes 144

Die Körperseele und der unsterbliche Geist – Wirkung und Wirklichkeit der Seele bei den griechischen Ärzten – Die revolutionäre Seelenvorstellung des Christentums –

Himmel und Hölle der ersten Christen – Weltreich aus
Glaube und Schwert – Das grüne Paradies des Propheten
– Die drei Jenseitsreiche von Dante – Die himmlische
Rose – Das Jenseits der Katharer und Albigenser und der
Kreuzzug gegen die Provence – Askese als Kanal in die
Überwelt – Das Dritte Reich des Giacomo de Fiori und
bei Marx und Engels – Die Umkehrung der Theorie vom
Weltgeist – Vom Gottesstaat zum Staat ohne Gott – Das
kommunistische Paradies auf Erden – Der Mensch als Ma-
schine und die Göttin Vernunft – Die Seele wohnt im
Blut – Die unsterblichen Meister von Atlantis – Hitlers
Unsterblichkeitsglaube und die Macht der Unsichtbaren

Teil II
Das Jenseits und die Wissenschaft

Kapitel 1
Botschaften aus dem Jenseits   167

Ist das Jenseits nur eine Wunschvorstellung? – Wenn sich
der tote Ehegatte meldet, ein Fall aus der Praxis – Sterben
an gebrochenem Herzen – Die verstorbene Mutter erscheint im Strahlenkranz – Die Visionen der Kinder von
Lourdes und Fatima – Das Sonnenwunder, das 50.000
Menschen sehen – Ekstaseerlebnisse und Geister-Erscheinungen – Der Materialist Zola erlebt eine Wunderheilung
in Lourdes – Ist das Jenseits mit dem Kollektiven Unbewußten gleichzusetzen? – Jenseitserlebnis und LSD – Der
Zustand der Enstase als Weg in eine Hyperwelt – Der Gelehrte Cardanus und sein Doppelgänger – Der Weltgeist
als Nachrichtenmedium bei den Gnostikern – Die siderischen Geister bei Agrippa und Paracelsus – Der Ursprung
der Lichtgeister und Weißen Frauen – Wenn sich unerlöste Seelen melden: Fälle aus der Gegenwart – Spukgei-
ster als unbewußte Abwehrtendenz – Warum Betrüger
und Scharlatane Glauben finden – Wie der ungläubige
Sigmund Freud einen Klopfgeist erlebte – Fälle von po-
rösem Ich – Wiedergeburtserlebnisse bei Geisteskranken –
Bewußtseins-Television: Übertragungskanal ungeklärt

Kapitel 2
Die Jenseitsfrage als Gegenwartsproblem   200

Die kollektive Bewußtseinsspaltung – Zeitsymptome: Aggression und Depression – Das Gesetz der transzendenten
Funktion der Psyche – Die materialistische Wissenschaft –
Die Affen-Ratten-Plattwurm-Hypothese – Gott ist tot, es
lebe der Übermensch – Der Existentialismus und die moderne Hölle – Sterben in Hollywood – Die Verdrängung

7

des Todes – Selbstverbrennung als Symbol – Der Geist der
SS im Sektenwesen unserer Zeit – Massenselbstmord und
Sektenwahn – Der klinische Tod und die Rückkehr ins
Leben – Fälle und Berichte von Wiederbelebten.

Kapitel 3
Das programmierte Jüngste Gericht   229
Der Antichrist und das Diesseitsglück – Die antichristli-
chen Pastoren der Gegenwart – Findet das Jüngste Gericht
noch vor dem Jahre 2000 statt? – Die Computerbürokratie und ihre Priester – Die zukünftige Ameisengesellschaft – Schafft die Biochemie den Tod aus der Welt? –
Der Kunststoffmensch und seine kybernetische Regenera-
tion – Unsterblichkeit für Funktionäre, Gaskammerhimmel für das Kollektiv

Kapitel 4
Die religiöse Frage und die Naturwissenschaftler unserer Zeit   250
Leib-Seele-Identität oder Synchronizität? – Kausalität und
Akausalität – Ist die Welt vier- oder mehrdimensional? –
Ewigkeit und Zeitlosigkeit – Wo hat das Jenseits seinen
Ort? – Sind die Quasare Jenseitsräume? – Wieviel Uni-
versen gibt es? – Ein endliches Weltall ist ohne Gott nicht
möglich – Sind wir im Kosmos allein? – Alle Genies der
Wissenschaft sind tief religiös – Für Nobelpreisträger ist
das Jenseits beweisbar

Kapitel 5
Das Leben nach dem Tode als Konsequenz
moderner Wissenschaften   269
Das Kollektive Unbewußte und das Überbewußtsein –
Das Jenseitsmodell der Kybernetik – Die Rückkehr der
Magier in die Welt von morgen – Entropie und Informa-
tionszuwachs – Eine interessante Theorie der Russen – Die
psychische Mutation von morgen – Der Mensch ist kein
geschlossenes System – Was materiell auch nach dem
Tode weiterlebt – Kosmische Kommunikation – Wo
kommen die UFOs her? – Ein Jenseits existiert, die Frage
ist nur wie

Anmerkungen   295

Literaturhinweise   300

Glossar   305

Stichwortverzeichnis   317

Zum Eindenken

Fragen, die uns alle bewegen

Jeder Mensch stellt sich früher oder später in seinem Leben die Fragen: *Woher? – Wozu? – Wohin? – Was ist der Sinn des Lebens?* Diese Fragen sind vermutlich so alt wie die Menschheit selbst. Wenn Sie sich, verehrter Leser, die Frage nach dem Sinn des Daseins vorlegen, so stellen Sie – ob bewußt oder unbewußt – automatisch auch die Frage: Was ist der Mensch? Exakter: Was ist das, was wir die menschliche *Seele* nennen – einschließlich Geist und Bewußtheit. Denn diese Besonderheiten sind es doch, wodurch sich der Mensch vom Tier unterscheidet. Verknüpft ist mit dieser Frage die Jenseitsfrage: die Frage nämlich, ob die Seele unsterblich ist oder nicht.

Daß der Körper einmal stirbt, das wissen wir. Ob auch die Seele mit dem körperlichen Tod verlischt oder weiterexistiert, wissen wir jedoch nicht. Wir können eine Fortexistenz der Seele vermuten. Wir können daran glauben oder fest davon überzeugt sein. Das ist – wie wir noch sehen werden – eine Sache der persönlichen Lebenseinstellung. Doch eine Gewißheit darüber besitzen wir nicht. Jedenfalls ist dies die gegenwärtig herrschende Meinung.

In jüngeren Jahren schiebt man die Beschäftigung mit der Frage nach dem Sinn des Lebens und damit die Frage nach einem möglichen Jenseits nur zu gern beiseite. In der Jugend und der Zeit der ersten Lebenshälfte, im Vollbesitz aller körperlichen und geistigen Kräfte, scheint das Ende in weiter Ferne. Das eigene Alter ist kaum vorstellbar. Die Tatsache, daß alljährlich Hunderttausende von Menschen im besten Alter mit dem Auto tödlich verunglücken, ändert daran nichts. Jeder glaubt ja, daß es *ihn* nicht trifft.

Auch ich bin darin keine Ausnahme. Während des Krieges, in den Jahren an der Front, wo der Tod der tägliche Gefährte war und jeder Augenblick das Ende bedeuten konnte, habe ich mich mit der Daseinsfrage und dem Jenseits kaum beschäftigt. Es blieb uns dafür keine Zeit. In der unmittelbaren Todesgefahr, beispielsweise bei einem Sturmangriff, konzentriert sich der Mensch nur aufs Überleben und auf sonst gar nichts. Erst wenn er im Begriff ist, die Schwelle des Todes zu überschreiten... Aber das ist dann kein Denken oder Überlegen, das ist ein Erlebnis besonderer Art. Doch davon später.

Die meisten meiner Kameraden gaben sich gelassen. Für sie war es eine Sache des Schicksals oder der Vorsehung, ob sie überlebten oder nicht. Die Feldgeistlichen spendeten uns Trost mit dem Hinweis auf Gottes unerforschlichen Ratschluß und auf die ewige Seligkeit, auf die wir vertrauen sollten. Damit vermochte ich mich aber nicht zu begnügen. Ich hatte damals eine Beobachtung gemacht, die mir zu denken gab. Einige meiner Kameraden, die besonders unter der Sinnlosigkeit des Krieges litten und darüber verzweifelten und die keine Hoffnung mehr sahen, daß der Krieg je enden könnte, fielen meist nach kurzer Zeit. Es schien mir fast so, als ob sie von dem Augenblick an, wo sie die Hoffnung und damit sich selbst aufgaben, die feindliche Kugel gewissermaßen auf sich zogen.

Für mich war dies der Anlaß, auf die erste Seite meines Tagebuches, das ich ständig bei mir trug, den Satz zu schreiben: Hilf dir selbst, dann hilft dir Gott!

Dieser Grundsatz und das darauf gegründete Selbstvertrauen haben sich als äußerst hilfreich erwiesen, sogar in den aussichtslosesten Situationen, wenn keine Rettung mehr möglich schien. Ich habe sie überlebt, wenn auch nicht ganz unbeschadet. Doch das soll hier nicht interessieren. Aber ich möchte diese Tatsache noch anders ausdrücken. Diese Erlebnisse waren meine erste Begegnung mit dem, was ich als seelische Kraft bezeichne. Oder meine erste bewußte Begegnung mit der Wirklichkeit des Seelischen. Denn was wirkt, gehört nun einmal zur Wirklichkeit.

10

Normalerweise denken die Menschen über die am Anfang dieses Kapitels aufgeworfenen Fragen nach dem Sinn des Lebens und der Beschaffenheit der Seele häufiger und intensiver nach, wenn die Lebensmitte überschritten ist. Die beständige Erfahrung, daß mit fortschreitendem Alter der Kreis der nahen Angehörigen, der langjährigen Freunde und Bekannten immer kleiner wird, bringt dies mit sich.

Die Zeit, in der wir leben, ist nicht normal. Einerseits leben wir in allgemeinem Wohlstand. Die Welt – zumindest unsere westliche Welt – befindet sich im Frieden. Andererseits hängt über der Menschheit das Damoklesschwert eines möglichen Weltuntergangs. Bekanntlich hat es die Menschheit in ihrer Geschichte erstmals so weit gebracht, den Erdball jederzeit mittels der in Massen gehorteten modernen Atomwaffen auseinanderzusprengen und sich selbst als Art vernichten zu können. Das Fatale an dieser Situation ist die Ungewißheit. Das lauernde, nicht greifbare, gewissermaßen im Dunkel verborgene Übel ist es, das eine unbewußte Angst erzeugt, und zwar eine kollektive Angst. Eine solche unbewußte Kollektivangst produziert Aggressionen und Depressionen, die gegenwärtigen Zeitkrankheiten Nummer eins.

Viel Zeit bleibt uns nicht. Der Dritte Weltkrieg ist bereits geplant. Er soll im August 1985 stattfinden. Das behauptet jedenfalls der ehemalige NATO-General Sir John HACKETT, gestützt auf geheime Unterlagen, in seinem Ende 1978 veröffentlichten Buch »Der Dritte Weltkrieg[1]«. Zwar kommt es laut Sir HACKETT nur zu einem einmaligen atomaren Schlagabtausch. Infolge des inneren Widerstandes der sowjetischen Bevölkerung gegen das kommunistische Regime findet dann der Krieg ein baldiges Ende.

Ob der Dritte Weltkrieg tatsächlich so glimpflich verlaufen wird, ist jedoch keinesfalls sicher. Das wachsende Übergewicht der Unvernunft gegenüber der Vernunft, die erschreckende Unbewußtheit der Staatsmänner, Politiker und Strategen, der zunehmende Verlust ethischer und moralischer Werte – wie es der tägliche Blick auf den Bildschirm zur Tagesschau beweist – wecken erhebliche Zweifel. Was in einem künftigen Weltkrieg auf uns zukommt, wissen wir nicht. Aber sicher ist, daß er alles bisher an Schrecken Dagewesene übersteigen wird.

Warum nur lernen die Verantwortlichen nicht aus der Geschichte, werden Sie jetzt mit Recht fragen? Oder verstehen sie die Lehren der Geschichte nicht? Vielleicht wollen sie nicht lernen? Menschen, die von Herrschsucht besessen sind, denken so. Jedenfalls habe ich derartiges in meiner psychotherapeutischen Praxis schon zu hören bekommen. Macht kann süchtiger machen als Drogen – mit allen verhängnisvollen Folgen.

Doch ich will hier keine Horrorvisionen für die Zukunft heraufbeschwören. Ich will mit diesen Hinweisen nur auf die Aktualität der Jenseitsfrage aufmerksam machen, die ja gleichzeitig mit den vordringlichen Fragen nach dem Wesen der Seele und dem Lebenssinn verknüpft ist. Diese Fragen gehen jeden Menschen, auch jeden jüngeren Menschen, an. Sie zu verdrängen oder auch nur auf die Zeit des Alters hinauszuschieben, kann sich in der gegenwärtigen Situation niemand mehr leisten. Inzwischen ist die Beschäftigung mit diesem Fragenkomplex, wie ich Ihnen noch zeigen werde, bereits zu einem akuten Problem der seelischen Gesundheit geworden.

Ich meinerseits habe niemals aufgehört, mir diese wichtigen Fragen zu stellen, seit meiner ersten Begegnung mit der Wirklichkeit der Seele im Krieg und dem bewußten Erlebnis der wunderbaren und hilfreichen Kraft, die in der Seele verborgen ist. Eine Kraft, wohlgemerkt, die nicht etwa ihrerseits wiederum nur auf die Seele einwirkt, sei es, daß sie das Selbstvertrauen stärkt, die Intuition anregt, hilfreiche Einfälle zu produzieren, oder bei einer anderen Person eine Zwangsvorstellung auflöst, eine Depression beseitigt, eine falsche Lebenseinstellung bewußt macht – kurzum das bewirkt, was zur üblichen Tätigkeit eines Psychotherapeuten gehört. Vielmehr handelt es sich um eine Kraft, die keine materiellen Ursachen oder Eigenschaften hat und auch keine physikalische Energie ist, die aber ihrerseits nicht nur seelische, sondern auch körperliche Wirkungen hervorruft. Das heißt, daß diese Kraft, die wir mangels einer physikalischen Feststellbarkeit heute noch als *seelische Energie* bezeichnen müssen, auch unmittelbar auf materielle Objekte einwirkt und diese in ihrer Beschaffenheit zu verändern vermag.

Die Beobachtung dieser Tatsache hat etwas Faszinierendes an sich. Sie gehört zu den Wundern des Lebens, zu den Geheimnissen, die das Lebendige immer noch in sich birgt. Mich hat das Wirken von psychischer Energie stets beeindruckt. Denn es beweist mir, daß das, was wir als Seele bezeichnen – wie immer sie auch sonst beschaffen sein mag –, eine Art Kraftfeld darstellt.

Es begann mit dem ersten Fall, den mir mein Lehr-Analytiker während meiner Ausbildungszeit zur analytischen Aufklärung und psychotherapeutischen Behandlung anvertraute. Kein sonderlicher Fall. Doch ich will ihn zur Einführung und zum Eindenken in die Wirklichkeit des Seelischen erzählen.

Es war ein junger Student, der an einem lästigen Stottern litt, verbunden mit einem zwanghaften Erröten. Er sah sein Weiterstudium in Frage gestellt. An Diskussionen wagte er sich nicht zu beteiligen. Ein vorgeschriebenes Referat hatte er nicht abhalten können, und in Kürze drohte ein Zwischenexamen.

Organisch war alles o. B., das heißt, irgendeine körperliche Krankheitsursache für das Stottern und das Erröten lag nicht vor. Der Patient gab an, er spüre einen Kloß im Hals, wenn er gezwungen sei, frei zu reden. Er stotterte auch bei mir.

Mir war bald klar, daß es sich um eine Angina sexualis handeln müsse. Auch bei einer normalen Angina kennt man infolge der Schwellung im Hals dieses »kloßige« Sprechen. Der Begriff Angina sexualis besagt, daß ein unbewußtes sexuelles Problem derartige Symptome erzeugen kann. Doch mit der Diagnose allein ist es nicht getan.

13

Nun, bei der Besprechung eines Traumes erinnerte sich der junge Mann an ein Erlebnis aus der Schulzeit. Er war im Landschulheim nach dem Schlafengehen noch zu seinem Freund ins Bett geschlüpft, um sich zu unterhalten. Ein kontrollierender Lehrer entdeckte das, bauschte die Sache auf und bezichtigte die beiden – völlig zu Unrecht – der Homosexualität.

Die Sache sprach sich aber herum. Vor allem die Mädchen tuschelten hinter dem Rücken des jungen Mannes. Seine Tanzstundenfavoritin, seine erste romantische Liebe, wandte sich von ihm ab. Zu dieser Zeit begann das Stottern.

Die Rückerinnerung an dieses verdrängte Erlebnis und die Bewußtwerdung der Zusammenhänge reichten allerdings nicht aus, um das Stottern zu beheben. Dies geschah erst, als ich den richtigen Einfall hatte. Als mein Patient zur nächsten Stunde kam, fragte ich ihn über den Lehrer aus und ließ mir nochmals die Szene im Schlafsaal schildern. Dann sagte ich zu ihm: »Erkennen Sie jetzt, daß vermutlich Ihr Lehrer homosexuell war? Seine eigene unterdrückte Veranlagung hat er auf Sie projiziert. Deshalb hat er sich so aufgeregt. «

Ich hatte ins Schwarze getroffen. Von dem Moment an stotterte mein Patient nicht mehr. Auch das Erröten gab sich nach kurzer Zeit.

Inzwischen ist der Begriff des *Unbewußten* allgemein bekannt geworden. Vor einem Vierteljahrhundert war dies noch nicht der Fall. Das Stottern wurde als eine krampfartige Störung der Sprechmuskeln erklärt – eine nervöse Störung, die auch psychische Ursachen haben kann. Die nervöse Fehlfunktion aber und das Stottern als Fehlverhalten standen damals noch im Vordergrund therapeutischer Überlegungen. Heute ist es keine sensationelle Erklärung mehr, wenn ich sage, das Erlebnis im Schulheim war für den jungen Mann ein *Trauma*, eine seelische Verletzung, die er nicht verkraften konnte, besonders wegen der Folgen. So hat es ihm ganz konkret »die Sprache verschlagen«. Durch die unbewußte Angst vor zukünftigen Zurückweisungen hatte sich im Unbewußten ein entsprechender Komplex gebildet, sozusagen als Selbstschutz.

Denn für einen Stotterer verbieten sich ernsthafte Diskussionen mit prüfenden Professoren – wie auch mit reizvollen und begehrten Studentinnen – gewissermaßen von selbst.

Warum erzähle ich Ihnen zu Beginn dieses Buches einen so alltäglichen Fall aus der Praxis, der doch nichts Besonderes auf sich hat? Daß psychische Faktoren – sprich: unbewußte Komplexe – an der Entstehung von körperlichen Fehlfunktionen bis hin zu schweren Organkrankheiten mitbeteiligt sind, ist doch inzwischen allgemein bekannt. Sogar die Frage: Krebs – eine Krankheit der Seele? wird mittlerweile unter Medizinern ernsthaft diskutiert und ist Grundlage eines entsprechenden Forschungsprogramms an einigen dänischen und deutschen Kliniken. Trotzdem: Ist der geschilderte Fall tatsächlich so klar und die Lösung so selbstverständlich?

Zugegeben, in fast jedem Massenmedium, das etwas auf sich hält, ist vom seelisch Unbewußten die Rede. Dies gilt für Fernsehen, Hörfunk und Tagespresse; im weitesten Sinn für fast jede Besprechung oder Diskussion, die menschliches Verhalten und Erleben zum Gegenstand hat. Doch über kaum einen Begriff herrschen so unklare Vorstellungen wie über das Unbewußte.

Wenn Sie eine Reihe von Psychologen um Auskunft bitten, was denn nun das Unbewußte sei oder wie man es sich vorzustellen habe, so werden Sie vermutlich höchst unterschiedliche Antworten erhalten. Sie werden sicher soviel Antworten erhalten, wie unterschiedliche wissenschaftliche Fachrichtungen unter den Befragten vertreten sind. Das hängt mit der Eigenart der Psychologie als Wissenschaft zusammen.

Ihrem ursprünglichen Wesen nach ist Psychologie Menschenkunde. Jedenfalls wurde die Psychologie so verstanden, von ihren Uranfängen bis gegen Ende des vorigen Jahrhunderts. Das Forschungsobjekt des Psychologen ist der Mensch, der Mitmensch. Nur ergibt sich bei der Untersuchung des Bewußtseins, des Unbewußten, ja sogar des

15

erkennenden Denkens ein besonderes Problem: nämlich jenes, daß in diesem Fall Forschungsinstrument und Forschungsgegenstand in eins zusammenfallen. Denn nur mit dem eigenen Bewußtsein und Denken, wobei auch das eigene Unbewußte stets mitbeteiligt ist, kann ich diese Dinge untersuchen. Das heißt, daß der Forschungsgegenstand, den ich untersuche, in gewissem Sinn über sich selbst Auskunft geben soll.

Die Schwierigkeit dabei ist, daß sich der Forscher bei seiner Untersuchung von den allgemeingültigen wie von seinen eigenen Vorstellungen kaum freimachen kann. Diese aber sind geprägt von der jeweils herrschenden Weltanschauung und dem darauf beruhenden Weltbild. Kurzum, das Bild, das sich der Mensch vom Menschen macht, hängt von der Weltanschauung ab und umgekehrt. Bekanntlich wandeln sich Weltanschauung und Weltbild im Lauf der Zeit – ein Wandel, den nicht zuletzt der Fortschritt der Wissenschaften bewirkt.

Neues Wissen und neue Erkenntnisse bedeuten gleichzeitig eine Bewußtseinserweiterung. Das sollte man annehmen. Zu keiner Zeit der menschlichen Geschichte sind so grandiose wissenschaftliche Entdeckungen gemacht worden wie in unserem Jahrhundert. Nie zuvor hat eine so rasante Erweiterung des Wissens über die Natur und ihre Geheimnisse stattgefunden. Die Welträtsel sind gelöst, verkündete bereits zu Beginn unseres Jahrhunderts der Biologe Ernst HAECKEL in seinem Buch, das rasch ein Bestseller wurde. Worauf sich HAECKELs Optimismus stützte, ist der im verflossenen Jahrhundert begründete wissenschaftliche Materialismus.

Ihren Anfang nimmt die Lehre des Materialismus auf einer Naturwissenschaftlertagung zur Zeit unserer Urgroßväter in Göttingen im Jahre 1854. Was hier zur Diskussion steht, sind auch damals im Prinzip die drei uralten Menschheitsfragen: Woher? – Wozu? – Wohin? Die Frage nach der Abstammung des Lebens und des Menschen, die Frage nach dem Sinn des Lebens und die

Frage nach einem Weiterleben nach dem Tode, die Jenseitsfrage.

Das Denkmodell, das die Materialisten unter den Naturforschern dort vortrugen, kann mit wenigen Worten dargestellt werden. Das Universum ist irgendwann vor Jahrmilliarden sozusagen aus dem Nichts von selbst entstanden. Durch einen Urknall – eine ungeheure Explosion – in Gang gesetzt, durch einen beständigen Wärmeaustausch in Richtung Kälte angetrieben und durch zweckgerichtete Zufälle gesteuert, produziert es seither die verschiedensten Formen und Arten materieller Objekte, sozusagen als eine automatische Superfabrik. Durch weitere Zufälle begünstigt, erlangen dann einige Objekte eine eigenständige Automatik zur Selbstreproduktion, das heißt: die Fähigkeit, sich zu vermehren. Diese Fähigkeit zur selbständigen Fortpflanzung ist das, was wir als Leben bezeichnen. Als Endprodukt dieser fortpflanzungsfähigen und damit belebten Materie – mit der Tendenz, sich fort- und höherzuentwickeln – erscheint schließlich der Mensch.

Begriffe wie Geist und Seele sind erst mit dem Menschen aufgekommen, so wurde weiter argumentiert. Das materielle Universum ist unendlich viel älter als der Mensch. Daher können sich Geist und Seele, wenn es tatsächlich so etwas gibt, nur aus der Materie gebildet haben. Doch können diese allenfalls nur Funktionen des biologischen Organismus des Menschen sein. Nach dem Sinn des Lebens zu fragen ist daher gegenstandslos. Bewußtseins- und Denkvorgänge sind an das Gehirn gebunden, gewissermaßen Ausscheidungsprodukte der Hirnchemie. Ist der Mensch tot, kann sein Gehirn keine Gedanken mehr produzieren. Folglich ist irgendeine Art von Weiterexistenz unmöglich, und die Frage nach dem Jenseits ist sinnlos und erübrigt sich von selbst.

Die Gegner der Materialisten, die im Menschen ein beseeltes und geistig schöpferisches Lebewesen sahen, begnügten sich damals, der materialistischen Weltanschauung mit ihrer These »Im Anfang war die Materie« die These »Im Anfang war der Geist« entgegenzuhalten. Der Streit blieb unentschieden, bis eine neue Theorie aufkam.

»Der Ursprung des Menschen ist der schmalnasige oder echte Affe.« So lehrte es der englische Naturforscher Charles DARWIN, nachzulesen in seinem Buch »The descent of man and selection in relation to sex«, London 1871. Der Lebenszweck sei der »Kampf ums Dasein«, der eine natürliche Auslese zur Folge habe, verkündete DARWIN. Bekanntlich setzte sich diese Theorie durch. Sie wurde zum beherrschenden Denkansatz für die Biologie, mit entsprechenden Auswirkungen auf die Psychologie.

Dieses materialistische Weltbild, ergänzt durch die Darwinsche Evolutionstheorie bezüglich der Entstehung des Menschen, wird nach wie vor an unseren Universitäten und Schulen gelehrt, so als ob diese Theorie aus der Zeit unserer Großväter inzwischen endgültig bewiesen sei. Daß es sich dabei lediglich um wissenschaftliche Vorstellungen und Annahmen handelt und die Beweisführung erhebliche Lücken sowie einige logische Trugschlüsse enthält, wird leider verschwiegen.

Die Eskalation des naturwissenschaftlichen Wissens und der darauf begründeten neuartigen Techniken allein in den letzten fünfzig Jahren hat unsere Umwelt nachhaltiger verändert, als es in den vorausgegangenen fünfhunderttausend Jahren der Fall war. Das Ergebnis ist bekannt: eine Welt der gigantischen Fabriks- und Wohnmaschinen aus Stahl und Beton, der Raumfahrtbahnhöfe, des weltumspannenden Jumbo-Jet- und Nachrichtenverkehrs, der Waschautomaten, der militärischen Killer-Satelliten und des Napalms. Es ist aber auch die heutige Welt des Terrorismus und barbarischer Kollektiv-Aggressionen, wie beispielsweise in Afrika und im Iran, des Rückfalls in mittelalterlich anmutende, religiös motivierte Verhaltensweisen und eines beängstigenden Ansteigens der Neurosen und Geisteskrankheiten. Von einer allgemeinen Bewußtseinserweiterung im Zuge des wissenschaftlichen Fortschritts kann offensichtlich keine Rede sein.

Gewiß: das Bewußtsein des Durchschnittsbürgers hinkt dem der großen Entdecker und Erfinder, der Wegbereiter des wissenschaftlichen Fortschritts, stets hinterdrein. Sogar bei Wissenschaftlern ist dies der Fall. So benötigt eine grundlegend neue Entdeckung selbst in der Welt der Wissenschaft viele Jahre, bis sie sich durchgesetzt hat. Doch was die Psychologie – in ihrer wörtlichen Bedeutung die Wissenschaft von der Seele – anbetrifft, so hat diese, drastisch gesagt, den wissenschaftlichen Fortschritt auf allen anderen Gebieten einfach nicht zur Kenntnis genommen. Noch immer stützt sich die akademische Psychologie auf das bereits museale Denkmodell des Materialismus aus der Zeit unserer Urgroßväter. Mit der Seele befaßt sich die Psychologie der Gegenwart eigenartigerweise nicht. Übrigens auch nicht mit dem Bewußtsein.

Doch die gesamte fatale Zeitsituation *ist* von einer übergeordneten kulturgeschichtlichen Warte her gesehen ein Bewußtseinsproblem. Die Zeit, in der wir heute leben, ist gekennzeichnet durch eine Art Bewußtseinsspaltung, als sei der Zeitgeist schizophren. Einerseits eröffnen uns die Zukunftsperspektiven der Naturwissenschaftler und Techniker Aussicht auf die Verwirklichung der kühnsten Menschheitsträume, andererseits beschwören die Verhaltensforscher und Soziologen das Zukunftsbild einer mehr oder weniger schwachsinnigen, von Supercomputern verwalteten und zu einem Kollektivdasein auf dem Bewußtseinsniveau von Ameisen verurteilten Menschheit herauf. Einer Menschheit überdies, die systematisch an ihrem eigenen Endlösungsprogramm arbeitet.

Bis vor wenigen Jahren noch beherrschte ein unerschütterlicher Fortschrittsglaube das Zukunftsdenken und Planen. Galt doch der Fortschritt – selbstverständlich nur mit einem Fortschritt im naturwissenschaftlichen und technischen Bereich gleichgesetzt – als Garant für das Wachstum von Wirtschaft und Wohlstand. Und als ein schöner Beweis für die gestaltende Kraft des menschlichen Geistes und des schöpferischen Bewußtseins obendrein. Inzwischen hat sich jedoch die bestürzende Erkenntnis durchgesetzt, daß diese Annahme nicht stimmt. Das Fortschrittsprogramm hat sich irgendwie selbständig gemacht. Plötzlich vermag niemand mehr die Zusammenhänge zu überblicken und den Sinn des Ganzen zu verstehen.

Wir befinden uns in der fatalen Situation, wie sie das bekannte GOETHEsche Gedicht vom »Zauberlehrling« schildert. Die Formeln für den Zugang zu den innersten und unerschöpflichen Kräften der Materie sind gefunden. Wir spalten Atome und nutzen deren Energie. Wir verpflanzen Herzen und bald auch das Gehirn. Das Leben künstlich zu verlängern – allerdings durch Einbauen des Körpers in Pumpsysteme sowie durch Anketten an Schläuche und Drähte – ist kein Problem. Die Formeln für die Eroberung des Universums sind ebenfalls bekannt. Der Aufstieg zu den Gestirnen, die einst Götter waren, ist Wirklichkeit geworden. Wenn auch vorerst nur bis zum Mond – der Anfang ist gemacht.

Doch der *Sinn,* der sich hinter dem Geschehen in der subatomaren Welt des Allerkleinsten wie in den Weiten des Kosmos verbirgt, ist ein Geheimnis geblieben. Das ginge noch an. Aber auch der Sinn für all dieses unser Tun ist abhanden gekommen. Und für alles, was täglich in der Welt an Unsinnigkeiten geschieht – und zwar durch den Menschen und angeblich für die Menschen und den Fortschritt der Menschheit –, vermögen wir keine Erklärung zu finden. Um bei dem Vergleich mit dem Zauberlehrling zu bleiben: Wir können die drohende Überschwemmung durch die in Gang gesetzte technische Eskalation nicht mehr bannen und werden der entfesselten Kräfte menschlicher Erfindungskunst nicht mehr Herr. Die Kenntnis des bannenden Zauberspruchs ging verloren. Wie hieß doch das erlösende Wort? Wir wissen es nicht mehr.

Sollte das verlorengegangene Zauberwort vielleicht *Seele* heißen?

Um die Erinnerung daran aber geht es, weil mittlerweile alle politischen und wirtschaftlichen Programme sowie jegliche kurz- oder langfristige Zukunftsplanung weit weniger ein Problem der politischen Macht und der wissenschaftlichen oder technischen Erfolge, sondern ein Problem der Einsichtsfähigkeit des persönlichen wie des öffentlichen Bewußtseins darstellen.

Eine Erweiterung des Bewußtseins ist ein psychologisches Problem und eine Aufgabe des öffentlichen Bildungswesens. Aber wie soll es dazu kommen? Von der gegenwärtig das öffentliche Bildungswesen beherrschenden Psychologie ist keine Abhilfe zu erwarten. Die *Seele* ist paradoxerweise für sie kein Forschungsobjekt. Die Problematik des Bewußtseins interessiert sie nicht. Die Frage nach dem Sinn des Lebens ist mit einem Tabu belegt. So bleibt jede Möglichkeit einer Integration der Sinnzusammenhänge in das Bewußtsein der Öffentlichkeit fragmentarisch.

Lassen Sie mich nochmals auf den Fall des stotternden Studenten zurückkommen. Ich will Ihnen zeigen, warum ich gerade einen Durchschnittsfall als ersten in diesem Buch schildere. Daß dieses Stottern vermutlich *psychogener* Natur, also auf eine seelische Verursachung zurückzuführen ist, war auch nach damaligen Erkenntnissen leicht zu vermuten. Immerhin hatte Sigmund FREUD seit langem das Wesen des Unbewußten untersucht und die Mechanismen der unbewußten Verdrängung beschrieben. Nur erklärt FREUD die Seele – wörtlich – als einen psychischen Apparat. Ihre Antriebskräfte bezeichnet er als »Eros« (Sextrieb) und »Thanatos« (Todestrieb), von denen er hoffte, daß sie eines Tages irgendwie in den Zellen des menschlichen Blutes entdeckt würden. Auch für FREUD ist die Seele demnach letztlich ein Bestandteil des biologischen Organismus, so wie es die Verhaltensforscher von heute lehren.

Die Theorie von FREUD und der von ihm aufgedeckte Verdrängungsmechanismus bieten ein Erklärungsmodell

dafür, *wie* es bei diesem Studenten zum Stottern. gekommen ist, und auch für die Heilung. Doch das war mir
zu wenig. Bereits damals interessierte mich mehr als das
Wie das *Warum.*

Warum bewirkt eine seelische Verletzung eine Fehlfunktion der körperlichen Sprechmuskulatur? *Warum*
wirkt die richtige Information – also ein seelisches Erlebnis, das durch die Bedeutung der Worte vermittelt
wird – so auf das Nervensystem, daß plötzlich die Sprechmuskulatur wieder völlig normal arbeitet?

»Die exakte Wissenschaft beginnt dann, wenn jemand
eine allgemeine Frage stellt.« Dieser Satz stammt nicht
von mir, sondern von dem bekannten englischen Philosophen und Mathematiker Bertrand RUSSELL. Er stellt ihn
seiner »Geschichte der Philosophie« voran. Das heißt, es
geht nicht sosehr um das »gewußt wie«, nämlich wie der
Mensch sich verhält und wie er denkt, sondern eben um
die Frage nach dem *Warum.* Die Frage nach einer *hinter*
dem *Wie* stehenden allgemeinen Ursache – moderner ausgedrückt: nach dem *Programm* bewirkender Kräfte und er-
zielter Wirkungen – ist jene entscheidende Frage, mit der
eine exakte wissenschaftliche Forschung beginnt. Das gilt
nicht nur für die Philosophie, sondern ebenso für die
Psychologie wie für jede Wissenschaft, die sich mit dem
Menschen und seiner Eigenart befaßt.

Selbstverständlich taucht die Frage nach einer allgemeinen Ursache oder einem Programm erst auf, wenn ein
besonderer Fall etwas Ungewöhnliches und bislang Unbe-
kanntes ergibt. Was dann folgt, ist in der Regel ein zeit-
raubendes Sammeln und Registrieren von weiteren Fällen
besonders ungewöhnlicher Art und deren Vergleich auf
Gemeinsamkeiten. Nur so lassen sich Gesetzmäßigkeiten
entdecken, die Allgemeingültigkeit haben.

Die *Überprüfung eines Problems auf Allgemeingültigkeit* ist
die gängige Forschungsmethode und Kennzeichen echten
wissenschaftlichen Denkens. Wir wollen uns diesen Satz
merken, denn auch unser Thema, die Jenseitsfrage, stellt

uns vor die Aufgabe einer Problemlösung. Jedenfalls wenn wir, wie es hier geschieht, das Jenseitsproblem unter dem Aspekt eines wissenschaftlichen Forschungsobjekts untersuchen und eine einwandfreie Antwort nach dem modernsten Stand heutiger wissenschaftlicher Forschungsmethoden erhalten wollen.

Lassen Sie mich noch kurz über einen zweiten Fall berichten, der ebenfalls aus meiner Ausbildungszeit stammt. Er wird Ihnen noch deutlicher zeigen, worauf ich Ihre Aufmerksamkeit richten will.

Frau Charlotte W., eine junge Ehefrau, litt an einem jukkenden Ausschlag in der Oberschenkelgegend. Auf die Behandlung durch den Hausarzt und anschließend durch einen Dermatologen hatte die Erkrankung nicht angesprochen. Da die medikamentöse Therapie erfolglos blieb, empfahl der Hautarzt Psychotherapie.

Mein Universitätslehrer nahm Frau W. zur Beobachtung in die Klinik auf. Die Innenseite ihrer Oberschenkel war mit Pusteln und Quaddeln bedeckt und völlig aufgekratzt. Die Patientin litt vor allem unter dem unerträglichen Juckreiz und äußerte bereits Selbstmordgedanken. Soweit das klinische Bild.

Was dann in zwei folgenden analytischen Sitzungen besprochen wurde, will ich nicht im einzelnen schildern. Daß die seelischen Hintergründe für diesen Ausschlag von Frau W., der sich bis in die Intimgegend erstreckte, in einem Eheproblem der jungen Frau zu suchen waren, wird der Leser leicht erraten. Wesentlich ist, wie die Heilung vor sich ging.

Bei der Morgenvisite zeigte sich noch das gleiche, unveränderte Krankheitsbild. Mittags fand eine dritte Aussprache mit der Patientin statt, bei der der Analytiker eine ganz bestimmte, gezielte Bemerkung machte. Bei der Abendvisite fanden wir eine fröhliche, glückliche Patientin vor. Der quälende Ausschlag war verschwunden. Wie weggeblasen. Keine Spur mehr von den rötlichen Pusteln und linsengroßen, halbkugeligen Quaddeln. Die Haut noch etwas gerötet, aber sonst völlig glatt.

Wie ist das möglich? Eine einzige Bemerkung, wenige

Worte nur schaffen es, die krankhafte Veränderung mit den aufgeschossenen Pusteln und Quaddeln zu beseitigen und den gesunden Zustand der Haut wiederherzustellen. Etwas, das die verordneten Medikamente, Salben und Puder zuvor nicht fertigbrachten.

Bei einem Wort – exakter: bei dem Bedeutungsgehalt oder dem Informationsinhalt von Worten – handelt es sich doch um rein geistige, immaterielle Faktoren. Dennoch geht, wie uns dieser Fall zeigt, eine Kraft von ihnen aus, die im Körper materielle biologische Vorgänge auslöst und die materielle Struktur der Haut verändert.

Freilich kommt nicht jedem Wort eine derartige Kraft zu. Entscheidend ist stets der Bedeutungsinhalt. Daher sei zu dem Fall Charlotte W. noch ergänzend gesagt:

Eine gute Freundin hatte Frau W. eine unerfreuliche Geschichte aus dem Vorleben ihres Ehemannes erzählt – selbstverständlich unter dem Siegel tiefster Verschwiegenheit. Die junge Frau wurde mit dem, was sie da über ihren Mann erfuhr, nicht fertig, weil es ihrer recht strengen Moralauffassung widersprach. Doch sich ihrem Mann anzuvertrauen und mit ihm darüber zu reden, dazu war sie nicht imstande.

Der Professor hörte sich das an, schweigend. Er ließ die Patientin erzählen. Bei der Verabschiedung sagte er nur: »Haben Sie nicht gewußt, daß ein Geheimnis vergiften kann? Denken Sie darüber nach!« Das war alles.

»Sie sehen, meine Herren«, erklärte uns anschließend der Professor, »worauf es ankommt, ist das *richtige Wort zur rechten Zeit.«*

Mit Geheimnissen hat es eine besondere Bewandtnis. Sie können hilfreich sein, weil sie schützen, doch ebenso destruktiv, weil sie das Vertrauen zerstören. Das wußten wir auch. Bei Frau W. hatte dies sogar zur Entstehung von körperlichen Symptomen geführt, die sie dann zwangen, ihr Geheimnis preiszugeben, und – was dazu kommt – sie zu dem Entschluß brachten, sich ihrem Mann anzuvertrauen. Also die durch das Geheimnis zerstörte Vertrauensbasis wiederherzustellen. Auch das war klar.

Nur als wir wissen wollten, wie man das *richtige Wort* findet, das ja doch in jedem spezifischen Fall ein anderes ist, bekamen wir zu hören: »Woher der richtige Einfall kommt, das, meine Herren, werden Sie in keinem Lehrbuch finden. Für mich ist es eine höhere Macht, der ich meine schöpferischen Einfälle verdanke. Sie können dafür auch den Begriff Intuition verwenden, der Ihnen allerdings nichts darüber sagt, woher sie stammt. Doch das zu entscheiden, möchte ich Ihnen überlassen.«

Auch dieser Fall hat mich seinerzeit fasziniert. Einmal wegen der *Intuition,* diesem plötzlichen glücklichen »Einfall« des heilenden Wortes zur rechten Zeit. Vor allem aber wegen dieser geheimnisvollen unsichtbaren Kraft, die im Körper eines Menschen biologische Vorgänge auslöst und damit eine konkrete stoffliche, materielle Veränderung bewirkt. Von der Wirkung dieser Kraft konnte ich mich durch den Augenschein überzeugen. Ein Zweifel an ihrer Existenz ist nicht möglich. Doch ist diese Kraft weder mit den menschlichen Sinnen noch durch deren Erweiterung und Verfeinerung in der Form subtiler physikalischer Meßgeräte feststellbar und nachweisbar. Es handelt sich also bei dieser Kraft, die in der Tiefenpsychologie als *psychische Energie* bezeichnet wird, in gewissem Sinn um eine übersinnliche oder jedenfalls überphysikalische Kraft, sagte ich mir.

Selbstverständlich ist bereits die Intuition eine wunderbare Erscheinung, ist sie doch die Grundlage der *Kreativität.* Fast alle großen Gelehrten, Erfinder und Entdecker, die genialen Künstler wie die bedeutenden Feldherren, Staatsgründer und Organisatoren – sie alle berufen sich auf einen erleuchtenden Einfall, einen Geistesblitz, kurzum auf die Intuition, der sie die schöpferische Idee für ihr Werk verdanken. Nur: was ist eine Intuition, und wie kommt sie zustande? Kommt der schöpferische Einfall von außen, oder entsteht er im Gehirn, also im Menschen selbst?

So verblüffend es klingt: Wenn Sie in einem der gängigen Lexika zur Psychologie nachschlagen, werden Sie das Stichwort *Intuition* nicht finden. Allenfalls wird unter dem Stichwort »Schöpferisches Denken« gesagt, daß es sich dabei um die »allgemeine Bezeichnung für das Auffinden neuer und origineller Problemlösungen bzw. Mittel des künstlerischen Ausdrucks durch eine Synthese von Erfahrung und Phantasie[2]« handelt. Eine Erklärung wird nicht gegeben. Soweit »Intuition« im Zusammenhang mit anderen Stichwörtern überhaupt erwähnt wird, erfährt sie als Mittel wissenschaftlicher Erkenntnisse ein höchst abfälliges Urteil.

Sogar die nach dem Krieg in den USA entstandene und inzwischen auch bei uns bekannte moderne Kreativitätsforschung befaßt sich eigenartigerweise nicht mit der Intuition. Mein Lehrer hatte also recht gehabt, als er uns im Anschluß an den Fall der Frau Charlotte W. sagte: »Woher der richtige Einfall kommt, das werden Sie in keinem Lehrbuch finden.«

Ist denn die Intuition ein Rätsel, von dem niemand weiß, woher es stammt und wie es entsteht? Haben all die großen Wissenschaftler unrecht, die sich auf ihre Intuitionen berufen? So können Sie mit Recht fragen. Schließlich sind doch sie es, denen wir die wissenschaftlichen Neuerungen und damit den Fortschritt in Wissenschaft und Technik verdanken. Warum befaßt sich die Kreativitätsforschung nicht mit der Intuition, der sie doch ihre Entstehung verdankt, so wie sich die akademische Psychologie nicht mit der Seele befaßt, von der sie doch ihren Namen herleitet? Die Intuition, der schöpferische Einfall, ist etwas Geistiges. Wir können auch sagen: eine *geistige Kraft.* Doch da es nach dem unglückseligen Denkmodell der Materialisten den Geist oder etwas Geistiges nicht geben kann, so darf auch nicht sein, was nicht sein kann. Merkwürdig genug, aber dies ist der Grund, weshalb nicht nur die Seele, sondern auch der Geist aus den offiziellen wissenschaftlichen Forschungsprojekten verbannt sind.

Nun besteht ja ein Zusammenhang zwischen dem schöpferischen Einfall als einer geistigen Kraft und der seelischen Energie, die bei Frau Charlotte W. körperliche Vorgänge auslöste. Denn die heilende Kraft geht vom richtigen Wort aus. Und das muß dem Arzt zugegebenermaßen erst einfallen. Sicher besteht ein Unterschied, ob beispielsweise ein Techniker aufgrund eines schöpferischen Einfalls eine neuartige Methode zur Energieproduktion erfindet und diese dann in die Tat umgesetzt wird oder ob der Arzt durch den richtigen Einfall eine Heilung erzielt. Beim Techniker folgt auf die Idee noch eine lange Zeit, die mit bewußtem Denken und logischen Überlegungen ausgefüllt ist. Die Heilung durch den Arzt erfolgt in diesem Fall unmittelbar und spontan. Doch der Unterschied ist nur äußerlich, denn in beiden Fällen steht am Anfang der schöpferische Einfall, die Idee, und damit etwas Geistiges. Knapp formuliert: Am Anfang des Schöpferischen ist der Geist.

Damit sind wir bei dem Problem der Unterscheidung zwischen seelischer und geistiger Kraft – oder schlicht zwischen Seele und Geist – angelangt; ein Problem, das Wissenschaftler und Forscher und früher die Weisheitslehrer und Magier seit wenigstens fünftausend Jahren beschäftigt. Bei den alten Ägyptern beispielsweise gilt nur die Seele als unsterblich, der Geist im Sinne einer geistig-körperlichen Lebenskraft hingegen als sterblich. Für die alten Griechen dagegen ist der Geist – das Reich der Ideen – das Ewige. Die Seele aber, an den Leib geknüpft, ist sterblich wie dieser. Dies gilt allerdings erst, seit mit dem Durchbruch vom magischen zum logischen Denken durch die griechischen Naturphilosophen eine Wissenschaft in unserem Sinne beginnt. Doch ich will nicht vorgreifen.

Von Anfang an habe ich mich jedenfalls nicht damit abgefunden, daß über die Herkunft und den Ort der geistigen Kraft des Schöpferischen wie auch über die Entstehung und die Natur der seelischen Energie in keinem Lehrbuch etwas zu finden ist. Die Frage nach dem *Warum* konnte ich nicht unterdrücken. Ich wollte es genau wissen. Dies hat mir oft den Vorwurf eingetragen, daß ich allzu kritisch und skeptisch – sprich ungläubig – sei, und den Verweis, ich möge mich an die herrschenden Lehrmeinungen halten. Für die Praxis sei es wichtiger, mich mit den gesicherten Erkenntnissen zu begnügen, die vorhanden sind.

Doch im Verlauf meiner Praxis habe ich immer wieder in zahllosen Fällen die erstaunliche Wirkung der Kräfte des Geistes und der Seele erleben können, die nur zu oft unmöglich Erscheinendes möglich machten. Das beginnt mit der Feststellung von *prognostischen* Träumen – also von Träumen, die den Verlauf einer Behandlung vorwegnehmen –, von hellsichtigen *Wahrträumen* und von echten *Zukunftsträumen*. Von Träumen, die weit in die Zukunft vorausgreifen und über Geschehnisse informieren, welche sich in manchen Fällen erst Jahre später tatsächlich ereignen. Dazu kamen viele Fälle der Heilung von körperlich organischen Leiden, die noch verblüffender die Wirkung seelischer Energie beweisen, als es bei den geschilderten Fällen des Studenten und der Frau Charlotte W. der Fall war.

Hinzu kommt die Beobachtung von *psychokinetischen* Phänomenen, also die rätselhafte Bewegung von Gegenständen im Zusammenhang mit Fällen von Personen mit schweren Neurosen, die *Ablösung des Bewußtseins* vom Körper und seine Aussendung an einen anderen Ort und sogar *Doppelgängererscheinungen,* das Auftreten einer Person an zwei voneinander entfernten Orten zugleich.

Jeder Psychiater und Psychotherapeut macht im Verlauf einer jahrzehntelangen Praxis ähnliche Beobachtungen. Nur war es früher verpönt, darüber zu sprechen. Für einen seriösen Wissenschaftler fiel die Beschäftigung mit diesen Dingen unter das erwähnte Tabu. Mochten sich Okkultisten und Parapsychologen damit befassen! Man begnügte sich mit einer Fachbezeichnung, beispielsweise von einem *porösen Ich* zu sprechen, wenn eine Person es fertigbringt, gewissermaßen aus sich herauszutreten und mit ihrem Bewußtsein an einem anderen Ort zu verweilen. Und dabei blieb es.

Nun sind ja in der Tat alle Erscheinungen, bei denen geistige und seelische Kräfte im Spiel sind, inzwischen zum Untersuchungsgegenstand der modernen PSI-Forschung geworden. Mit den okkultistischen und spiritistischen Experimenten, wie sie in der ersten Hälfte unseres Jahrhunderts innerhalb der Parapsychologie alten Schlages noch üblich waren, hat diese mit den modernsten wissenschaftlichen Labormethoden arbeitende Forschung nichts mehr gemein. Wie bekannt, widmen sich in der Sowjetunion bereits acht große Institute der Erforschung der realen Kräfte der Psyche und deren Auswirkungen sowie den teilweise noch ungeahnten Nutzungsmöglichkeiten *seelischer Kraftfelder*. In den USA beschäftigen sich zumindest drei große Universitäten mit der wissenschaftlichen Aufhellung des Wesens der seelischen Energie. Darüber hinaus sind eine Reihe von fortschrittlichen Wissenschaftlern in allen Teilen der Welt in eigenen Privatinstituten auf diesem von der traditionellen Wissenschaft vernachlässigten Gebiet tätig.

So beliebt es gegenwärtig ist, sich mit Berichten über PSI und PSI-Forschung zu befassen: auch hierbei verhält es sich wieder so wie mit den allgemeinen Vorstellungen über das sogenannte *Unbewußte*. Die Auffassungen sind höchst unterschiedlich, die Meinungen geteilt. Das liegt einmal daran, daß die PSI-Experimente in den Labors der USA und der UdSSR teilweise von der Armee finanziert werden und unter »Top Secret« laufen, zum anderen aber daran, daß immer wieder Berichte über ungewöhnliche PSI-Erscheinungen von Zeitschriften und der Tagespresse als Sensationen spektakulär hochgespielt werden, eine wissenschaftlich einwandfreie Erklärung jedoch fehlt.

Dabei sind PSI-Erscheinungen etwas durchaus Natürliches, das zur Wirklichkeit und zum Wirkungsfeld des Seelischen gehört. Bereits eine spontane Sympathie oder

Abneigung, eine zutreffende Ahnung, das wortlose Verstehen der Gedanken unter Liebenden, das alles, was jeder Mensch einmal erlebt, sind letztlich PSI-Erscheinungen. Strenggenommen ist jeder Heilungsvorgang, den ein Psychosomatiker oder Psychotherapeut mit dem richtigen Wort zur rechten Zeit erzielt, ein Erfolg von *Psychokinese* genauso wie die Heilung, die ein befähigter Arzt durch seine *persönliche Ausstrahlung* weit mehr als durch die verordneten Medikamente bewirkt.

Was zumeist darüber hinwegtäuscht, daß psychokinetische Effekte etwas Natürliches sind und sich täglich ereignen, ist die Art der Berichterstattung über sogenannte *Wunderheilungen*. Gewiß sind hier Zweifel angebracht, sofern sie sich auf die Person des Heilers, seine Tricks oder gar Betrugsabsichten beziehen. Doch an der Tatsache, daß Heilungen durch rein seelische Einwirkung jeden Tag in der Praxis eines Arztes vorkommen, ändert dies nichts.

Auch ich bin Wunderheilern gegenüber äußerst skeptisch eingestellt, sofern sie aus ihrer Gabe ein Geschäft machen. Das gilt auch für alle Medien, die sich mit PSI-Fähigkeiten in der Öffentlichkeit produzieren. Denn sie stehen unter Erfolgszwang. Die Entfaltung von PSI-Fähigkeiten ist aber an bestimmte psychologische Situationen gebunden. So ohne weiteres, willkürlich und zu jeder Zeit, ist das nicht möglich.

Mein kritischer Zweifel ist mir bis heute geblieben, trotz meiner vielfältigen Begegnungen mit dem Ungewöhnlichen und Außergewöhnlichen und – zugegeben – oft auch mit dem Unerklärbaren. Dies gilt besonders für das Thema dieses Buches, die Frage nach dem Jenseits, die Möglichkeit eines Weiterlebens nach dem Tode. Bei der Untersuchung des Jenseitsproblems ist meine Einstellung noch kritischer und skeptischer als sonst gewesen. Vielleicht gerade deshalb, weil die Frage nach dem Jenseits gegenwärtig so aktuell ist und so viele Menschen beschäftigt, die Wissenschaften aber, deren Untersuchungsobjekt der Mensch ist, sich damit nicht befassen. Selbst die Theologen, deren Domäne bislang das Jenseits war, zeigen sich teilweise ratlos und vermögen eine einleuchtende, auch im Sinne der Naturwissenschaften widerspruchsfreie Antwort kaum zu geben.

Nun ist in jüngster Zeit eine Fülle von Veröffentlichungen über das Leben nach dem Tode, über Botschaften Verstorbener aus dem Jenseits und über Wiedergeburtserlebnisse erschienen. Was die sogenannten »Tatsachenberichte« angeht – über Geistererscheinungen, Jenseitsbotschaften, Rückerinnerungen an ein früheres Leben oder über ein kurzzeitiges Überschreiten der Grenze, die der körperliche Tod darstellt –, so finden wir nur wenig zweifelsfrei verbürgte Fälle aus unserer Zeit. Die überwiegende Anzahl der geschilderten Fälle bezieht sich auf Ereignisse, die Jahrzehnte oder gar hundert und mehr Jahre zurückliegen. Sie haben den Nachteil, daß wir nicht dabei waren. Nachprüfbar sind diese Fälle nicht.

Auch wenn es sich hierbei um die Augenzeugenberichte berühmter Gelehrter und durchaus glaubwürdiger Persönlichkeiten handelt, so bezieht sich die Glaubwürdigkeit lediglich auf den Wahrheitsgehalt der erlebten Beobachtung wie des persönlichen Eindrucks. Wieweit bei diesen Erlebnissen und Beobachtungen – von Jenseitsbotschaften, Geistererscheinungen und dem Auftreten von Verstorbenen – zu früheren Zeiten die inzwischen von der experimentellen Psychologie erforschten *Sinnestäuschungen* mitbeteiligt waren – die unserem Gehirn eigene Verquickung von eingefahrenen Vorstellungen und Augenschein –, läßt sich im nachhinein nur schwer feststellen. Mit einem Wort: der Beweiswert dieser alten Fälle ist dürftig, jedenfalls als Beweis für die Existenz eines Jenseits und für ein reales Weiterleben nach dem Tode.

Selbstverständlich erstreckt sich das Problem der Sinnestäuschung mannigfacher Art auch auf die Berichte aus jüngster Zeit, besonders wenn diese Berichte von Personen stammen, die über keine wissenschaftliche Ausbildung verfügen und mit der wissenschaftlichen Forschungsmethodik nicht vertraut sind. Bereits der Wunsch, einen Jenseitsbeweis zu liefern – sei es aus religiösen oder sonstigen Glaubensgründen –, trübt hier das Beobachtungsvermögen und verhindert eine vorurteilsfreie und kritische Untersuchung.

Das ist die eine Seite der Täuschungsmöglichkeit durch die sinnliche Erfahrung. Sie kann sich auf die einzelne Person beschränken und reicht von einer Verfälschung durch vorgefaßte Meinungen bis hin zu den vollständigen Einbildungen, den Halluzinationen. Ebenso unterliegt jeder Mensch gewissen optischen, akustischen und sonstigen Sinnestäuschungen, die auf der Konstruktion und der Art der Wahrnehmung unserer Sinnesorgane beruhen. Die einfachsten Beispiele sind die Täuschungen durch Form- und Farbkontraste sowie durch Bewegung.

Zwei gerade Linien, durch Halbkreise oder Strahlenbündel gezeichnet, erscheinen gekrümmt. Wird eine Pappscheibe, je zur Hälfte schwarz und weiß, schnell genug gedreht, sehen wir nur noch Grau. Nehmen wir einen Film in die Hand, sehen wir lediglich einzelne Standfotos. Erst wenn der Film mit einer Geschwindigkeit von wenigstens 15 bis 18 Bildern pro Sekunde im Projektor abrollt, sehen wir eine bewegte, fortlaufende Handlung, wie sie zuvor gefilmt wurde.

Soviel zu den Sinnestäuschungen, wie sie als Ergebnisse physiologischer und psychologischer Untersuchungen bekannt sind. Andererseits aber dürfen wir nicht vergessen, daß unserer Beobachtungs- und Erfahrungsmöglichkeit durch unsere Sinne ganz allgemein natürliche Grenzen gesetzt sind. Das Bild, das uns unsere Sinne von der Welt vermitteln, ist nur ein kleiner Ausschnitt der tatsächlichen Wirklichkeit. Bereits die Erweiterung der Sicht unseres Auges durch Teleskop und Mikroskop läßt uns zuvor Unsichtbares erkennen, von dem wir sonst nichts wüßten.

Denken Sie an die Beobachtung des täglichen Laufs der Sonne am Himmel und an den Wechsel der Jahreszeiten. Der Augenschein zeigt Ihnen, daß die Sonne am Morgen über dem Horizont aufgeht, am Mittag ihren höchsten Stand erreicht und am Abend im Westen untergeht. Doch Sie wissen, daß nicht die Sonne um die Erde kreist, sondern der Wechsel von Tag und Nacht dadurch zustande

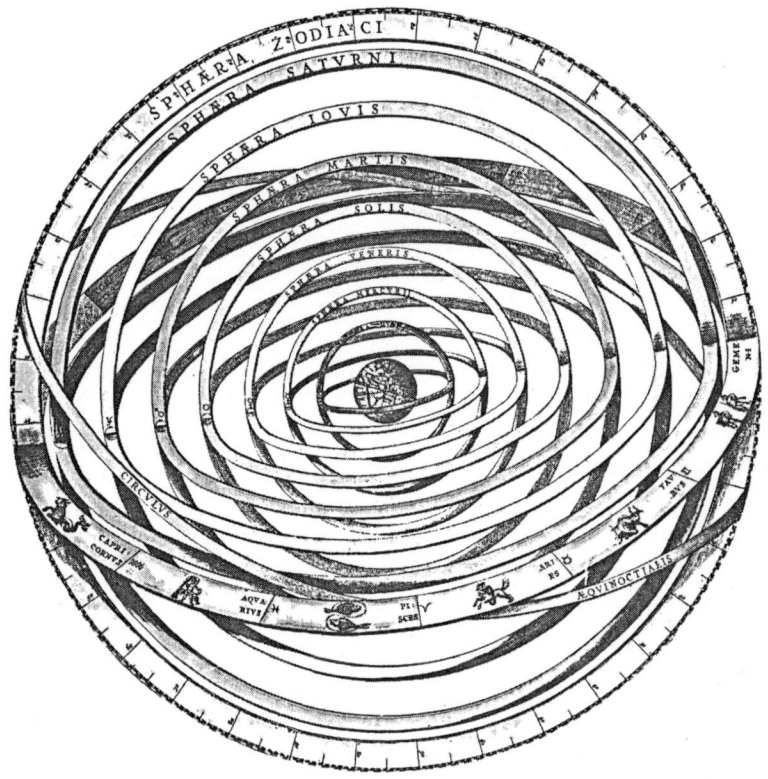

Das mittelalterliche Weltbild des Kosmos mit den Planetenbahnen und der Erde im Mittelpunkt. (Nach einem Kupferstich, Anfang 17. Jh.)

kommt, daß sich die Erde um sich selbst dreht. Und ebenso wissen Sie, daß nicht die Sonne im Sommer hoch über den Himmel zieht und im Winter einen niedrigen Stand hat, sondern daß das jährliche Kreisen der Erde um die Sonne und die Neigung der Erdachse den Jahreszeitenwechsel verursachen.

Dieser erhebliche Unterschied zwischen Ihrer augenscheinlichen Beobachtung und der tatsächlichen Wirklichkeit ist für Sie etwas Selbstverständliches. Doch das war nicht immer so. Der Astronom KEPLER, der Erfinder des astronomischen Fernrohrs und Entdecker der drei berühmten Gesetze der Planetenbewegung – sie wurden Grundlage für Isaac NEWTONs Gravitationstheorie und prägten das kosmische Weltbild bis in unser Jahrhundert –, wurde von den Behörden mit der Todesstrafe bedroht. Der Senat der Universität Tübingen versuchte, sich der Veröffentlichung von KEPLERs Werk »Mysterium Cosmographicum« zu widersetzen, weil – so der Einwand – die neue Lehre von der Bewegung der Planeten um die Sonne das Vorstellungsvermögen der offiziellen Wissenschaft übersteige.

Das war am Anfang des 17. Jahrhunderts. Doch noch zweihundert Jahre später, als ich zur Schule ging, zu Beginn der zwanziger Jahre, machte es uns erhebliche Schwierigkeiten, die Tatsache, daß sich die Erde um die Sonne dreht, in unser Bewußtsein aufzunehmen. Es widersprach zu sehr der gesehenen Wirklichkeit.

Für die Schulkinder von heute ist das überhaupt kein Problem. Wer Kinder unserer Tage beim Astronautenspiel beobachtet, stellt verblüfft fest, wie richtig das Kind, welches die Erde verkörpert, durch Drehen um die eigene Achse die Erdbewegung nachahmt und wie das Kind, das das Raumschiff »ist«, die Gravitationsgesetze befolgt, indem es bei seiner Fahrt zum Mond seinen Lauf allmählich beschleunigt und dann in eine entsprechende Umlaufbahn einschwenkt.

Doch noch zu Beginn der fünfziger Jahre wurde von namhaften Wissenschaftlern die Auffassung vertreten, die Raumschiffahrt sei ein Ding der Unmöglichkeit. Niemals könne der Mensch die Schwerkraft, die ihn an die Erde fesselt, überwinden. Darüber hinaus sei eine Existenz in der Kälte des Raums unmöglich. Ebenso wurde von Fachgelehrten noch zu Beginn unseres Jahrhunderts die Konstruktion eines Flugzeugs für unmöglich gehalten. Ein Körper, der schwerer sei als Luft, wurde argumentiert, könne sich nicht in die Luft erheben.

Ein Urlauber von heute, der zu den Bahamas jettet, macht sich darüber überhaupt keine Gedanken. Sein Urlaubsflug ist der Beweis, daß das Unmögliche längst zur Selbstverständlichkeit geworden ist. Ebenso liefern die Astronautenfotos von den Mondlandungen sowie die Fotos der Raumsonden von Mars, Venus und Jupiter den Beweis für die möglich gewordene Tatsache der Weltraumfahrt.

Der Grund dafür, daß selbst namhafte Wissenschaftler von Unmöglichkeiten sprachen, weil derartige Unternehmen ihrer Ansicht nach unvereinbar mit den gültigen Naturgesetzen seien, beruht weniger auf deren Unkenntnis, sondern einfach darauf, daß das Vorstellungsvermögen ihres Bewußtseins überbeansprucht wurde.

Worauf will ich mit diesen einfachen Beispielen hinaus?

● Die Welt, so wie wir sie mit unseren Sinnen wahrnehmen und erleben, ist nur ein kleiner Teilbereich der wahren Wirklichkeit. Sie ist nur für uns und für unser menschliches Bewußtsein so, wie sie uns erscheint. Die tatsächliche Wirklichkeit ist anders und vermutlich vielfältiger und reicher, als wir es uns heute bereits vorzustellen vermögen.

● Der Forschung sind keine Grenzen gesetzt. Was der direkten Wahrnehmung durch die Sinne entzogen ist, läßt sich indirekt durch die Entwicklung neuartiger technischer Untersuchungsmethoden dennoch erforschen. Dazu bedarf es allerdings des Entwurfs neuer und zeitangepaßter Denkmodelle. Die Behauptung der Unmöglichkeit durch Wissenschaftler, die in veralteten Denkvorstellungen befangen sind, darf kein Hinderungsgrund sein.

● Die exakte Beobachtung von Dingen und Vorgängen, welcher Art auch immer, verschafft uns *Kenntnisse,* In-

35

formationen über Fakten. Doch die *Erkenntnis,* warum etwas so ist, vermögen uns weder unsere Sinne noch deren künstliche Verfeinerung durch die Technik zu liefern. Dies vermag allein der grübelnde, denkende, logisch analysierende menschliche Geist. Er allein verschafft uns ein Bild von der Wirklichkeit der Welt, das über unsere sinnliche Erfahrung hinausreicht.

Die Selbstverständlichkeiten von heute sind die Wunder von gestern. Doch gerade die Selbstverständlichkeiten und Alltäglichkeiten bergen noch eine Fülle von Geheimnissen, je nachdem, unter welchem Aspekt wir sie betrachten.

Stellen Sie sich vor, Sie nehmen an einer Expedition zu den letzten Eingeborenenstämmen im Inneren Neu-Guineas teil. Sie haben ein Kofferradio bei sich, das die Eingeborenen noch nie gesehen haben. Für diese ist es eine Geisterstimme, die aus dem Kasten tönt. Sollten Sie gar ein TV-Gerät haben, das eine der australischen Stationen empfängt, werden die Papuas Sie für einen mächtigen Zauberer halten, der Geister erscheinen lassen kann.

Sie wissen, wie der Fernsehempfang zustande kommt. Sie sind darüber informiert, daß der Sender unsichtbare elektromagnetische Wellen ausstrahlt und Bilder wie Sprache den Wellen in Form von elektrischen Impulsen aufmoduliert sind. Auf dem Bildschirm erscheinen diese Impulse als rasch wandernde Punkte und Zeilen, aus denen sich für das Auge ein Bild aufbaut. Was dem Papua als Zauberei erscheint, weil das Übertragungsmedium, die Funk- und Fernsehwellen, unsichtbar und unhörbar sind, ist für Sie eine völlig natürliche Sache.

Doch was geschieht in unserem Gehirn? Wie formt es die Bildpunkte und Zeilen zu anschaulichen Vorstellungsbildern um? Wie erkennt unser Bewußtsein die *Bedeutung* der Bilder und Töne? Auch wenn durch das Empfangsgerät die unsichtbaren und unhörbaren elektromagnetischen Schwingungen in sichtbare Lichtimpulse und hörbare Schallwellen umgewandelt sind: was das Gehirn

36

empfängt, sind lediglich – diesen Schwingungen entsprechend – synchrone Nervenreize. Mehr nicht. Wie aber erkennt unser Bewußtsein den *geistigen Inhalt* dieser Schwingungsreize als sinnvolle Nachrichten? Das wissen Sie nicht. Auch der klügste Gehirnforscher wird es Ihnen nicht sagen können, weil es physikalisch nicht erklärbar ist.

Alle Vorgänge und Erscheinungen, die im Wirken von Geist und Seele ihren Ursprung haben, die mit der Tätigkeit des Bewußtseins wie des Unbewußten zusammenhängen, sind nach wie vor weitgehend unerforscht. Das Wort des bedeutenden Arztes und Naturforschers Alexis CARREL vom Menschen als dem unbekannten Wesen gilt auch heute noch.

Es ist nicht ohne Reiz, daß die wissenschaftliche Untersuchung der sogenannten *übersinnlichen* Erscheinungen in den USA in Forschungslabors stattfindet, die von der NASA finanziert werden. Das ist dieselbe Behörde, der das Forschungsprojekt Weltraumfahrt untersteht und die das »Unmögliche« verwirklichte, mit Apollo 11 den ersten Menschen auf einem anderen Himmelskörper zu landen. Mit dem Vorstoß in das Unbekannte und Unbetretene des kosmischen Raumes hat auch die Erforschung der ungeklärten und geheimnisvollen Dimension von Geist und Seele unter Verwendung modernster wissenschaftlicher Forschungsmethoden neuen Auftrieb erhalten.

Die moderne PSI-Forschung, welche das Auftreten und die Wirkungen geistiger und seelischer Kräfte untersucht, befaßt sich auch mit den für uns erstaunlichen Psychopraktiken der Yogis, Schamanen und der Medizinmänner primitiver Stämme. Die Ergebnisse haben gezeigt, daß deren Seelenglaube keineswegs als primitiver Aberglaube abzutun ist. Im Umgang mit psychischer Energie sind uns diese Menschen weit überlegen. Wir mögen den zuvor erwähnten primitiven Papua belächeln, der bei seiner ersten Begegnung mit einem Radioapparat oder Fernsehgerät an Zauberei und Geistererscheinungen glaubt, weil er von der für uns selbstverständlichen Existenz der Funk- und Fernsehwellen nichts weiß. Doch falls Sie Gelegenheit haben, dem Medizinmann bei der Heilung eines Kranken zuzusehen, indem er einen Ahnengeist beschwört, dann könnte es sein, daß *Sie* plötzlich an das Einwirken geheimer Mächte aus dem Geisterreich glauben: weil das Resultat so verblüffend und die Natur des Vorgangs – dabei kann es sich sogar um das Schließen einer offenen Wunde mittels Einsatzes geistiger Kraft handeln – für Sie unerklärlich ist.

Die PSI-Forschung interessiert sich auch für das Jenseitsproblem. Ebenso ist die Frage nach dem Jenseits für die Astronautik von Bedeutung – hier allerdings mehr im Sinne einer künstlichen Verlängerung des Lebens. Bei Raumfahrten, die länger als ein Menschenalter dauern, wären das Verzögern des Alterungsprozesses und die Verlängerung des Lebens auf 200 bis 300 Jahre unerläßlich. Bekanntlich ist auch an die Konstruktion von *Cyborgs* gedacht. Darunter versteht man die Verbindung eines lebenden menschlichen Gehirns mit einem sonst nur aus Technik bestehenden Menschenautomaten. Das Gehirn stirbt nicht, wenn der Blutkreislauf aufrechterhalten und die Versorgung mit Sauerstoff gesichert bleibt. In gewissem Sinn wäre ein Cyborg somit unsterblich.

Auf diese zum Teil recht makabren Möglichkeiten eines Weiterlebens nach dem Tode, die vorläufig noch in den Bereich der Science-fiction gehören – auch die Übertragung des Bewußtseinskomplexes einer Persönlichkeit auf einen noch zu konstruierenden Super-Computer wird erwogen –, werde ich im letzten Kapitel dieses Buches eingehen. Mein Hauptanliegen – und darauf wollen sicher auch Sie eine befriedigende Antwort erhalten – ist die Untersuchung des Jenseits im herkömmlichen Sinn.

Wie gesagt: Da ich nie aufgehört habe, mich mit den Fragen *Woher* und *Wohin? Was ist der Sinn?* zu beschäftigen, und es ebenso nicht lassen kann, die Frage nach dem *Warum?* aufzuwerfen, von den materialistisch orientierten

Universitätswissenschaften jedoch eine Antwort *nicht* zu erhalten ist, habe ich Jahre und Jahrzehnte hindurch alle un- und außergewöhnlichen Fälle, mit denen ich in meiner Praxis konfrontiert wurde, gesammelt. So ist ein Untersuchungsmaterial vorhanden, das ich aus eigener Anschauung kenne und nicht erst auf die Glaubwürdigkeit der Berichterstatter überprüfen muß. Diese gesicherten Fakten erleichterten mir die vergleichende Untersuchung und Analyse aller durch Veröffentlichung bekannten Fälle von übersinnlichen Erscheinungen – vor allem auch das Aufspüren von Beweislücken und Schwachstellen.

Ein jahrzehntelanges Studium der fernöstlichen Weisheits- und Erkenntnislehren sowie deren geheime Anweisungen für Meditationstechniken und Psychopraktiken eröffneten mir neuartige Forschungswege, ebenso die Beschäftigung mit den Forschungsmethoden und den Erkenntnissen der großen abendländischen Gelehrten, die als Brüder eines geheimen Wissenschaftsordens – abgesichert gegen von Staat und Kirche verfügte Denk- und Glaubenszwänge – sich über mehr als zweitausend Jahre der Erforschung der innersten seelischen Natur des Menschen und des geistigen Kosmos widmeten. Dazu kommt das aufmerksame Verfolgen von Berichten über die jeweils neuesten Forschungsergebnisse auf dem Gebiet der Physik und der Nachrichtentechnik, der Medizin und der Biologie sowie aller sonstigen Wissenschaften, deren Forschungsobjekt der Mensch und die Natur des Lebendigen sind.

Um eine wissenschaftlich begründete Antwort auf die hier aufgeworfenen letzten Fragen zu erhalten, war es erforderlich, sozusagen eine Brücke zwischen der modernen Tiefenpsychologie und der modernen Physik zu schlagen; eine Brücke, die die trennende Kluft zwischen den sogenannten Geisteswissenschaften und den Naturwissenschaften überwindet.

Ein derartiges Vorgehen ist freilich zeitraubend und

mühevoll. Um es genau zu sagen: es bedeutet das Zusammentragen von unzähligen wissenschaftlichen Einzelinformationen aus der Fülle der Literatur von vorvorgestern bis heute, wobei die Mühe der Entzifferung von symbolisch verschlüsselten alten Texten bzw. in einem spezifischen Fachjargon verfaßten Artikeln hinzukommt. Dann das detektivische Aufspüren von Querverbindungen zwischen unterschiedlichen Kulturbereichen, Zeiten und wissenschaftlichen Fachgebieten, das sinnvolle Einordnen von persönlichen Beobachtungen und Erfahrungen und schließlich das Zusammensetzen der Einzelerkenntnisse zu einem Mosaik.

Aber die Mühe lohnt. Es ist ja eines der Übel unserer Zeit, daß die Wissenschaften seit langem an einer fortschreitenden Sucht zur Spezialisierung kranken. Der Blick für Zusammenhänge wird zunehmend eingeengt. Der Sinn des Ganzen läßt sich so nicht finden. Die Mosaikmethode, die an das bekannte Puzzlespiel erinnert, hat den Vorteil einer *Gesamtschau*. Mag dieses Bild auch die eine oder andere Lücke aufweisen: der Gesamtzusammenhang wird ersichtlich. Wer das Ganze einer Sache überblickt, dem wird auch die Bedeutung aller Teile verständlich.

Wenn ich das »Jenseits« unter dem Aspekt eines wissenschaftlichen Forschungsobjekts untersuche, dann um eine vorurteilsfreie und ideologisch wertfreie Antwort auf diese daseinsbestimmende Urfrage der Menschheit zu finden. Darum geht es in diesem Buch: um die sachliche Analyse der bisherigen Jenseitsvorstellungen und um ein von Meinungen und Vorurteilen freies Vorstellungsbild, das gewiß nicht endgültig sein kann, doch – nach dem Stand des heutigen Wissens – von größtmöglicher Wahrscheinlichkeit ist.

Seien Sie auf einige Überraschungen gefaßt. Das meiste, das Ihnen hier beschrieben und erklärt wird, dürfte für Sie neuartig und verblüffend sein, denn es widerspricht den gewohnten Vorstellungen und Ihrem in der Schule gelernten Wissen. Sie werden in vielem umdenken müssen.

Das ist auch der Zweck meiner ausführlichen Einleitung: Sie auf das Thema einzustimmen und die durch allgemeine Meinungen entstandenen Denkbarrieren abzubauen.

Wernher von BRAUN, der große deutsche Pionier der Weltraumfahrt, sah sich vor die Aufgabe gestellt, die von der Natur gesetzten Schranken der Schwerkraft zu überwinden. Doch ohne die Überwindung veralteter Denkvorstellungen und der Vorurteile der Gegner des Raumfahrtprojekts hätte er sein Ziel nicht erreicht. Zum Thema des Lebens nach dem Tode befragt, sagte er in einem Interview: »Die Wissenschaft hat festgestellt, daß nichts spurlos verschwinden kann. Die Natur kennt keine Vernichtung, sondern nur Verwandlung. Alles, was Wissenschaft mich lehrte und noch lehrt, stärkt meinen Glauben an ein Fortdauern unserer geistigen Existenz über den Tod hinaus[3].«

Eine beachtenswerte Aussage. Trotzdem: eine persönliche Glaubensüberzeugung von Wernher von BRAUN. Wir können sie uns zu eigen machen oder ablehnen. In beiden Fällen würden auch wir uns nur eine *Meinung* bilden. Doch wir wollen mehr. Wir wollen *wissen*, ob diese Überzeugung berechtigt ist. Unternehmen wir daher den Versuch, uns selbst eine *Gewißheit* darüber zu verschaffen, was es mit den Vorstellungen und Behauptungen über das »Jenseits« auf sich hat.

Teil I
Das Jenseits als Vorstellung und Wirklichkeit

KAPITEL 1

Die Rätsel des Lebendigen und die Wissenschaft

Plötzlich fliegt ein schweres Buch, wie von Geisterhand bewegt, mitten in den Raum. Da fällt ein großer Spiegel ohne ersichtlichen Anlaß von der Wand. Eine Wanduhr, ein Regulator mit Acht-Tage-Werk, bleibt auf einmal stehen. Das Werk ist vollkommen intakt und noch für Tage aufgezogen. Unerklärlich. Erst lange Zeit danach ergibt sich ein Zusammenhang. Eine lebensbedrohliche Gefahr war im Anzug. Eine enge Beziehung ist zerbrochen und der (oder die) Geliebte unbekannt verzogen. Ein naher Verwandter oder Freund ist zu der Stunde und Minute, die die Zeiger der plötzlich in ihrem Gang gestoppten Wanduhr zeigen, gestorben.

So rätselhaft derartige Vorfälle erscheinen – sie kommen immer wieder vor. Diese und andere seltsame Ereignisse habe ich selbst beobachtet und erfahren. Ich habe dabei die Suche nach einer natürlichen Erklärung bis zur Perfektion betrieben, habe Uhrmacher und Handwerker bemüht, habe die Beobachtung von Zeugen festgehalten und beim Geophysikalischen Institut wegen eventueller Erdstöße zu den betreffenden Zeiten nachgefragt.

Doch rätselhafter noch sind oft ganz unmerklich kleine Ereignisse, auf die in der Regel kaum geachtet wird. Da hat mich erst kürzlich und mitten beim Schreiben eine überaus seltsame Botschaft erreicht. Müde geworden, ließ ich die Manuskriptseite eingespannt in der Maschine. Am Morgen schrieb ich den Rest rasch herunter, überlas, wie gewohnt, gleich den Text, um Fehler zu korrigieren. Wer beschreibt mein Erstaunen? Am Rand des gestern Geschriebenen stehen zwei Ausrufungszeichen. Doch nicht von mir. Merkwürdiger noch: nur auf der ersten, für mich bestimmten Kopie stehen die Zeichen. Das Originalblatt und die zweite Kopie, die der Verlag erhält, sind leer. Auch kein Typenabdruck läßt sich finden. Wie ist das möglich?

Ich war allein, die Eingangstür durch ein Sicherheitsschloß versperrt. Es konnte kein Mensch ins Haus, während ich schlief. Bin ich schlafgewandelt? Das habe ich noch nie getan. Immerhin – es könnte ja sein. Aber es ist kaum möglich. Denn ich hätte – im Schlaf – die Bogen aus der Maschine spannen, auf den mittleren die Zeichen tippen und alles wieder in den alten Zustand bringen müssen. Doch exakt den Rand und den Zeilenabstand noch einmal zu treffen, kann erfahrungsgemäß nie gelingen.

Die Ausrufungszeichen befinden sich just bei dem für ein anderes Buch bestimmten Satz und stehen im Zusammenhang mit der Seelenvorstellung und den Psychopraktiken der Schamanen: »Irgendeine Kraft, die Leben in Gang setzt, muß ja wohl vorhanden sein, auch wenn diese sich einer experimentellen wissenschaftlichen Erklärung entzieht.« – Nachdem ich zuvor gesagt, daß wir, als naturwissenschaftlich Aufgeklärte, wüßten, »daß weder Natur noch Kosmos beseelt sind und ebenso von der Existenz unsichtbarer Geistwesen keine Rede sein kann[4]«.

Der Zusammenhang wurde mir später klar. Es ging um dieses Buch, das Sie jetzt lesen. Mit dem Verlag war das Projekt schon besprochen. Doch unschlüssig schwankte ich noch, ob diese Aufgabe auch tatsächlich zu schaffen sei. Der Vorfall gab mit den Ausschlag, den Versuch zu wagen.

Trotzdem: Wer hat mir die vertrackten Zeichen mitten zwischen zwei Seiten getippt? Kam der Besuch aus einem Anderswo, aus einer Dimension, von der wir noch nichts wissen? War es ein Geist, der seine Spuren hinterließ? Der mir ein Zeichen geben wollte? Oder war es mein eigenes Unbewußtes, das sich während einer Traumphase des Schlafs sozusagen selbständig machte, um sich als eine Zeichen prägende Kraft in meiner Schreibmaschine zu produzieren?

Offen gestanden: ich weiß es nicht. Ich habe lediglich die hinterlassenen Spuren als Beweis.

Als meine Wanduhr eines frühen Morgens unvermittelt stehenblieb, da war der ursächliche Zusammenhang Stunden darauf geklärt. Die Uhr zeigte exakt die Zeit, zu der bei einem engen Freund, Wolf L., nach einer unfallsbedingten komplizierten Gehirnoperation und anschließender mehrwöchiger Bewußtlosigkeit der Eintritt des Todes in der Klinik registriert worden war.

Daß Menschen in der Stunde ihres Todes Personen, die ihnen nahestehen, Nachrichten übermitteln – und zwar konkret durch sinnlich wahrnehmbare und physikalisch beschreibbare »Handlungen« innerhalb unserer materiellen Erscheinungswelt –, das ist kein Einzelfall. Dabei kann es sich, wie bei meinem Freund W. L., um das Anhalten von Uhren handeln, oder es stürzen Bilder von der Wand. Fensterscheiben zerspringen, und Türen gehen auf. Die Türglocke läutet, doch niemand ist zu sehen. Aus dem verschlossenen Klavier erklingen Töne. Selbst Lichterscheinungen, wie Kugelblitze, werden registriert. Aniela JAFFÉ, die bekannte Mitarbeiterin des großen Schweizer Tiefenpsychologen C. G. JUNG und Publizistin seiner nachgelassenen Schriften, belegt eine Unmenge derartiger Fälle von Todesnachrichten wenn auch unheimlicher, so doch konkreter Art. Sie finden sich in ihrem Buch »Geistererscheinungen und Vorzeichen«, erschienen 1958 in Zürich.

Die Beispiele der Verfasserin sind das Ergebnis einer großangelegten Umfrage unter den Lesern einer Schweizer Zeitschrift. Das Material aus allen Kreisen der Bevölkerung wertete A. JAFFÉ seinerzeit noch unter Anleitung von Prof. JUNG – allerdings nicht im Hinblick auf einen Nachweis des *Jenseits* und einer Fortexistenz in

Geistgestalt nach dem körperlichen Tode – aus. Die Verfasserin anerkennt diese Botschaften zur Zeit des Todes lediglich als das, woran in keinem Fall zu zweifeln ist, als »psychische Tatsachen«. Sie untersucht das psychische Warum und Wozu eingeschränkt auf den Empfänger einer solchen Botschaft. »*Wer* erlebt einen Spuk? Unter was für psychischen Voraussetzungen erlebt er ihn? Was bedeutet der Spuk, wenn inhaltlich, d. h. als Symbol betrachtet?« – so C. G. JUNG in seinem Vorwort zu diesem Buch[5].

Diese Einschränkung hatte guten Grund. Noch galt – gegen Ende der fünfziger Jahre – eine Untersuchung des Jenseits und der Erscheinung von Geistern bereits verstorbener Personen für einen Arzt und Psychologen als wissenschaftlich unseriös. Die *Parapsychologie* – begründet von dem Philosophen und Biologen Hans DRIESCH und dargestellt in seinem 1932 veröffentlichten Werk »Parapsychologie, die Wissenschaft von den okkulten Erscheinungen. Methodik und Theorie« – befaßte sich zwar schon seit langem mit diesem Gebiet. Doch wie bereits der Name sagt *(para* ist griechisch und heißt *daneben, daran vorbei),* galt die Parapsychologie als eine Neben- oder Außenseiterwissenschaft. Die Anerkennung als akademischer Forschungszweig blieb ihr versagt.

Hinzu kommen die Beweisschwierigkeiten bei Berichten, die sich aus einer Leserumfrage ergeben. Zwar hat JAFFÉ ihr Material sorgfältig auf den Wahrheitsgehalt überprüft. Sie stellt die Fälle, die auf Täuschungen beruhen müssen, ebenfalls heraus. Doch für ein wissenschaftlich untersuchungswürdiges Ereignis gilt die Regel, daß der Vorfall protokolliert und bezeugt ist, *bevor* er seine Bestätigung als anormale Erscheinung bezüglich eines sich an anderem Ort oder gar in der Zukunft abspielenden Vorfalls findet. Ein Festhalten an dieser Regel ist im nachhinein und bei Berichten aus zweiter Hand nur selten möglich.

So habe ich im Fall meines Freundes, als mich die

Ehefrau am Vormittag von dessen Tod in Kenntnis setzte, sie gebeten, einzuhalten. Dann habe ich sie gefragt: »Wann starb Ihr Gatte? War es um 5 Uhr 10 heute morgen?« Verblüfft kam ihre Antwort: »Ja, genau. Doch woher wissen Sie das?« Da konnte ich ihr sagen: »Ich lese es von meiner Wanduhr ab. Sie steht. Die Zeiger zeigen noch immer diese Zeit an.« – Dieses Gespräch hörte eine Zeugin bei mir mit. Auch das Stehenbleiben der Uhr ist von ihr bezeugt.

Bemerkenswert an der Untersuchung über Jenseitsnachrichten und Geister-Erscheinungen von A. JAFFÉ sind auch die Berichte über die »übersinnliche« Wahrnehmung von Tieren, welche die Verfasserin anführt. So schreibt ein Tierarzt, »daß offenbar auch Tiere Geister schauen können«, so wie es Menschen ebenfalls erleben. Er berichtet das Erlebnis einer Verwandten, die, begleitet vom Lieblingshund ihres Mannes, unterwegs zum Einkaufen war. Plötzlich beginnt der Hund ohne erkennbare Ursache zu jaulen und zu winseln. Zu Hause angekommen, findet die Frau ihren Mann tot am Boden liegend vor. »Er mußte zur selben Zeit von einem Herzschlag getroffen worden sein, als sein Hund seinen Schmerz bekundete«, führt der Tierarzt aus.

Ein ähnlicher Bericht findet sich in einem Buch von C. BELL »La Vie Intérieure des Animaux« – zu deutsch etwa: »Über die innere Wahrnehmungsfähigkeit der Tiere«. Der Verfasser erzählt, wie eines Abends plötzlich der Hund des Hauses damit beginnt, wütend den Ofen anzubellen. Dort zeigte sich eine seltsame Erscheinung. Ich zitiere:

»Wir sahen einen kleinen, fünfjährigen Knaben, nur mit einem Hemd bekleidet. Wir erkannten ihn: es war André, der Sohn unserer Milchfrau, welcher oft mit uns zu spielen pflegte. André wohnte in nächster Nähe. Die Erscheinung verließ den Ofen, und indem sie über uns hinwegzog, verschwand sie durch das offene Fenster. Der Hund hörte während dieser ganzen Zeit nicht auf, mit allen Kräften zu bellen, indem er der Erscheinung nachsprang. Am selben Tage erzählte uns die Milchfrau, daß ihr Söhnchen André vorhin gestorben sei, nachdem es bereits einige Tage das Bett hüten mußte.«

Auch ich habe ein derartiges Gespür von Tieren, sogar im Falle einer Art Geist-Besuch einer noch lebenden Person, bei meinen Katzen beobachten können, vor allem bei meiner Siamkatze Hatschepsut. Die Sensibilität von Siamkatzen ist erstaunlich und dürfte noch ausgeprägter sein als die von Hunden und anderen Haustieren.

Nun ist bekanntlich die sinnliche Wahrnehmungsfähigkeit der Tiere weitaus größer als die des Menschen. Katzen und Hunde registrieren Töne, die der Mensch nicht hören kann, weil die Frequenzen bereits im Ultraschallbereich liegen. Vermutlich nehmen sie auch sonstige Schwingungen wahr, für die der Mensch kein Organ besitzt. Das *Vorherwissen* von Tieren im Fall von Katastrophen aller Art – Erdbeben, Überschwemmungen, Feuersbrünsten – ist nur zu bekannt und schon rätselhaft genug. Auch wenn wir beim Tier von *Instinkten* sprechen, so ist doch das Zustandekommen der Instinkte wissenschaftlich noch lange nicht bis ins letzte geklärt.

Andererseits läßt sich die Reaktion von Tieren, wie zuvor geschildert, als Beweis für Geister-Erscheinungen und Jenseitsbotschaften nicht ohne weiteres verwenden. Tiere, besonders Haustiere, reagieren nicht nur auf das bewußte Verhalten ihrer menschlichen Bezugsperson, sondern erspüren mehr noch alles, was diese unbewußt erlebt und bewegt. So ist mit Sicherheit schwerlich zu sagen, ob beispielsweise meine Siamkatze sozusagen mein Unbewußtes »anzapft« oder unmittelbar eine Erscheinung registriert, die für meine bewußte Wahrnehmungsfähigkeit nicht faßbar ist und die ich vorerst noch als eine Manifestation geistiger Kraft ansehen muß.

So will ich auf das tierische Verhalten bei psychischgeistigen Erscheinungen und auf die Rätsel der Instinkte, die es für die Tierverhaltensforschung noch zu lösen gilt, nicht näher eingehen. Doch etwas sei hierbei erwähnt. Die Instinkte, so sagen die Verhaltensforscher, sind an die Art gebunden. Das Tier ist durch das artspezifische Verhalten festgelegt. Es kann sich von diesem festgelegten Programm nicht lösen. Das Programm ist im Erbgut enthalten. Dieses befindet sich in den Molekülketten der Ei- und Samenzellen und ist durch DNS und RNS, das sind Aminosäuren, sowie durch die Abfolge bestimmter chemischer Reaktionen einprogrammiert. Die Reaktionen wirken als Befehle. Die befehlserteilenden Moleküle werden *Gene* genannt. Zusammengenommen, und das sind schätzungsweise Hunderttausende, wenn nicht Millionen in jeder Erbzelle, bilden die Gene den Bauplan des Lebendigen. Sie sind auch die Organisatoren des Programms, die über die Einhaltung des Bauplanes wachen und die Art des Lebewesens bestimmen, also daß sich aus der Zelle je nach Programm eine Katze oder ein Löwe, ein Fisch oder ein Vogel aufbaut.

Für den Menschen gilt dies ebenso. Das alles haben Mikrobiologen und Genetiker in langwierigen Experimenten hinreichend erforscht. Doch woher das Gen-Programm auf den Molekülketten stammt und wer es entworfen hat, vermögen sie nicht zu erklären. Ebensowenig, wie die Vererbung der Instinkte erfolgt. Das Instinktverhalten der Tiere verrät ja doch oft eine unglaubliche Intelligenz. Woher wissen die Termiten, wie sie einen – gemessen an ihrer Größe – überdimensionalen Super-Wolkenkratzer als Bau errichten? Woher beziehen die Löwen das Wissen für die Strategie und die Taktiken, einen Büffel im Rudel zu jagen? Woher kennt der Vogel die Melodie seines Liedes?

Weitaus mehr ungelöste Rätsel wirft das eine Lebewesen auf, das sich grundsätzlich von allen anderen unterscheidet: der Mensch. So bewunderungswürdig die Forschungsergebnisse der Humangenetik auch sind: sie erklären, wie das weibliche und männliche Geschlecht zustande kommen, die Vererbung von Haut-, Haar- und

Augenfarbe und Gestalt, die Entstehung von Erbkrankheiten und gewissen körperlichen Mißbildungen. Mehr aber nicht. Talente und Begabungen, ja selbst die Art des Lächelns sowie bestimmte Gesten, in denen ein Kind seinem Vater oder Großvater gleicht, sind im Programm der Gene nicht zu finden.

Wie entsteht das *Ich?* Wie entstehen Bewußtsein, seelische Regungen und die geistige Tätigkeit? Wir wissen, daß ein Kind all dies erst im Verlauf der ersten Lebensjahre entwickelt. Der Mensch lernt durch Erfahrung aus der Umwelt, heißt es. Doch es gibt Menschen, die trotz Erbschäden und einer unzureichenden Erziehung ein ausgesprochen eigenwilliges Ich entwickeln und im späteren Leben Leistungen vollbringen, die weder durch Erbfaktoren noch durch Umwelteinflüsse erklärbar sind.

Wir wollen uns durch die vielfältigen Begriffe nicht verwirren lassen. Bezeichnen wir all das, was sich biologisch und materiell weder feststellen noch irgendwie messen und erklären läßt, als *Seele* oder *Seelisches.* Dann sind Bewußtsein, auch das persönliche Ich-Bewußtsein, besondere Erscheinungsweisen, sagen wir: Funktionen des Seelischen. Der *Geist,* die geistigen Inhalte unseres Denkens und die geistigen Leistungen, die ein Mensch produziert, lassen sich als die *Dynamik* des Seelischen verstehen, gewissermaßen als Spannungsimpulse oder gesonderte, energiehaltige Frequenzkomplexe der seelischen Energie. Ich werde Ihnen noch zeigen, daß diese vereinfachende Vorstellung berechtigt ist. Vielleicht gehört auch die nach wie vor rätselhafte Lebenskraft dazu.

Fest steht: Wenn der Mensch tot ist, läßt sich keine Spur einer seelischen Tätigkeit mehr feststellen. Doch wann ist ein Mensch tot? Früher faßte der Arzt nach dem Puls. Er konstatierte, das Herz steht still. Er hielt dem Gestorbenen einen Spiegel vor den Mund. Blieb der Spiegel unbeschlagen, so stand fest, daß der Betreffende auch nicht mehr atmete. Heute sind unzählige Fälle bekannt, wo klinisch bereits tote Menschen durch Einspritzung be-

50

stimmter Medikamente oder durch Stromstöße unmittelbar ins Herz wieder zum Leben erweckt wurden. Selbst beim Absterben eines lebenswichtigen Organs, sogar des Herzens, kann ein Mensch bei rechtzeitigem Anschluß an eine Herz-Lungen-Maschine noch Wochen und Monate klinisch am Leben erhalten werden. Nach den Vorschriften der Chirurgischen Gesellschaft gilt ein Mensch erst dann als tot, wenn länger als dreißig Minuten keine Hirnaktionsströme nachweisbar sind.

Sitzt also das Leben im Gehirn? Und die Seele ebenfalls? Auch das läßt sich so schwer sagen. Ein an die Herz-Lungen-Maschine angeschlossener Mensch befindet sich im Zustand tiefster Bewußtlosigkeit. Eine über das Biologische hinausgehende Hirntätigkeit, vor allem eine seelische Tätigkeit, ist nicht registrierbar. Andererseits werden seelische Erlebnisse, wie Lust und Schmerz, Freude und Trauer, nicht nur vom Gehirn empfunden. Dem einen klopft das Herz schneller, dem anderen schlagen sich entsprechende Erlebnisse auf Nieren oder Magen. Dem einen treibt es das Blut ins Gesicht, der andere zuckt nervös mit den Füßen. Das Seelische äußert sich im gesamten Körper. Anders ausgedrückt: der gesamte Leib ist *beseelt.* Das Leben ist jedenfalls in jeder Zelle am Wirken. Sie regenerieren sich und bilden sich nach einer Verletzung wieder neu.

Mögen die Zellen ein gewisses Eigenleben besitzen, mögen auch komplette Organe in Nährlösungen künstlich am Leben erhalten werden – selbständig können sie dies nicht. Der Organismus des lebenden Menschen ist ein Verbundsystem. Die Steuerung und Nachrichtenübermittlung erfolgt durch das *ZNS,* das Zentralnervensystem. Dieses besteht aus dem *Gehirn* und dem *Rückenmark,* in das eine unendliche Anzahl von Nervenleitungen münden. Auch von diesen gehen noch unendlich viele, teilweise mikroskopisch feine Nervenfasern aus, so daß der gesamte Leib gewissermaßen von einem Gespinst von Nervenleitungen überzogen und durchwoben ist.

Wenn wir von einem beseelten Leib sprechen, so ist das gesamte Nervensystem das Regelungs- und Steuerungsinstrument für die Kybernetik des Lebendigen und damit auch für die Äußerungen des Seelischen. Die Kommandozentrale befindet sich ohne Zweifel im Gehirn. Wird durch eine Verletzung, welcher Art auch immer, die Verbindung zwischen Hirnstamm und Rückenmark zerstört – an der Stelle, die wir als Genick bezeichnen –, so tritt beim Tier wie beim Menschen der Tod schlagartig ein. Äußerlich erlischt damit auch alles Seelische. Jedenfalls ist dies die herrschende Auffassung der Mediziner und Biologen.

Ist damit auch dem Leben der Seele wirklich ein Ende gesetzt? Oder existiert sie trotzdem weiter, und verhält es sich lediglich so, daß sie beim Tod den Körper verläßt? Wenn wir das Problem des »Jenseits« untersuchen, so müssen wir zuvor bedenken, daß es sich dabei um einen doppeldeutigen Begriff handelt. Einmal verstehen wir darunter einen Ort oder eine Dimension außerhalb des Körpers und außerhalb unserer materiellen dinglichen Erscheinungswelt, die von einem seelischen Leben erfüllt sein sollen. Andererseits verstehen wir unter dem Jenseits die Tatsache eines Weiterlebens der Seele nach dem Tode. Doch bevor wir uns mit dem Ort des Jenseits befassen, müssen wir erst einmal abklären, was denn überhaupt die Seele ist.

Ziehen wir die Möglichkeit eines Weiterlebens nach dem Tode in Betracht – und das kann nur eine Fortexistenz der Seele sein –, so erhebt sich auch automatisch die Frage: Wie ist die Seele in den Leib hineingekommen?

Die Genetiker können das nicht erklären. Daran ändern auch alle noch so spektakulär aufgemachten populärwissenschaftlichen Berichte über die neuesten Entdeckungen der Genetiker und Soziobiologen nichts. So gesteht jedenfalls der Biologe Prof. Joachim ILLIES in seiner Kritik an der jüngst in den USA entstandenen Soziobiologie ein: »Der Mensch ist nicht völlig zu erklären aus dem, was die

Gene und die Umwelt an ihm formen und gestalten. Denn unser Leben ist entscheidend mehr, als alle diese äußeren und inneren Einflüsse an Möglichkeiten bereitstellen: Unser *Ich* ist unser eigentliches Sein[6].«

Joachim ILLIES verweist für den Teil des menschlichen Seins, der von der Naturwissenschaft nicht erklärt werden kann, auf die Botschaft der Religionen. Doch wie es um den Glauben an das, was wir im Religionsunterricht lernten, bestellt ist, muß ich nicht besonders hervorheben. Der Mensch von heute glaubt nicht mehr daran, was die Theologen über Herkunft und Wesen der Seele lehren. Er glaubt an die Wissenschaft.

Nun stellen wir uns einmal vor, es gelänge den Mikrobiologen und Genetikern tatsächlich eines Tages, den Code der Gene soweit zu entschlüsseln, daß sie in diesem Bauplan des Lebens auch die Befehle für die Ausbildung bestimmter Zellen im Gehirn und dem ZNS entdecken, an welche die spätere Entfaltung des seelischen Lebens gebunden ist. Was würde dies besagen? Daß auch der Plan des Seelischen vererbt wird und der Mensch seine Beseeltheit aus dem Seelischen der Eltern bezieht. Das heißt, daß im Augenblick der Verschmelzung von Ei- und Samenzelle auch das Programm des Seelischen beginnt, eine neue Seele entsteht.

Daß der werdende Mensch vom Augenblick der Zellteilung an schon ein eigenständiges Lebewesen ist, wissen wir bereits durch die Forschungsergebnisse der *Embryologie*. Das ist die Lehre von der Entwicklung der Frucht im Mutterleib. Eigenständig insofern, als die Verbindung des Keimlings mit der Mutter nur durch den Mutterkuchen und die Nabelschnur gegeben ist. Diese aber enthält keine Nervenleitungen. Darüber hinaus ist es inzwischen in England gelungen, Embryos aus befruchteten Zellen in der Retorte zu züchten, die dann erst später in die Gebärmutter einer Frau eingepflanzt werden. Sie besitzen also ein selbständiges Leben.

Wie es die Zellen fertigbringen, sich aus anfänglich

zwei Zellen zu den rund 10 Milliarden oder mehr Zellen des geburtsfähigen Menschenkindes weiterzuteilen und den Bauplan zielgerecht zu verwirklichen – allein das ist ein so unglaubliches Wunder, daß es die phantastischste menschliche Erfindungsgabe übersteigt. Wenn wir die unsichtbare Kraft, die dies vollbringt, in den Begriff des Seelischen einbeziehen, dann müssen wir folgern, daß bereits der wachsende Keimling in den ersten Tagen und Wochen nach der Befruchtung eine *eigene Seele* besitzt. *Die Seele formt und baut sich den Leib und nicht umgekehrt.* Eine spätere Entstehung oder ein späterer Eintritt der Seele in den Leib lassen sich weder feststellen noch vermuten.

Unsere Politiker und Juristen denken da anders. Im Zuge der Frauenemanzipation ist inzwischen in fast allen westlichen Kulturnationen die Abtreibung bis zum Ende des dritten Monats der Schwangerschaft praktisch erlaubt. Weil eine materialistisch orientierte Wissenschaft nach Möglichkeit leugnet, daß so etwas wie die Seele existiert. Auch Politiker glauben an die Aussagen der Wissenschaft.

Erich FROMM sagt dazu drastisch in einem jüngst stattgefundenen Interview: »Wir sitzen alle in einem Irrenhaus[7].« FROMM, laut dem US-Nachrichtenmagazin »Time« der bedeutendste Psychoanalytiker unserer Tage, erklärt in seinem bereits vor längerer Zeit erschienenen Buch »Der moderne Mensch und seine Zukunft«: »Das Problem des 19. Jahrhunderts war, daß Gott tot sei; das des 20. ist, daß der Mensch tot ist.« FROMM will damit sagen, daß die Menschen unserer Zeit zu Robotern werden. Doch als Roboter vermag der Mensch nicht zu leben und seelisch gesund zu bleiben. So werden die Menschen, nach FROMMS Auffassung, »die Welt und sich selbst zerstören, weil sie nicht länger die Öde eines sinnlosen Lebens ertragen können«.

Eine makabre Zukunftsvision. FROMM macht dafür die falsche Vorstellung der Wissenschaft von der Seele verantwortlich. Sie sieht in der »Psyche«, so wie sie FREUD einst wörtlich beschrieb, nicht mehr als einen Apparat. »Die

Kenntnis dieses Apparates ist gewachsen durch FREUD, aber nicht die Kenntnis des Menschen selbst«, äußert sich FROMM dazu heute.

Das Seelische kann nur in dem Augenblick seinen Anfang haben, in dem der menschliche Keimling nach der Zeugung beginnt, sich zu einem werdenden Menschen aufzubauen, führte ich zuvor aus. Ist damit die Seele unwiderruflich mit dem Leib verquickt und an ihn gebunden?

Überlegen wir einmal. Was wir im erwachsenen Zustand am konkretesten als zu unserer Seele gehörig empfinden, ist unser persönliches Bewußtsein, unser *Ich.* Unsere Umwelt nehmen wir durch die Sinnesorgane und durch die vom Nervensystem weitergeleiteten Reize im Großhirn wahr. Dort entsteht sozusagen ein Spiegelbild der Umwelt. Doch wären die Vorgänge im Gehirn mit dem erlebenden Ich *identisch,* dann wäre – sobald wir Augen und Ohren verschließen – kein Ich mehr vorhanden. Es würde mit jeder neuen Umweltspiegelung neu entstehen. Dies ist jedoch nicht der Fall. Wir erleben außerdem nicht nur die Umwelt als etwas uns Gegenüberstehendes, sondern auch die Tätigkeit unseres Gehirns selbst – in der Form des Denkens, innerer Vorstellungen, Gefühle und anderer Vorgänge.

Darüber hinaus ist das, was wir als unser *persönliches Ich* erleben, gekennzeichnet durch seine *Beständigkeit.* Wenn wir aus dem Schlaf erwachen, in dem das Wachbewußtsein erloschen war, ist unser Ich das alte wie zuvor. Gewiß ist das Ich nicht völlig unveränderlich. Unsere Vorstellungen und die Einstellung zur Umwelt und zum Leben wandeln sich. Ebenso können schwere Geisteskrankheiten, wie beispielsweise eine Schizophrenie, einen Ich-Wandel bewirken. In diesem Fall findet eine Spaltung des Ich in zwei, ja sogar in mehrere unabhängig voneinander agierende und denkende Persönlichkeiten statt. Doch wäre das Ich mit der Hirntätigkeit identisch, dann müßte sich bei Schizophrenie auch das Gehirn in seiner Struktur verändern. Aber gerade das ist nachgewiesenermaßen nicht der Fall.

Bei einem normalen Menschen jedenfalls bleibt das persönliche Ich in seinem Kern zeitlebens das gleiche, ungeachtet aller Umweltveränderungen oder eines veränderten Lebenswandels. Und dieses *Ich,* durch das wir uns von unserer Umwelt und unseren Mitmenschen unverwechselbar unterscheiden, unterscheidet sich auch vom Leib und dessen Funktionen. Wenn uns Denken Kopfschmerzen bereitet, dann empfindet und erlebt unser Ich diesen Schmerz. Aber nicht das Ich *ist* der Schmerz, sondern es weiß, daß der Schmerz im Kopf sitzt. Kurzum: das *erlebende Ich* ist eine, wenn auch weitgehend vom Leib abhängige, so doch eigenständige Wesenheit. Wir wollen uns vorerst mit dieser Feststellung begnügen.

Es ist eine bekannte Tatsache, daß das Durchsetzen neuer Erkenntnisse häufig an veralteten Vorstellungen scheitert, an denen die Öffentlichkeit hartnäckig festhält. Erich FROMM verweist auf die fatale Entwicklung der Menschen zu einer Robotergesellschaft ohne Lebenssinn, weil die Wissenschaft des 19. Jahrhunderts Gott für tot erklärt hat. Der Gießener Psychoanalytiker Horst Eberhard RICHTER spricht von einem »Gotteskomplex«, so der Titel seines jüngst erschienenen Buches, dem nunmehr die Menschen der Gegenwart verfallen sind. Er meint damit den Größenwahn unserer Zeit, der Mensch könne mit dem Fortschritt naturwissenschaftlicher Erkenntnisse und technischer Perfektion gewissermaßen göttliche Allwissenheit und Allmacht erreichen. Eine gefährliche Illusion und Folge eines kollektiv-neurotischen Vaterkomplexes, wie RICHTER feststellt.

Der Verlust der religiösen Glaubensinhalte hat einen Wissenschaftsmythos entstehen lassen, der durchaus den Charakter einer Ersatzreligion trägt. Dieser Mythos hat, wie alle Mythen, seinen Ursprung in dem Urbedürfnis der menschlichen Seele, auf ungeklärte Daseinsrätsel eine einleuchtende Antwort zu finden. Doch der gegenwärtige

Glaube an die Wissenschaft ist weitgehend ein Aberglaube, besonders im Hinblick auf das Wissen vom Menschen und dem Wesen der menschlichen Seele. Der große Irrtum besteht in der krassen Unterscheidung zwischen Glaubensoffenbarung und wissenschaftlicher Lehre.

Vergessen wird, daß jegliche wissenschaftliche Forschung mit einer Hypothese beginnt. Das ist, im Klartext gesprochen, eine Annahme, eine Geglaubtheit; ganz gleich, ob diese anfänglich auf einer spontanen Intuition, einem logischen Denkprozeß oder auf einer bewußten Beobachtung beruht. Aufgrund der Hypothese unternimmt der Forscher weitere Beobachtungen und entwickelt eine Theorie, das heißt ein neues Denkmodell. Nun denkt er sich Experimente aus, um zu beweisen, ob sich seine Theorie mit der Wirklichkeit deckt oder nicht. So können sich bislang gültige wissenschaftliche Erkenntnisse als unzureichend oder als Mißverständnisse herausstellen. Es wird ein neues Wissen gewonnen, das bessere und wahrscheinlichere Erklärungsmöglichkeiten für die Natur des Lebendigen zuläßt.

Doch eine Wahrscheinlichkeit, so groß sie auch sein mag, ist noch lange keine absolute Wahrheit. Ob wir diese als Menschen je erfahren werden, wage ich nicht vorauszusagen. Wüßten wir um die absolute Wahrheit, wären wir Gott gleich. Vorerst jedoch ist Bescheidenheit angebracht. Es bedeutet schon viel, daß wir mit jedem neuen Wissen vielleicht einen Schritt näher an die Wahrheit herankommen.

Sobald eine Wissenschaft ihre neuen Erkenntnisse mit dem Gütesiegel der Absolutheit versieht und diese zu Dogmen erhebt, sollten wir äußerst kritisch sein. Glaubensdogmen haben es an sich, daß letzte Beweise fehlen. Doch ebenso töricht wäre es, alles und jedes zu bezweifeln. Es gibt Grundtatsachen, die keines Beweises bedürfen.

»Cogito, ergo sum« – »Ich denke, daher bin ich«, sagte beispielsweise der berühmte Universalgelehrte René DESCARTES. An dieser Erkenntnis ist nicht zu zweifeln. Auch daß wir Menschen ein Bewußtsein besitzen, ist eine Grundtatsache. Allerdings führen derartige Feststellungen allein nicht weiter. Die Grunderfahrung »Ich denke, daher bin ich« beweist dem Denkenden lediglich seine Existenz. Mehr nicht. Für Folgerungen bedarf es stets der Beweise. Ohne weitere Erfahrungen, das heißt ohne Experimentieren, Vergleichen und wissenschaftliches Forschen kommen wir nicht aus.

Mit anderen Worten: Glauben und Wissen gehören zusammen. Die Grundtatsachen des Lebens bedürfen keines Beweises. An diese Fakten können wir strenggenommen nur glauben. Danach setzt das Forschen ein. So kommen wir vom Glauben zum Wissen.

Erlebnisse, welcher Art auch immer, und mögen sie noch so unglaublich und unwahrscheinlich sein, sind Fakten. Das gilt auch für alle »übersinnlichen« Erscheinungen. Mit dem schlichten Bekenntnis: »Daran glaube ich nicht« – auch wenn es ein auf seinem Fachgebiet noch so berühmter Wissenschaftler von sich gibt –, ist lediglich der Weg für ein weiteres, erweitertes Wissen versperrt.

Fakten als Fakten anerkennen, das klingt sehr einfach. Mit dem Versuch einer einleuchtenden Erklärung beginnen aber dann bekanntlich die Schwierigkeiten. Damit wir uns recht verstehen: Wenn ich die heutige wissenschaftliche Einstellung kritisiere, dann keinesfalls, um einer Leichtgläubigkeit das Wort zu reden. Meine Kritik gilt lediglich der Tatsache, daß die meisten Wissenschaftler unserer Zeit noch immer an das veraltete Denkmodell des Materialismus »glauben« und deshalb vor Fakten die Augen verschließen, die nicht in ihr materialistisches Denkschema passen.

Zugegeben, es ist nicht einfach, sich davon freizumachen. Da blieb bei mir die Wanduhr stehen, zur Stunde, als mein Freund starb. An der Tatsache ist nicht zu zweifeln. Sie ist belegt und bezeugt. Ein Materialist würde jetzt sagen: das war Zufall. Denn Geister gibt es nicht. Auch ich würde das annehmen, wenn es ein Einzelfall wäre.

Doch die Zahl ähnlicher, materiell unerklärlicher Fälle, wie sie Aniela JAFFÉ in ihrem Buch über Geister-Erscheinungen – wie viele andere Autoren der Gegenwart – anführt, ist zu groß, als daß sie als Zufälle erklärt werden können. Der Zufall läßt sich bekanntlich berechnen. Und zwar nach den Gesetzen der Wahrscheinlichkeitsmathematik. Wenn die Zahl ungeklärter Ereignisse die Zufallsquote übersteigt, so kann ihr Zustandekommen vom wissenschaftlichen Standpunkt aus eben kein Zufall mehr sein.

Kein Zufall, wohlgemerkt! Das Stehenbleiben meiner Uhr muß also eine andere Ursache haben. Doch damit ist keinesfalls gesagt, daß es der Geist meines Freundes war, der die Uhr anhielt. Auch dies gilt es zu bedenken. Hätte ich einen Beweis dafür, wäre die Existenz eines »Jenseits« eine Tatsache. Doch es kann auch so gewesen sein, daß ich im Schlaf den Tod meines Freundes sozusagen *hellgesehen* habe und die psychische Energie *meines* Unbewußten die Uhr zum Stehen brachte.

Bereits gegen Ende des vorigen Jahrhunderts kam der sogenannte Spiritismus in Mode, gewissermaßen als Strömung gegen den wissenschaftlichen Materialismus. Es wurden spiritistische Zirkel gegründet, in denen *Medien* agierten. Besonders beliebt war es, die Geister von Verstorbenen herbeizuzitieren. Sei es durch das sogenannte Tischrücken, wobei die Anwesenden auf einem dreibeinigen Tischchen mit den Händen eine Kette bildeten, der »Geist« dann den Tisch anhob und mit einem Tischbein in einer Art Morsealphabet die Antworten klopfte. Sei es, daß der »Geist« so freundlich war, Gläser auf einer Buchstabenschablone hin- und herzurücken oder sich des sogenannten Oui-(Ja-)Brettchens bediente. Der bequemste Weg für eine Geisterbeschwörung war, daß sich das Medium in einen Trancezustand versetzte und dem »Geist« Zutritt zu seinem Körper gewährte. Mit veränderter Stimme sprach dieser dann durch das Medium und stand den anwesenden Spiritisten Rede und Antwort.

An diesen Séancen, wie die mediumistischen Sitzungen genannt werden, nahmen auch bedeutende Naturwissenschaftler – Physiker, Mathematiker, Biologen und Ärzte – teil. Sie wollten herausfinden, was es mit den von den Medien gerufenen Geistern auf sich habe, und versuchten, die Medien wissenschaftlichen Laborbedingungen zu unterwerfen. So einfach war dies nicht. Denn Medien sind übersensible, psychisch labile, oder, wie es die Psychiater ausdrücken: hysterische Persönlichkeiten, doch von großer Eigenwilligkeit. Sie lieben für ihre Produktionen verdunkelte Räume mit magisch schummriger Beleuchtung.

So berichtet der bedeutende Psychologe Prof. Max DESSOIR in seinem Werk »Vom Jenseits der Seele« – dem klassischen Standardwerk der Parapsychologie – über seine Erfahrungen mit über vierzig der bekanntesten Medien des ausgehenden 19. und der ersten drei Jahrzehnte des 20. Jahrhunderts. Das Ergebnis, in einem Satz zusammengefaßt: »Alles, was ich gesehen habe, läßt sich auf bewußten und unbewußten Betrug, zum kleineren Teil auf die Tätigkeit unwillkürlicher Bewegungskoordinationen zurückführen[8].«

Dabei ist DESSOIR keineswegs Materialist. Er anerkennt die Existenz eines Reiches des Geistigen, überpersönlich und jenseits von Zeit und Raum. Er spricht ausdrücklich von einem *Überbewußtsein,* zu dem der Mensch Zugang hat, von einem »Fünklein des Geistigen und Göttlichen«, das – im Sinne der alten Mystiker – im Menschen glüht. Doch hat DESSOIR feststellen müssen, daß die »Geister«, die die von ihm getesteten Medien vorführten, in keinem Fall selbständige und aus einem »Jenseits« zu Besuch gekommene Geistpersönlichkeiten waren. Dabei hat DESSOIR hinreichend anormale oder »übersinnliche« PSI-Fähigkeiten bei seinen Medien beobachtet, wie wirklichkeitsgetreue Aussagen über Vergangenes, Telepathie, Vorherwissen von Zukünftigem und Telekinese. An diesen Fakten besteht für ihn kein Zweifel. Nur finden diese Erscheinungen – so DESSOIR – eine Erklärung ım Unbewußten des Mediums selbst. Wenn Medien von »Geistern« sprechen, so handelt es sich dabei nicht um Halluzinationen, sondern um eine Art von Bewußtseinsspaltung und um das Agieren von abgetrennten unbewußten Teilpersönlichkeiten der eigenen Psyche.

Die Schwierigkeiten einer exakten Feststellung liegen bei den Medien selbst. So sagt DESSOIR beispielsweise zu seinen Geister-Erfahrungen mit dem italienischen Medium Eusapia PALLADINO, einer spiritistischen Weltberühmtheit zur Zeit vor dem Ersten Weltkrieg: »Einerseits erkennen wir, daß die Ursache stets in Eusapia selber liegt und nicht etwa in ›Spirits‹, die im Raum unherflattern und Unfug stiften, andererseits ist der exakte Nachweis, daß Eusapia in betrügerischer Weise handelt, nur für viele, noch nicht für alle Phänomene geführt worden.« Kurzum: »Unter den Prüfungsbedingungen, die Eusapia PALLADINO ausschließlich gestattet, läßt sich nicht feststellen, ob neben dem Betrug etwa noch Äußerungen einer telekinetischen Kraft vorkommen, und noch weniger, von welcher Art diese Kraft ist und welchen Gesetzen sie unterliegt[9].«

Inzwischen hat sich die Situation geändert. Mit der jüngsten technischen Revolution und dem Übergang vom Maschinenzeitalter zum Zeitalter der Kybernetik und Elektronik ist vor rund fünfzehn Jahren als eine neue Wissenschaft die moderne PSI-Forschung entstanden. Diese unterscheidet sich von der früheren Parapsychologie zur Zeit von DESSOIR nicht nur durch ein grundlegend neues Denkmodell, sondern vor allem auch durch die neuartigen experimentellen Möglichkeiten zur Forschung im Labor. Mit TV-Kameras und Videogeräten lassen sich Medien sehr exakt kontrollieren, mittels Nachtsichtgeräten und Infrarotfilmen auch im verdunkelten Raum. Die Messung der Hirnströme, der unwillkürlichen Augenbewegungen, der Veränderung des Hautwiderstandes und anderes mehr ermöglichen eine indirekte Beobachtung psychischer Vorgänge bei der Versuchsperson. Gedanken-übertragungsexperimente, wie sie mit Astronauten im Weltraum oder U-Boot-Besatzungen unter dem Eis der Polarzone unternommen werden, schalten jegliche Betrugsmöglichkeit aus.

Für die Berufsmedien mag diese Veränderung in der Forschung anfänglich recht unerfreulich gewesen sein. Mit der Beschwörung von »Geistern« aus dem Jenseits oder gar der Produktion von *Ektoplasma* – einer eigenartigen grauen Substanz, die aus ihren Körperöffnungen quillt, sich aber wieder auflöst, bevor man sie untersuchen kann – werden sie bei ernsthaften Wissenschaftlern kein Aufsehen mehr erregen. Damit ist es vorbei. Doch die Medien haben sich umgestellt. Jetzt häufen sich die Berichte über *Wiedergeburtserlebnisse.* Das heißt, die Medien versetzen sich – teils in Trance, teils unter Hypnose – rückerinnernd in ein angeblich früher einmal gelebtes Leben. Nun berichten sie staunenswerte Dinge, die sie lange vor ihrer Geburt und als Personen, die bereits vor hundert, tausend oder gar zweitausend Jahren gestorben sind, erlebt haben wollen. Was ist davon zu halten?

In seinem Buch »The Aegyptian Miracle« – Das ägyptische Rätsel – berichtet der englische Arzt und Parapsychologe Dr. F. H. WOOD von einer Patientin, die von Zeit zu Zeit in Trancezustände geriet, während denen sie völlig unbewußt und sozusagen automatisch alles in ihrer Nähe befindliche Papier in einer kaum lesbaren Krakelschrift vollschreiben mußte; eine Art Schreibzwang. Dr. WOOD stellte mit seiner Patientin Versuche an, wobei er sie unter Hypnose in Trance versetzte. Erstaunlicherweise schrieb die junge Frau nicht nur. Sie sprach auch während des Schreibens. Anfänglich redete sie noch in englisch. Doch bald wechselte sie zu einer fremdländisch klingenden, doch völlig unverständlichen Sprache über. Auch die Schrift veränderte sich und bekam ein seltsames Aussehen. Was die Patientin zu Papier brachte, sah aus wie die Bildkrakeleien von Kindern.

Als Dr. WOOD seine Patientin fragte, welche Sprache dies sein solle, in der sie redete und schrieb, erklärte sie ohne Zögern, es sei ihre Muttersprache – Altägyptisch. Ein seltener Fall von *Xenoglossie,* sagte sich Dr. WOOD. So wird

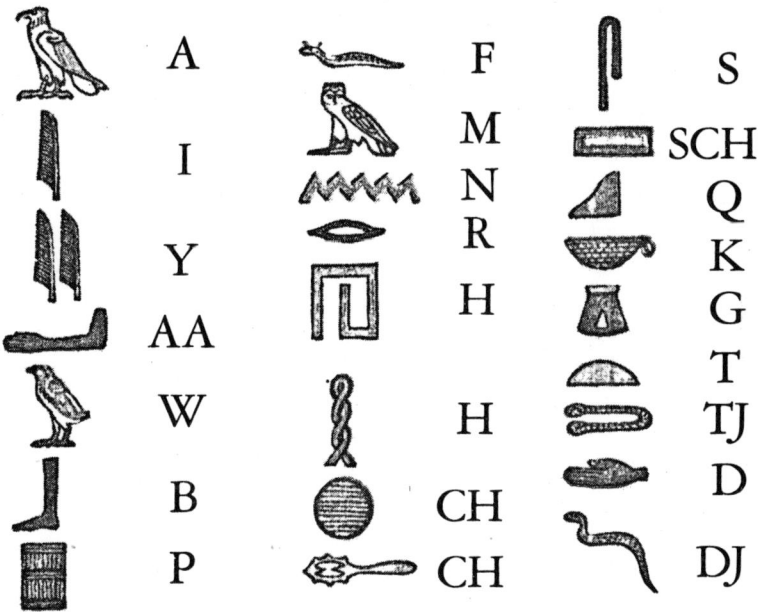

Ägyptische Hieroglyphen in ihrer Lautbedeutung. (Nach H. Wildung, Katalog zur Ausstellung »Götter – Pharaonen«, Haus der Kunst, München 1978.)

das »Reden in fremden Zungen« in der psychiatrischen Fachsprache genannt – bekannt auch aus der Schilderung des »Pfingstwunders« in der Bibel. Interessiert notierte WOOD die Aussagen seiner Patientin in Lautschrift mit und zog einen bekannten Ägyptologen zu Rat. Kein Zweifel, die junge Frau sprach Altägyptisch und schrieb in der Hieroglyphenschrift der 18. Dynastie, als die Pharaonen den Namen *Amenophis* führten.

In diesem Trancezustand befragt, wer sie denn sei, erklärte die Patientin, sie heiße Nona und lebe in Luxor, am

Hof des Pharao *Amenophis III.* Das war der Vater des unter dem Namen *Echnaton* und als Gatte der schönen *Nofretete* allgemein bekannten *Amenophis IV. Amenophis III.* lebte von 1406–1370 v. Chr., also vor rund 3300 Jahren. Was WOODS Patientin als wiedergeborene Nona aus dieser Zeit erzählte, ergab nach der Meinung des zu Rate gezogenen Ägyptologen HULME durchaus einen sinnvollen Zusammenhang. Andererseits gibt es aber eine Menge kunstgeschichtlicher Bücher und auch Romane, die diese gut erforschte Epoche Altägyptens schildern. Das Britische Museum in London ist nicht zuletzt wegen seiner hervorragenden Sammlung altägyptischer Kunstschätze berühmt.

Die historischen Kenntnisse von WOODs Patientin können kaum als Beweis für eine tatsächliche Wiedergeburt angesehen werden, auch die Kenntnis der Hieroglyphen nicht. Die kann sie sich anhand von Pyramidentexten im Museum angeeignet haben. Die Frage der *Reinkarnation* – vereinfacht: leben noch alte Ägypter unter uns? – ist so jedenfalls nicht gelöst. In der Geschichte der Psychiatrie finden sich sehr viel beeindruckendere Fälle.

So wurde Anfang der zwanziger Jahre in Stuttgart eine Frau auf einer Parkbank in verwirrtem Zustand von der Polizei gefunden. Es handelte sich um eine Dienstmagd aus einem kleinen schwäbischen Dorf. Auch sie redete in einer völlig unbekannten Sprache. Sie wurde in eine psychiatrische Klinik eingewiesen. Nach vielen Monaten erst und dank der Herbeiziehung von Sprachgelehrten der Tübinger Universität stellte sich heraus, daß das Mädchen in tibetanischer Sprache und in einem altmongolischen Dialekt redete. Woher sie diese Kenntnisse besaß, ist bis heute ungeklärt und rätselhaft geblieben.

Was diese und andere aus der Psychiatrie bekannten Fälle dennoch für die Forschung beachtlich erscheinen läßt, ist einmal die Tatsache, daß es sich nicht um berufsmäßige Medien handelt, und zum anderen, daß seitens der Wissenschaftler keine Erfolgshascherei im Spiel ist.

So findet sich beispielsweise in der französischen Zeitschrift »Nostra« vom April 1979 (Nr. 368) das Inserat einer Dame namens Gwaldys THORNELLE aus Perpignan. Sie bezeichnet sich als »Reinkarnation einer großen Priesterin der Göttin *Hathor* (5. Dynastie) und exzeptionelle Eingeweihte in die Geheimnisse des Tempels von Denderah«. Madame THORNELLE bietet »Okkulte Hilfe und Astrologische Konsultationen« an. Gegen ein entsprechendes Honorar, selbstverständlich. Was von der Wiedergeburt dieser altägyptischen Priesterin mit dem nunmehr keltischen Vornamen zu halten ist, muß ich nicht besonders betonen.

In München hat sich jüngst ein »Institut für Reinkarnationstherapie und Esoterische Psychologie« etabliert. Geleitet wird es von dem Hypnotiseur Thorwald DETHLEFSEN, Verfasser des Buches »Das Leben nach dem Leben«. Das in Luxemburg erscheinende »Magazin für Zukunftsforschung 2000« berichtet in Nr. 2/1979 über ihn unter der Überschrift »Der Bahnsteig ins Jenseits«. Die Kundschaft dieser Zeitreisen in eine frühere Existenz unter Hypnose besteht vorwiegend aus Stars, wie beispielsweise die im Bild gezeigte Katja EBSTEIN, wobei hinzugefügt wird, daß der »Bahnhofsvorstand« natürlich selbst ein Star sei. Auch was in den Artikeln zu lesen ist, klingt nicht gut. In seinem Übereifer, sein Buch selbst zu promoten, habe sich der esoterische Star – so ist in dem Artikel zu lesen – »überreden« lassen, seine Reinkarnations-Séancen coram publico in zwei Talkshows abzuhalten.

»Diese etwas marktschreierischen Methoden brachten ihn jedoch ins Gerede und schadeten dazu seinem Image. Man hielt ihn zunächst für einen Pseudo-Esoteriker«, sagt die Verfasserin eines weiteren Artikels über DETHLEFSEN. Was diese Bezeichnung bedeuten soll, geht aus dem Zusatz hervor. Ein Mann, »der darauf ausging, die neuen Trends der mystischen Welle für sich spekulativ auszuschlachten«.

Dabei behauptete übrigens, soweit ich mich erinnere, ein unter Hypnose »reinkarnierendes« Medium dieses Esoterikers ebenfalls, eine ägyptische Prinzessin zu sein. Doch nunmehr geht der Reinkarnationsspezialist »neue Wege«, so heißt es. »Heute stößt DETHLEFSEN ohne Hypnose ins Unterbewußtsein seiner Patienten vor«, sagt der Verfasser des ersten Artikels, nicht ohne boshaft zu bemerken, daß der »Meister« in seinem Falle – und nicht nur in seinem – bereits zu ahnen begann, daß seine Hypnose auch nicht ankam.

Nun veranstaltet das Institut Kurse in Esoterik und Esoterischer Astrologie für interessierte Laien.

Wiedergeburtserlebnisse, die unter Hypnose oder mittels suggestiver Einwirkung produziert werden, sind jedenfalls nicht geeignet, die Existenz des »Jenseits« zu beweisen. Doch was ist überhaupt Hypnose? Sehen wir im »Lexikon der psychoanalytischen Begriffe« nach[10]. Dort steht: »Hypnose (von griech. hypnos, ›Schlaf‹). Künstlich hervorgerufener, schlafähnlicher Zustand von unmerklicher Veränderung bis zum tiefen Schlaf, bei erhaltener geistiger Kommunikation, Rapport genannt, zwischen dem Hypnotisierten (Medium) und dem Hypotiseur. Kennzeichnend für den Hypnose-Zustand ist erhöhte Suggestibilität. Durch Hypnose können Vorstellungen, Verhaltensweisen und Sinnesempfindungen suggeriert werden . . .«

Entscheidend ist die suggestive Abhängigkeit des Hypnotisierten und die Beeinflussung hinsichtlich der Vorstellungen – in unserem Fall auch der Wiedergeburtsvorstellung – durch den Hypnotiseur.

Der *Trancezustand* der Patientin von Dr. WOOD ist etwas anderes, eine willkürliche oder auch unwillkürliche Absenkung des Bewußtseins und ein Eintauchen in das Unbewußte. Ein Zustand, wie er von den Schamanen der Naturvölker, den Yogis und tibetischen Lamas durch bestimmte Meditationspraktiken erzeugt wird und bei dem allenfalls eine gewisse Autosuggestion im Spiel ist. Durch das Eintauchen in das Unbewußte im Trancezustand wird ein Kanal in das sogenannte *Kollektive Unbewußte* erschlossen. Das ist ein überpersönlicher Bereich des Unbewußten oder ein überpersönliches seelisches Feld, auf das ich noch eingehend zu sprechen komme. Insofern sind Wiedergeburtserlebnisse in derartigen Trancezuständen für die »Jenseitsforschung« durchaus von Interesse.

Die Schamanen und Yogis behaupten sogar, daß sie im Trancezustand ihren Körper verlassen können, und zwar mit ihrem *Astralleib.* Dieser wird als eine Art »Hauchkörper« beschrieben und entspricht in etwa unserer westlichen Vorstellung von der Seele – im früher üblichen volkstümlichen und religiösen Sinn. Diese Behauptung hat das Interesse der PSI-Forscher geweckt. Wie OSTRANDER und SCHROEDER in ihrem Buch »PSI – Die Geheimformel des Ostblocks« berichten, untersuchen die russischen PSI-Forscher die Trancezustände der Yogis unter Laborbedingungen. An der Universität von Südkalifornien hat Dr. Charles TART mit dem Testen derartiger Seelenreisen begonnen.

Angeregt durch die KIRLIAN-Fotografie, das ist die experimentelle Beobachtung der – ihrer Natur nach noch nicht völlig geklärten – Körperausstrahlungen im Hochfrequenzfeld, hat ein Forscherteam der Staatsuniversität von Kasachstan (UdSSR) die Theorie vom *Bioplasma* aufgestellt. Demnach besteht die Natur des Lebendigen – und zwar bei Pflanze, Tier und Mensch – einmal aus dem bekannten materiellen Körper, der sich aus Zellen, Molekülen und letztlich Atomen zusammensetzt. Darüber hinaus aber existiert in jedem Lebewesen noch ein Energiekörper, den die russischen Forscher W. INJUSCHIN, V. GRISCHENKO und andere als *biologischen Plasmakörper* bezeichnen.

Das Interessante an diesem Energiekörper, den eine Gruppe von Biophysikern an der Universität von Alma Ata sogar unter dem Elektronenmikroskop studiert, ist, daß er gewissermaßen das Muster oder die Struktur der

Körperlichkeit darstellt und daß diese Energie eine völlig andere ist als die im Gehirn, in den Nervenleitungen und sonst im biologischen Organismus nachweisbare elektrische Energie.

Als die KIRLIAN-Fotografie bei uns im Westen bekannt wurde, erklärten Physiker – so in einem vor Jahren erschienenen Aufsatz in der Zeitschrift »Bild der Wissenschaft« – das als *Aura* sichtbare Farbenspiel als eine Folge der durch die Körperausdünstung unterschiedlich veränderten Hochfrequenzströme. Mehr habe es damit nicht auf sich. Doch wie aus den Berichten der in der UdSSR und den USA damit befaßten Forscher hervorgeht, steckt doch mehr dahinter. Selbstverständlich kommt das KIRLIAN-Bild durch ionisierte, erregte Elektronen zustande, sonst könnten wir es nicht sehen. Doch es müssen noch andere Partikel einer noch unbekannten Energie dabei eine Rolle spielen. Denn wenn beispielsweise von dem Blatt einer Pflanze ein Teil weggeschnitten wird, zeigt das KIRLIAN-Foto dennoch das Muster des vollständigen Blattes, auch des fehlenden Teils. Dies trifft auch bei amputierten Gliedmaßen zu. Zwar ist das Bild dann etwas verschwommener, aber eigenartigerweise kann das fehlende Glied gesehen werden. Das habe ich mit meinem eigenen KIRLIAN-Gerät überprüft.

Weitaus interessanter sind aber für unser Thema die Experimente der russischen PSI-Forscher beim Tod eines Lebewesens. Wird eine Pflanze zerstört oder ein kleines Tier getötet, so verlischt die im Hochfrequenzfeld sichtbare Aura rasch. Das farbige Bild löst sich auf und verschwindet irgendwie im Raum. Nun haben die russischen PSI-Forscher aber auch überaus empfindliche Felddetektoren entwickelt, mit denen sich eine über die sichtbare Aura hinausgehende unsichtbare Körperausstrahlung feststellen läßt. Bis zu einer Entfernung von vier Metern läßt sich so ein den Körper umgebendes Energiefeld messen. Und diese Felddetektoren arbeiten weiter, auch wenn das Tier bereits tot ist und die Aura sich aufgelöst hat.

Wie ist dieses Energiefeld zu erklären? Stammt die Energie von dem toten Körper? Oder stammt sie von dem von den russischen Forschern behaupteten bioplasmatischen Energiekörper, der sich im Tod vom Körper trennt?

Was die Felddetektoren messen, ist ein Energiefeld, das beim lebenden Menschen je nach seelischer Stimmungslage veränderliche Werte zeigt. Auch das KIRLIAN-Bild verändert sich durch psychische Einflüsse – Angst, Freude, Streß –, wie die Versuche von Prof. INJUSCHIN zeigen. Gleichsetzen mit der Seele können wir dieses Energiefeld – oder den bioplasmatischen Energiekörper, wie es die russischen Forscher nennen – nicht so ohne weiteres. Aber es besteht zweifelsohne eine psycho-physikalische Korrelation zwischen beiden, also ein gegenseitiges Entsprechungsverhältnis.

Es ist noch nicht restlos geklärt, woher dieses Energiefeld stammt und welcher Art diese Energie ist. Prof. Wenjamin PUSCHKIN, der Leiter des Laboratoriums für Heuristik (das ist die Lehre von der Auffindung neuer wissenschaftlicher Methoden, von griech. *euriskein* = finden, erforschen) an der Akademie der Wissenschaften in Moskau, hat eine äußerst interessante Theorie aufgestellt. Sie ist das Ergebnis seiner Laborexperimente zur Erforschung der *Psychokinese*[11]. Dabei handelt es sich nicht nur, wie das Wort sagt, um die Bewegung durch psychische Energie, sondern – allgemein – um jegliche Einwirkung auf materielle Dinge, Gegenstände und Körper allein durch eine seelische Kraft.

Zu Wenjamin PUSCHKINS Versuchspersonen gehört die in der UdSSR berühmte Russin Nina KULAGINA, die es fertigbringt, leichte Metallkugeln frei zwischen ihren Händen schweben zu lassen. PUSCHKIN führt diese erstaunliche Tatsache auf den Einsatz von Gravitationsenergie zurück, also auf ein Schwerkraftfeld, das seine Versuchsperson erzeugt. Wenn sich auch die Schwerkraft hier anders zeigt, als es nach der bisherigen Theorie der Physiker und Astrophysiker möglich ist, so steht doch der seltene Fall einer Eigenproduktion von Schwerkraft nicht im Widerspruch zu den Naturgesetzen. Die Möglichkeit, daß der Mensch Gravitationsfelder erzeugen kann, verstößt auch nicht gegen EINSTEINs Relativitätstheorie, die Grundlage des modernen naturwissenschaftlichen Weltbildes. Jedenfalls geht dies aus den Versuchen mit Elementarteilchen und aus den mathematischen Berechnungen von Prof. PUSCHKIN hervor.

Es würde zu weit führen, hier im einzelnen auf diese *Autogravitationstheorie* einzugehen. Der wissenschaftlich interessierte Leser findet im Anhang die entsprechenden Literaturhinweise. Die Theorie von PUSCHKIN ist deshalb so interessant, weil die Natur der von ihm angenommenen Energiefelder eine Reihe von berechtigten Zweifeln beseitigt, die eine bislang von vielen Forschern vertretene Auffassung von der PSI-Energie als einer elektromagnetischen Ausstrahlung mit sich bringt.

Die Annahme, PSI-Energie sei eine elektromagnetische Strahlung, vergleichbar der Ausstrahlung der Hörfunk- und Fernsehwellen, nur von unendlich kurzer Wellenlänge und unverstellbar hoher Schwingungszahl, reicht für eine Erklärung von Gedankenübertragung, für das Hellsehen und für Heilerfolge durch PSI unter Umständen aus. Doch für das Bewegen von gewichtigen Gegenständen oder für die Auflösung der Molekularstruktur fester Metalle, wie es beispielsweise Uri GELLER bei meinen Experimenten mit ihm gelang (keine Gabeln!), wäre ein elektromagnetisches Feld zu schwach.

Nehmen wir an, Prof. PUSCHKIN hat recht. Das Energiefeld, das der Mensch (oder sein plasmatischer Energiekörper) ausstrahlt, enthält auch Gravitationsenergie von besonderer Art – von weit höherer Intensität, als bei der Schwerkraft unserer Erde feststellbar und zudem gebündelt einsetzbar, vergleichbar der Lichtenergie beim Laserstrahl. Halten wir weiter fest, daß – wie zuvor berichtet – das Energiefeld nach Eintritt des Todes noch geraume Zeit weiter pulsiert. Das haben nicht nur die Tierversuche in

70

der UdSSR, sondern auch klinische Versuche mit sterbenden Menschen mittlerweile gezeigt. Dann hätten wir eine denkbare Erklärung für die bislang unerklärbare Tatsache, daß während oder nach dem Tode die »Geister« der Verstorbenen bei ihren Angehörigen und Freunden Uhren anhalten, Bilder von der Wand werfen oder Gläser zerspringen lassen.

Demnach wären diese Geister-Erscheinungen vom Standpunkt der modernen PSI-Forschung aus gesehen unter die Kategorie »Psychokinese« einzuordnen. Was die Sache kompliziert, ist der Umstand, daß die psychokinetische Erscheinung nicht von lebenden Personen ausgeht, sondern von Toten. Eine lebende Versuchsperson im Labor ist in der Regel bei klarem Bewußtsein, und sie weiß, was sie bewegen will. Sofern das nachweisbare und meßbare Energiefeld die Psychokinese verursacht, das heißt eine wie auch immer geartete, aber physikalische und damit materielle Energie die Dinge bewegt, so wissen wir doch, daß die Versuchsperson diese Energie steuert. Aber wenn der Mensch gestorben ist?

Das Energiefeld ist auch nach dem Tod noch existent. Nehmen wir an, daß auch Tote noch Schwerkraft ausstrahlen können, obwohl Prof. PUSCHKIN das nicht behauptet. Doch wenn der Mensch tot ist, besitzt er nach allgemeiner wie nach medizinischer Erfahrung weder Bewußtsein noch Willen. Oder? Die Uhr, die stehenbleibt, das Klavier, das tönt, und und und... all das verrät doch das Bemühen, eine bewußte und willentlich gezielte Botschaft anzubringen. Wie kommt das Bewußtsein in das Schwerkraftfeld?

An der Tatsache, daß eine Einwirkung auf materielle Dinge durch PSI-Energie möglich ist – die Bezeichnung PSI wollen wir als Sammelbegriff dieser im einzelnen noch ungeklärten Kräfte beibehalten –, ist nicht mehr zu zweifeln. Das ist fotografiert, gefilmt und wissenschaftlich einwandfrei nachgewiesen. Gehört doch die Psychokinese zu den vorrangigen Projekten der PSI-Forschung, aber

auch zu den schwierigsten, sofern sie unter Laborbedingungen von einer Versuchsperson *bewußt* produziert
werden soll. Die KULAGINA und auch Boris JERMO-
LAJEW, ein Student bei Prof. PUSCHKIN, vermögen Blei-
stifte hin- und herzubewegen und Metallkugeln frei unter
ihren Händen schweben zu lassen.

Das ist zwar einerseits unheimlich, weil es die Aufhebung der irdischen Schwerkraft bedeutet und damit das
Durchbrechen bisher gültiger Naturgesetzlichkeiten.
Doch andererseits ist es nicht viel gegenüber der Manifestation von Energie im Zusammenhang mit dem Tod
eines Menschen oder der Bildung von Komplexen im Unbewußten. Allerdings ist hierbei zu bemerken, daß die uns
bekannten Naturgesetze keine absolute Gültigkeit mehr
besitzen, sondern sich inzwischen als *relativ* erweisen. Die
Überwindung der Schwerkraft ist ja praktisch längst gelungen. Nur wissen wir ja auch, welch ungeheure Mengen
Treibstoff erforderlich sind, um ein Kilogramm Nutzlast
in den Weltraum zu befördern.

Bei der Psychokinese aber bedarf es dieser Energie
nicht. Und das Energiefeld, das der Mensch ausstrahlt und
das die russischen PSI-Forscher bei ihren Experimenten
mit den erwähnten Felddetektoren messen, ist als elektromagnetische Ladung unendlich viel schwächer als jede
Radiowelle. Umgerechnet in mechanische Schubkraft, ist
diese Energie schwächer als der Druck eines Fliegenbeins.

Trotzdem vermag diese Energie Gegenstände von mehreren Kilogramm Gewicht meterweit zu bewegen. Dazu
ein Vorfall, der sich in meinen Akten befindet und den
ich selbst vor einiger Zeit erlebte.

Vor mehreren Jahren unterzog sich bei mir ein Unternehmer, Mitte Vierzig, einer Analyse. Es handelte sich um
eine äußerst dynamische, aber auch eigenwillige Persönlichkeit. Er hatte sich mit einer sehr attraktiven, doch
stark neurotischen jungen Schauspielerin verlobt. Der Al-
tersunterschied betrug mehr als zwanzig Jahre. Die junge
Dame drängte auf Heirat, seine Mutter war dagegen.

Das Verhältnis basierte im wesentlichen auf einer sexuellen Gebundenheit, die wechselseitig einmal bei dem einen, dann wieder beim anderen Partner bis an die Grenze der Hörigkeit ging. So kam es immer wieder zu höchst unerfreulichen Szenen, die übermäßige emotionale Spannungen wie ein hohes Maß an Unbewußtheit verrieten. Beide konnten nicht ohneeinander, aber auch nicht miteinander leben. In einem solchen Fall ist es schwierig, den richtigen Rat zu geben, weil jeder Rat durch die Unberechenbarkeit der Situation unter Umständen falsch ausgelegt wird.

Die analytische Sitzung ist beendet. Mein Patient will sich gerade verabschieden. Plötzlich ertönt ein Knall. Auf die Steinfliesen vor dem Kamin ist einer der Bände meines Großen Konversationslexikons hingeschleudert worden. Alle übrigen Bände stehen in Reih und Glied in der in die Wand eingelassenen Bibliothek. Die Bretter sind aus uraltem, eisenhartem Kastanienholz. Spannungsfrei und über einen Zoll stark. Eine Erschütterung von außen ist ausgeschlossen. An meinem Haus führt keine Straße vorbei. Es liegt am Berghang und ist nur durch einen Fußgängerweg oder eine achtzigstufige Granittreppe zu erreichen.

Das Buch liegt aufgeschlagen da. Auf der rechten Seite befindet sich groß die Anzeige eines Buchverlags für ein Werk mit dem Titel »Ostasienfahrt« einer historischen Persönlichkeit. Am Nachmittag reise ich einer wissenschaftlichen Tagung halber in eine andere Stadt. Ich schlendere dort abends durch die Straßen, gerate an ein winziges Kino, in dem ein alter, unbekannter italienischer Film gezeigt wird. Der Titel auf dem Spruchband über dem Kino: »Ostasienfahrt«. Natürlich gehe ich hinein.

Der Film behandelt in vier unterschiedlichen Geschichten das Thema »Liebesleidenschaft und Liebesleid«. Die letzte Geschichte schildert das Schicksal einer bildschönen japanischen Perlentaucherin, in die sich ein reicher Unternehmer aus Tokio verliebt hat. Er stellt das Mädchen seiner Mutter vor, die es zwar entzückend findet, aber aus Standesgründen von einer Heirat abrät. Trotzdem wird die Ehe beschlossen. Am letzten Tag ihrer Tätig-

73

keit wird das Mädchen von ihrem Betriebsleiter, der ebenfalls um sie warb, vergewaltigt. Nach japanischer Moralauffassung entehrt, schwimmt das Mädchen ins Meer hinaus und nimmt sich das Leben.

Soweit dieser Vorfall. Auch mein Patient ist mittlerweile entschlossen, gegen den Willen seiner Mutter die junge Schauspielerin zu heiraten. Bei mir läßt er sich nicht mehr sehen, vielleicht, weil auch ich starke Bedenken äußerte. Nach über zwei Monaten sucht er mich erneut auf und erzählt folgendes:

An dem Tag, an dem er zu seiner Braut fährt, um das Aufgebot zu bestellen – die beiden wohnen in verschiedenen Städten, über 500 Kilometer voneinander entfernt –, wird er in einen Verkehrsunfall verwickelt und dadurch über einen Tag aufgehalten. Ein von ihm an seine Braut abgesandtes Telegramm bleibt in der Postvermittlung, weshalb auch immer, zwei Tage liegen. Als er zur Wohnung seiner Braut kommt, erfährt er von Angehörigen, daß diese in der Nervenklinik liegt. Sie hat mit Schlaftabletten einen ernstgemeinten Selbstmordversuch unternommen, wurde aber rechtzeitig aufgefunden.

Das Mädchen hat geglaubt, er habe seine Heiratsabsicht aufgegeben. Sie nahm an, er müsse von ihrem Verhältnis zu einem anderen Mann erfahren haben, das sie ihm verschwiegen hatte. Ein kurz dauerndes Verhältnis, das für sie ebenfalls mit einer Art Vergewaltigung begann.

Soweit der Bericht. Die ganze Situation wies noch sehr viele weitere Ähnlichkeiten mit dem Film auf, den ich im Anschluß an den unerklärlichen Vorfall in meiner Bibliothek zwei Monate zuvor gesehen hatte. Der Vollständigkeit halber sei noch erwähnt, daß die beiden – sozusagen nach dem Motto: Nun erst recht! – kurz darauf tatsächlich heirateten. Die Ehe wurde eine Katastrophe, bereits ein Jahr später die Scheidung eingeleitet. Es folgte ein langer, unerquicklicher Prozeß. Abgesehen von den gesellschaftlichen Nachteilen, stand am Ende mein Patient fast vor dem finanziellen Ruin.

Die Frage, die sich für uns erhebt, lautet: Wer oder was

hat damals einen fast fünf Kilogramm schweren Lexikon-
band aus meiner Bibliothek auf den Boden geworfen?
Und zwar so, daß mir die Seite mit dem Stichwort »Ostasienfahrt« in die Augen sprang und mich veranlaßte, mir
einen uralten Film – wohlgemerkt, in einer anderen Stadt!
– anzusehen? Einen Film, der gewissermaßen eine Handlung vorwegnahm, die sich vergleichsweise erst zwei Monate später und zudem in einer Entfernung von über 500
Kilometern ereignete?

Ich kann aus Gründen der Schweigepflicht hier nicht
alle Einzelheiten anführen. Aber im Gesamtzusammenhang dieses Falles aus meiner Praxis erweist sich das seltsame psychokinetische Ereignis als geradezu bestürzend
sinnvoll. War hier ein wohlmeinender »Geist« am Werke
gewesen? Todesfälle hatten sich zu dieser Zeit weder in
der Familie meines Patienten noch in der seiner Braut ereignet. Einer meiner väterlichen und geistigen Führer, von
dem ich hätte annehmen können, daß ihm an einem Hinweis für mich zur Analyse dieses Falles gelegen sei, lebte
ebenfalls noch. Er starb erst einige Monate nach diesem
Ereignis.

Für die Tiefenpsychologie erklärt sich ein derartiger
Vorfall als eine Manifestation des Unbewußten, als ein
konkretes Inerscheinungtreten von psychischer Energie. Es
ist die Großtat von C. G. JUNG, dem Mitbegründer der
Tiefenpsychologie und Schöpfer der Analytischen Psychologie, daß er die Existenz psychischer Energie durch ein
geniales Experiment bewies. Und das schon in den ersten
Jahren unseres Jahrhunderts. Bereits Sigmund FREUD
hatte nach seinem Studium der Hypnose in Paris und gestützt auf die Hypnoseexperimente mit »hysterischen« Patienten zusammen mit seinem Kollegen BREUER die Existenz einer seelischen Energie festgestellt, die er *Libido*
nannte. Das war seinerzeit eine kühne Behauptung. Denn
die Naturwissenschaftler, allen voran die Psychologen, bestritten damals die Existenz einer Seele.

Für die seelisch Gestörten und Personen mit seelisch bedingten Körpererkrankungen hatte das fatale Folgen. Sie galten entweder als willensschwach oder gar als Simulanten. Zum Glück dachten Ärzte wie FREUD und seine Schüler da anders. Sie wußten, daß ihre Patienten vom Arzt keine theoretischen Diskussionen oder wissenschaftliche Glaubensbekenntnisse erwarten, sondern Hilfe für ihre Leiden. Einem Kranken ist nicht mit der Erklärung gedient, das Phänomen *Seele* sei zum wissenschaftlichen Streitobjekt geworden. Im Fall einer seelischen Erkrankung wie einer seelisch bedingten Körperkrankheit sind nun einmal seelische Ursachen im Spiel.

So kümmerten sich FREUD, ADLER und JUNG, um die drei großen Begründer der modernen Tiefenpsychologie zu nennen, als Ärzte nicht um den herrschenden Gelehrtenstreit, sondern begannen damit, die Psyche und die Wirkungen der psychischen Funktionen zu erforschen.

Bereits im Jahre 1900 richtete sich C. G. JUNG in der Klinik »Burghölzli« in Zürich auf Anregung seines Lehrers Eugen BLEULER ein psychologisches Laboratorium ein. JUNG und seine Mitarbeiter wollten durch das Studium der *Wortassoziationen,* das heißt der Verknüpfung von Wörtern mit gedanklichen Vorstellungen, herausfinden, warum bestimmte Wörter der Alltagssprache bei den meisten Menschen starke Gefühlsregungen hervorrufen.

Dabei kam JUNG auf die geniale Idee, seinen Versuchspersonen Elektroden mit Chemikalienbeutelchen in die Hand zu drücken – der chemischen Zusammensetzung nach ähnlich dem Inhalt der bekannten Trockenbatterien – und die Elektroden an ein Galvanometer anzuschließen, das sich im Rücken der Versuchsperson befand.

JUNG führte geduldig jahrelang Tausende dieser Versuche durch. Immer wieder konnte er feststellen, daß bei bestimmten *symbol*trächtigen Reizwörtern, die bei seinen Versuchspersonen einen unbewußten Widerstand auslösten, die Galvanometernadel weit über die Norm auszuschlagen begann. Was JUNG entdeckte, sind die im Unbe-

76

wußten vorhandenen seelischen *Komplexe*. Das sind gewissermaßen Zusammenballungen von psychischer Energie um einen bestimmten geistigen Bedeutungsinhalt für Gedanken. Auch der Begriff *Komplex* stammt von JUNG, was kaum jemand weiß. Ebensowenig, daß sein Experiment die geistige Grundlage der modernen Biofeedback-Geräte, der Polygraphen und auch der Felddetektoren zur Messung des menschlichen Energiefeldes in den Laboratorien der PSI-Forscher von heute darstellt.

Sehr viel wesentlicher aber ist, daß C. G. JUNG mit seiner Entdeckung der *unbewußten Komplexe* der Nachweis einer *psychischen Energie* gelungen war. Er hat damit, um es mit seinen Worten zu sagen, die *Wirklichkeit der Seele* bewiesen. Denn wirklich ist, was wirkt.

Damit hätte der Gelehrtenstreit über die Existenz der Seele beendet sein sollen. Merkwürdigerweise ist er es – jedenfalls unter den Psychologen – seit nunmehr rund hundert Jahren immer noch nicht. Ein Beweis, daß ideologische Dogmen und der Glaube daran selbst unter Wissenschaftlern stärker sind als eine neue wissenschaftliche Erkenntnis und deren Nachweis durch die Realität der Fakten.

Dabei hat dieser Streit eine für heutige Begriffe geradezu lächerlich simple Ursache. So erklärte der Begründer der Experimentalpsychologie in den Vereinigten Staaten, John B. WATSON: »Niemand hat jemals eine Seele berührt oder sie in einem Reagenzglas gesehen.« Daher kann die Seele auch kein wissenschaftliches Forschungsobjekt sein. An dieser Auffassung halten die Schüler von WATSON, darunter der bekannte Burrhus F. SKINNER, bis heute fest.

Natürlich hat auch JUNG in seinem Galvanometer keine Seele gesehen. Sein Nachweis und alle darauf folgenden experimentellen Beweise der seelischen Wirklichkeit sind *indirekte* Beweise. Gemessen werden chemoelektrische Veränderungen und Ausstrahlungen des biologischen Organismus, die aber auf seelischen Wirkungen beruhen. Nur weiß heute jeder Grundschüler, daß sich auch die Vorgänge bei der Atomzertrümmerung und der Kernspaltung nur indirekt in einer Nebelkammer sichtbar machen lassen. In das Atom können wir auch mit dem stärksten Elektronenmikroskop nicht hineinsehen. Die Kernenergie bleibt unsichtbar. Doch daß diese Energie existiert und in der Form von Atombomben und Kernkraftwerken eine höchst konkrete Wirklichkeit beweist, leugnet ja wohl niemand mehr.

Warum nur wird die Wirklichkeit der Seele so beharrlich ignoriert? Wir erleben doch fast täglich in den Nachrichtensendungen am Bildschirm geradezu eruptive Ausbrüche von psychischer Energie und deren Folgen. Das Aufeinanderprallen gegensätzlicher politischer Glaubensvorstellungen und, verbunden damit, handgreifliche Auseinandersetzungen bei gewissen Demonstrationen sind genauso Beispiele dafür wie der makabre Massenselbstmord von rund tausend Anhängern der amerikanischen »Volks-Tempel-Sekte« zusammen mit ihrem Oberhaupt Jim JONES im Herbst 1978 in Guayana[12]. Ebenso alles, was seit Ende 1978 und in den ersten Monaten 1979 in Persien geschah, um ein weiteres Beispiel zu nennen.

Menschen werden mit Benzin übergossen und in lebende Fackeln verwandelt, andere von der Menge zu Tode getrampelt. So ist es in den Presseberichten über den Bürgerkrieg im Iran 1978/79 zu lesen[13]. Das alles klingt aberwitzig und spottet jeglicher bewußten Vernunft. Wer immer auch an sonstigen politischen Mächten dahintersteht – entfacht und gesteuert wird diese blutige revolutionäre Auseinandersetzung vom religiösen Oberhaupt der Schiiten, Ayatollah KHOMEINI. Es handelt sich um – tiefenpsychologisch gesehen – den Ausbruch einer ungeheuren *kollektiv-psychischen* Emotionalität. Zwischen dieser und dem Jenseitsglauben des *Schiismus* – einer besonderen Sekte des Islam – besteht aber ein nachweisbarer Zusammenhang.

Was die Anhänger des vom Propheten MOHAMMED

begründeten Islam und dessen Unsterblichkeitsglauben –
und besonders die Art des seinen Kriegern versprochenen
Paradieses – an geradezu unglaublichen Leistungen voll-
brachten, ist in dem jüngst erschienenen Buch von Rolf
PALM, »Die Sarazenen – Weltreich aus Glaube und
Schwert«, nachzulesen.

Sind die Unsterblichkeit des Menschen und das im
Koran beschriebene »Jenseits« nur geschickte Erfindungen
des Religionsstifters MOHAMMED so wie anderer Reli-
gionsstifter auch? Der Prophet ist seit langem tot. Doch
der Glaube an seine Lehre ist, wie die Ereignisse im Iran –
und auch in der übrigen mohammedanischen Welt – beweisen, frisch wie vor eintausenddreihundert Jahren, als
der Aufbruch des Islam zur Eroberung der damaligen
Welt begann.

Ob Erfindung oder nicht – der Glaube an das »Jenseits«
ist sehr viel älter als die heute bekannten Religionen. Die
Jenseitsvorstellungen gehören zu den Ur-Vorstellungen
der menschlichen Seele. Sie sind somit reale psychologische Fakten. So interessant die Experimente der modernen
PSI-Forschung für den Nachweis eines Energiekörpers
und noch nach Eintritt des Todes ausgestrahlter Kraftfelder auch sind – was dahintersteht, ist das Bemühen,
dem Rätsel des »Jenseits« mit den technischen Möglichkeiten von heute auf die Spur zu kommen, auch wenn
dies die PSI-Forscher etwa in der UdSSR nicht offen zugeben. Wir müssen daher als erstes untersuchen, wie der
Glaube an das »Jenseits« entstanden ist und warum diese
nicht zu unterdrückenden Glaubensvorstellungen in der
menschlichen Seele vorhanden sind. Auch für den Fall,
daß es sich dabei um eine menschliche Erfindung handeln
sollte und ein Weiterleben nach dem Tode nicht möglich
ist.

KAPITEL 2

Jenseitsvorstellungen und Geisterglaube

Der Augenblick, da ein Mensch zum erstenmal »Ich« denken konnte, sich also bewußt als Individuum empfand, ist der Beginn einer ebensolchen Revolution in der Geschichte unseres Planeten wie der Moment, als sich zum erstenmal eine lebende Zelle aus anorganischen Stoffen bildete oder als Virus durch die Kälte des Weltraums zur Erde getragen wurde.

Der Beginn des »Ich-Bewußtseins« ist die Geburt des Menschseins. Von da ab wird der Mensch im Gegensatz zum Tier nicht mehr ausschließlich durch ein einprogrammiertes Artverhalten gesteuert. Er vermag sein Leben mehr oder weniger bereits selbst zu gestalten. Auch in die ihn umgebende Natur vermag der Mensch nun einzugreifen und diese nach seinen Bedürfnissen umzugestalten.

Mit der Geburt des »Ich« kommt aber auch der Tod in die Welt. Es entstehen das Erlebnis der Seele, der Glaube an das Jenseits und an einen unsterblichen, göttlichen Schöpfer.

Wann dieses revolutionäre Ereignis stattfand und wodurch es ausgelöst wurde, wissen wir allerdings nicht – und dies trotz des ungeheuren Fortschritts der Wissenschaften bis heute. Das ist eine verblüffende Tatsache. Denn über die Geburt von Gestirnen – Hunderttausende oder Millionen von Lichtjahren von uns entfernt – existieren nicht nur glaubwürdige wissenschaftliche Theorien, sondern exakte experimentelle Beweise. Wir wissen, aus welchen Elementen sie bestehen, können ihre Masse, Größe und Temperatur bestimmen und sehr genaue Aussagen über die inneren atomaren Fusionskräfte der Sterne wie über ihre nach außen wirkenden Gravitationskräfte machen.

Auch die Entstehung des Lebens – sagen wir: der Initialprozeß oder der Zündungsvorgang des Lebendigen,

80

der anorganische Materie in eine organische, vermehrungsfähige Substanz verwandelt – dürfte wissenschaftlich geklärt sein. So hat der amerikanische Nobelpreisträger Arthur KORNBERG bereits 1967 den ersten biologisch aktiven Kern eines Virus synthetisch zusammengebaut.

Inzwischen wurde auch der erste künstliche Informationsträger der organischen Zelle, ein »Gen«, im Labor geschaffen. An der weiteren Entwicklung des Lebens auf unserer Erde aus Einzellern, die im Urmeer umherschwammen, über Quallen, Fische, Reptilien bis zu den Säugetieren und schließlich dem Pithecathropus, einem Affenvettern und Vorfahren des Menschen, bestehen jedenfalls naturwissenschaftlich gesehen keine prinzipiellen Zweifel.

Doch über die Entstehung des Menschen – exakter: über die Entstehung des spezifisch menschlichen Bewußtseins und damit auch des sogenannten Unbewußten als einer im Zusammenhang mit der menschlichen Seele nachweisbaren Erscheinung – sind wir auf Vermutungen angewiesen. Diese finden sich in den heiligen Schriften, den Theorien der Zoologen und Tiefenpsychologen und in der modernen Science-fiction-Literatur.

Greifen wir die bekanntesten davon heraus:

● »Im Anfang war das Wort... In ihm war das Leben, und das Leben war das Licht der Menschen.« JOHANNES, Apostel. So steht es in seinem Evangelium, Kapitel I, 1 und 4. Verfaßt um 100 n. Chr.

● »Der Ursprung des Menschen ist der schmalnasige oder echte Affe.« – Charles R. DARWIN, Naturforscher und Landwirt, in »The descent of man and selection in relation to sex«, London 1871.

● »Die Erde wurde bereits vor Jahrtausenden von fremden Astronauten besucht: So proklamieren wir... daß diese ›Fremden‹ den ersten ›homo sapiens‹ zeugten.« – Erich von DÄNIKEN, Prophet der Vergangenheit und Bestsellerautor Nr. 1, in »Erinnerungen an die Zukunft«, Düsseldorf 1968.

Auf die zweite Behauptung, die von Charles DARWIN, stützt sich die heute vorherrschende Abstammungstheorie, wie sie an unseren Universitäten und Schulen gelehrt wird. Doch auf die Frage, welche von diesen drei Thesen den größten Wahrscheinlichkeitswert nach modernsten wissenschaftlichen Forschungsgrundsätzen besitzt, muß die Antwort lauten: theoretisch alle, erfahrungswissenschaftlich keine. Es war niemand dabei. Einen einwandfreien Nachweis darüber besitzen wir weder von einer irdischen noch von einer »außerirdischen« Intelligenz.

Nach der Fülle der Ausgrabungsfunde durch die *Paläontologen,* die Frühgeschichtsforscher, und aufgrund der Verfeinerung ihrer Datierungsmethoden sollte eigentlich über die Entstehung des Menschen kaum noch ein Zweifel bestehen. Angenommen wird erdgeschichtlich bereits vor etwa 15 bis 20 Millionen Jahren der Beginn eines sogenannten »Mensch-Tier-Übergangsfeldes«. Vor zwei oder gar drei Millionen Jahren tauchen dann affenähnliche Geschöpfe auf unserer Erde auf, die Steine als Werkzeuge benutzen. Vor etwa 500.000 Jahren beginnen diese Geschöpfe Feuersteine gezielt zu bearbeiten und zum Stechen, Schneiden und Schaben zu verwenden. Die Frühgeschichtsforscher sprechen bereits vom »homo faber«, wörtlich: dem *kunstfertigen Menschen* oder dem Werkzeugmacher.

Auch der *Neandertaler,* der erst zwischen der dritten und vierten Eiszeit, also vor, grob geschätzt, rund 100.000 Jahren auftaucht, wird so genannt. Dennoch besteht zwischen ihm und seinem mehr gorillahaften als menschenähnlichen Vorfahren ein grundlegender Unterschied. Es sind nicht die ersten Anfänge der Technik, die die humanoiden Lebewesen zum Menschen machen. Auch Affen benutzen Stöcke als Werkzeuge, um sich eine Banane vom Baum zu schlagen. Ganz zu schweigen von den technischen Wunderwerken, die sogar niedere Tierarten, wie beispielsweise Ameisen und Termiten, vollbringen.

Doch kein Tier und kein anderes Lebewesen auf unserer Erde kennt eine Totenbestattung und einen religiösen Kult. Erst beim Neandertaler ist dies der Fall. Nach den Funden in seinen Wohnhöhlen zu schließen, verehrt er ein Lebewesen, das gleich ihm einen aufrechten Gang besitzt, ihm an Größe und Kraft jedoch weitaus überlegen ist. Der Bär ist sein Gott!

Der religiöse Kult und die Totenbestattung sind Kennzeichen für einen einzigartigen psychischen Vorgang. Mit dem Auftreten des Neandertalers beginnt die Entwicklung eines völlig neuartigen Bewußtseins. Hier erst läßt sich die Geburt des *Ich-Bewußtseins* feststellen, die den Menschen zum Menschen macht.

Die Frühgeschichtsforscher und Anthropologen versuchen den Sprung vom Affen zum Menschen durch das Größerwerden des Gehirns zu erklären. Aus Schädelresten und Kieferknochen der angeblichen menschlichen Vorfahren läßt sich rekonstruieren, daß diese Lebewesen bereits ein größeres Gehirn besaßen als ein vergleichbarer Affe. Doch ist das ein höchst anfechtbares Beweisverfahren. Die Gehirne der Pferde und Delphine sind beispielsweise ebenso groß und sogar windungsreicher als die der Menschen. Und das gewichtigste bekannte Gehirn eines Menschen – 2850 Gramm und damit doppelt so schwer als das eines normalen Mannes – gehört einem Idioten.

Darüber hinaus enthält der Abstammungsnachweis vom Homo faber bis zu jenen Menschen, die vor etwa 6000 Jahren in *Uruk* bereits Tempel bauten und eine Bilderschrift kannten, erhebliche Lücken. Kurzum: so gesichert, wie allgemein geglaubt wird, ist die Abstammungstheorie von DARWIN keineswegs. Dies gilt übrigens auch für die Evolutionslehre des Lebendigen auf unserer Erde allgemein.

Wir können zwar zeitlich bestimmen, wann Quallen, Urfische und Amphibien lebten, wann die Saurier auftauchten und sich die urzeitlichen Schachtelhalmwälder in Steinkohle verwandelten. Doch von der Amöbe bis zum Affen weist die Entwicklungskette eine Unzahl von Lücken auf. Zwischen dem Einzeller und der Qualle, dem Insekt und dem Flugsaurier, dem Weichtier, dem Wirbel- und dem Säugetier bestehen nicht nur biologische, sondern vor allem organisatorische und damit qualitative Unterschiede. Und Nachweise für die Mutation als Übergänge von der einen zur nächsthöheren Art des Lebendigen besitzen wir eben nicht.

Auch für den biologischen Stammbaum des Menschen fehlen uns die Zwischenglieder. Das Überraschende ist, daß zwar nacheinander immer intelligentere – oder bewußtseinsmäßig höher organisierte – menschenähnliche und später durchaus menschliche Lebewesen auf unserer Erde auftauchen. Doch woher sie kommen und wohin sie verschwinden, ist keineswegs restlos geklärt.

So einfach, wie es sich DARWIN und die Neo-Darwinisten von heute mit der Annahme machen, daß der »Kampf ums Dasein« schmalnasige Affen einst zwang, von den Bäumen zu klettern, ihr Fellkleid abzulegen, sich auf die Hinterbeine zu erheben und nunmehr als »nackte Affen« aufrechten Ganges durch die Steppe zu schweifen, wodurch sich ihr Gehirn vergrößert haben soll – so einfach ist die Herkunft des Menschen nicht zu erklären. Die Größe des Gehirns besagt, wie zuvor erwähnt, nichts über das Vorhandensein eines spezifisch menschlichen Bewußtseins. Woher dieses gekommen sein soll, bleibt somit rätselhaft.

Da hat die Behauptung des Schweizers Erich von DÄNIKEN, daß aus den Tiefen unserer oder einer fremden Galaxis Astronauten auf unserer Erde erschienen und mit den Weibchen gorilläähnlicher Humanoiden Kinder zeugten, theoretisch den gleichen Wahrscheinlichkeitswert. Die Argumente, die namhafte Naturwissenschaftler dieser These entgegenhalten, beziehen sich auf die Unwahrscheinlichkeit, die Zeitmauer einer Raumfahrt zu fernen Sternen und andere technische Probleme zu meistern. Doch nach den Regeln der Wahrscheinlichkeitsmathematik dürfen wir das Unwahrscheinliche nicht ausschließen.

Was die These von DÄNIKEN für sich hat, ist die Tatsache, daß er in gewissem Sinn beweist: die Bibel hat doch recht. Wir müssen sie nur modern auslegen und die unerklärlichen Ereignisse nach dem Stand des heutigen technischen Wissens überprüfen. Andererseits wird mit seiner These die Frage nach der Entstehung des Bewußtseins in den Kosmos verschoben.

Wie steht es mit der These des Apostels JOHANNES? Im Anfang war das Wort. In ihm war das Leben, und das Leben war das Licht der Menschen, so heißt es. Wir wissen, daß sich bereits GOETHE in seinem »Faust« bemüht, den Begriff »logos«, den JOHANNES im Original gebraucht, sowohl als Kraft und Tat zu interpretieren. Nun, das Wort »logos« bedeutet auch *Information.* GOETHE verstand unter dem »Wort« einen Wissensinhalt von operativer Wirkung, durchaus so modern wie die Kybernetik von heute. Wobei *Information,* wie Norbert WIENER, der Schöpfer der Kybernetik, ausdrücklich betont, weder Materie noch Energie ist, sondern ein Drittes.

Auffällig ist, daß der Apostel ausdrücklich Leben mit Licht gleichsetzt. Dr. Paul BECKER, ein Arzt aus Limburg, der sich besonders der Erforschung der Vorgänge bei der *Reanimation* – das ist die Rückkehr von klinisch bereits toten Menschen ins Leben – annimmt, stellt bei 80 Prozent dieser Patienten Lichterlebnisse fest. Sie alle, gleich welchen Alters, welcher Herkunft und ob Frau oder Mann, berichteten, sie hätten im Augenblick des Sterbens ein helles Licht erlebt.

Die fehlenden Zwischenglieder in der Entwicklungsreihe des Menschen besagen übrigens nicht, daß die heute herrschende Evolutionstheorie falsch ist – sofern wir diese auf die biologische Entwicklung beschränken. Denn alle uns bekannten organischen Formen des Lebendigen besitzen eine Gemeinsamkeit: die Nukleinsäure und das Eiweiß als Lebensgrundlage.

85

Die Ähnlichkeit der biologischen Struktur und der somatischen Funktionen von Gorillas, Schimpansen und Menschen ist sicher groß. Doch das alles reicht nicht aus, um die Herkunft des menschlichen Bewußtseins zu erklären. Aus dem tierischen Verhalten läßt sich nicht das Verhalten des Menschen begründen, jedenfalls die menschlichen Bewußtseinsleistungen nicht. Vom Faustkeil zur Technik des Pyramidenbaus führt kein direkter Weg. Wohl aber von dort zur Weltraumtechnik von heute.

Um es noch einmal festzuhalten: das menschliche Bewußtsein und die Fähigkeit zur selbstschöpferischen Gestaltung sind in bezug auf tierisches Verhalten unvergleichbar.

● Der Mensch gestaltet Töne und Bilder zur Sprache und Schrift. Mittels dieser beiden Medien ist er in der Lage, persönlich Erlebtes und Erlerntes – kurzum: Wissen – an seine Mitmenschen wie an seine Nachkommen weiterzugeben. Das kann kein Tier. Ein Tier kann erlerntes Wissen bestenfalls durch Vererbung weitergeben.

● Mit seinem Bewußtsein besitzt der Mensch die Fähigkeit, über Wissen zu reflektieren, zu assoziieren – das heißt, gedankliche Verbindungen herzustellen – und Erlerntes wie Erdachtes begrifflich zu abstrahieren. Mit einem Wort: Der Mensch verfügt über die Fähigkeit zur Erkenntnis.

So gesehen, läßt sich getrost behaupten: Der Mensch ist nicht das Ende der Entwicklungsreihe, sondern er ist ein Neubeginn der Schöpfung.

Der Mensch ist das einzige, jedenfalls das einzige uns bekannte Lebewesen, das einen Zugang zu der Erscheinungswelt des Geistigen besitzt, Zugang zu einem Feld von immateriellen Mustern und geistigen Kräften. C. G. JUNG nennt dieses Feld das *Kollektive Unbewußte,* ein überpersönliches psychisches Feld, zu dem alle Menschen unbewußt einen Zugang haben. Die darin enthaltenen gedanklichen Muster, die das menschliche Verhalten programmieren, die aber auch in der Form von erfinderischen Einfällen via Intuition auftauchen, nennt er in Anlehnung an die Ideenlehre des antiken griechischen Philosophen PLATO *Archetypen.*

Woher das Kollektive Unbewußte stammt und wer die Archetypen geschaffen hat, sagt JUNG in seinen Werken nicht. Er verweist auf den Ort des *Transzendenten,* also auf ein absolutes Anderswo göttlichen Bereichs.

Der Tiefenpsychologe Erich NEUMANN, einer der bedeutendsten Schüler von C. G. JUNG, erweitert in seinem Werk »Ursprungsgeschichte des Bewußtseins« den Begriff des Kollektiven Unbewußten und dehnt ihn auf alles Lebendige aus. NEUMANN folgt der Evolutionstheorie, wie sie sich seit DARWIN durchgesetzt hat, und nimmt auch für das Seelische eine stufenweise Entwicklung an. Die erste Stufe oder auch Schicht ist nach NEUMANN die *Biopsyche.* Aus ihr stammen die Muster der Gestaltung, der Formen und Arten des Lebendigen und die erblich festgelegten Muster des Artverhaltens. Als nächste Schicht denkt sich NEUMANN die *Soziopsyche,* aus der die Muster für das Gruppen- und Sozialverhalten der höher entwickelten Tierarten und auch des Menschen stammen. Darüber befindet sich dann eine noch differenziertere Schicht der menschlichen *Kollektiv-Psyche,* aus der sich die persönlichen Seelen der einzelnen Menschen einschließlich des Ich-Bewußtseins herauslösen, vergleichbar den Bäumen in einem großen Wald, die ja ein individuelles Leben haben, aber mit ihren Wurzeln dem gleichen Mutterboden verhaftet sind und durch diesen alle miteinander in Verbindung stehen.

Auch NEUMANN vertritt die Archetypenlehre von C. G. JUNG. Über ihre Herkunft schweigt er sich aus. Nach PLATO, der als erster mit seiner Philosophie den Gedanken eines selbständigen, übermenschlichen und zeitlosen Reiches der *Ideen* vertritt, ist die unmittelbare Schau dieser Ideen-Welt allein den Göttern vorbehalten, dem Menschen aber versagt.

Begnügen wir uns vorerst damit, daß weder die Frühge-
schichtsforschung noch die Tiefenpsychologie erklären
können, woher das menschliche Bewußtsein stammt und
somit erst der Mensch auf unserem Planeten erscheint.
Wir wissen nur, wann sich das ereignet haben muß: vor
rund hunderttausend Jahren. Ebenso alt ist der Glaube an
Geister, an ein Weiterleben nach dem Tod und an Wesen,
die unsterblich sind.

Der Seelen- und Geisterglaube unserer frühesten Vorfahren aber ist weitgehend erforscht. Im Gegensatz zu der
Ansicht des Philosophen PLATO haben Tiefenpsychologen wie C. G. JUNG und seine Mitarbeiter und Schüler
herausgefunden, daß eine Schau in das »Reich der Ideen«
– der Archetypen, wie wir heute sagen – sehr wohl möglich ist. Das Erscheinungsbild der Archetypen sind die
Symbole, symbolische Handlungen und symbolische Verhaltensweisen, wie sie in den religiösen Kulten und Ritualen, den Mythen, Sagen und Märchen aller Völker zu
finden sind. Diese unterscheiden sich zwar äußerlich
durch die Besonderheiten der Völker, Rassen, der geo-
graphischen Lage und der zeitlichen Epochen. Aber in
ihrem Grundmuster sind sie bei allen Völkern und zu
allen Zeiten gleich.

Noch gibt es einige Naturvölker, die auf steinzeitlicher,
sozusagen frühgeschichtlicher Stufe leben. Im Zeichen der
fortschreitenden Technisierung und eines weltumspannenden Düsen-Jet-Verkehrs sind sie zum Aussterben verurteilt. In der ersten Hälfte unseres Jahrhunderts gab es
noch sehr viel mehr: im Innersten Afrikas, auf Südseein-
seln und in den Urwäldern des Amazonasdschungels. In
den Weiten Sibiriens, den Indianerreservaten Nordamerikas, Kanadas und in Alaska. Ihre Mythen und Sagen wie
ihre religiösen Vorstellungen und kultischen Bräuche sind
durch die Forschungsexpeditionen von Völkerkundlern
und Soziologen bekannt, aber auch durch die Vertreter
der vergleichenden Religionswissenschaft und Symbolforschung sehr genau untersucht worden.

Bei diesen Nomadenvölkern und Eingeborenenstämmen hat sich der Seelen- und Geisterglaube aus der menschlichen Frühzeit erhalten. Dies geht aus dem Vergleich mit den aufgefundenen Höhlenmalereien, Kult- und Begräbnisstätten und den dort entdeckten kultischen Gegenständen aus vorgeschichtlicher Zeit hervor.

Der Seelenglaube unserer frühesten Vorfahren, der, wie gesagt, zusammen mit dem Bewußtsein vor etwa hunderttausend Jahren entstanden und heute noch bei den Eskimos, Nomaden und anderen primitiven Volksstämmen zu finden ist, wird *Animismus* genannt (von lateinisch *anima* = die Seele). Denn für sie ist nicht nur der Mensch, sondern die gesamte Natur *beseelt.* Was der vorgeschichtliche Mensch unter *Seele* verstanden hat, ist freilich grundverschieden von dem, was wir heute unter dem Begriff des Psychischen verstehen. Richtiger wäre es, statt von einem Seelen- von einem Geisterglauben zu sprechen. Denn für den Primitiven sind alle Dinge seiner Umgebung von höchst realen Geistern und Dämonen erfüllt.

Wir erklären uns dies so, daß wir annehmen, beim Primitiven wie beim Frühmenschen sei das Bewußtsein noch unentwickelt; es befände sich sozusagen auf einer kindlichen Stufe. Da der Primitive sich seiner psychischen Funktionen noch nicht bewußt ist, projiziert er sie auf die Objekte seiner Umwelt. Etwa so, wie ein kleines Kind, das sich die Finger am heißen Ofen verbrennt, den Ofen ausschimpft und nicht sagt: »Ich habe mich verbrannt«, sondern: »Du böser Ofen hast mir weh getan.« Da dem Primitiven das Bewußtsein dafür noch fehlt, wie er den Berg, den Baum, die Quelle, das Tier erlebt, empfindet er das gefühlsbestimmte Erlebnis als etwas von seiner Person Getrenntes.

Auch die eigene Seele wird nicht so selbstverständlich als zu sich selbst gehörig erlebt und mit dem Ich gleichgesetzt, wie es bei einem Erwachsenen von heute der Fall ist. Sie wird vielmehr als ein unsichtbares, hauch- oder schattenartiges Wesen, als eine Art Geist vorgestellt, der dem

Körper des Menschen innewohnt und in ihm wirksam ist. Ja, als ein eigenständiges Wesen, das den Menschen überhaupt erst belebt. Denken wir daran, daß auch ein kleines Kind von sich selbst zunächst noch in der dritten Person redet.

Mag sein, daß ein Neandertaler in grauer Vorzeit beim Anblick seines toten Jagdgefährten, den der Tatzenhieb eines Bären niedergestreckt hatte, sich dumpf bewußt wurde, daß seinem Gefährten mit dem Tod die Seele abhanden gekommen war. Körperlich unterschied sich der Tote nicht sonderlich von ihm selbst. Aber eben dieses geheimnisvolle Etwas, das den Körper belebt – das fehlte jetzt. Irgendwo muß es doch hingekommen sein, sagte er sich vielleicht. Aus der Beobachtung der Natur wußten die Frühmenschen bereits von deren Wandel und ewiger Wiederkehr. Regelmäßig im Winter versinkt sie in eine Art Todesschlaf. Doch im Frühling ist das Leben verjüngt wiederauferstanden. Die Sonne verschwindet im Norden zur Winterszeit fast völlig vom Himmel. Vom Frühjahr ab steigt sie dann immer höher am Himmel auf. Der Mond zeigt diese Wandlungsphasen vom Vollmond zum Neumond und einem wieder zunehmenden Mond sogar alle 28 Tage.

So erklären wir es uns, daß besagter Neandertaler vielleicht glaubte, die Seele seines getöteten Gefährten sei nur vorübergehend in ein in der Natur befindliches unsichtbares Geisterreich, in ein »Jenseits«, eingegangen, um irgendwann vielleicht in den Körper zurückzukehren. Dies könnte Anlaß dafür gewesen sein, den Toten in die hinterste Ecke einer vor reißenden Tieren geschützten Höhle zu schleppen und dort zu bestatten. Wie die Ausgrabungsfunde aus frühester Zeit zeigen, wurden die Toten in einer besonderen Haltung beigesetzt: gekrümmt und mit eng an den Leib angezogenen Beinen, in der Haltung des Kindes im Mutterleib vor der Geburt. Dies könnte auf einen Wiedergeburtsglauben hindeuten.

Fest steht, daß bereits die frühesten Menschen einen

Ahnenkult pflegten und an ein »Jenseits« glaubten. Die Gottheiten, die sie verehrten, waren Naturgottheiten und unsterblich, so wie die Natur als Ganzes unsterblich ist. Sie verehrten anfänglich noch keine kosmischen Götter, wie Sonne, Mond und Gestirne. Ihr Blick war noch auf die irdische Umgebung gerichtet. Die ersten Götter waren Tiergottheiten. Und zwischen dem Ahnenkult und der religiösen Verehrung bestimmter Tiere, die dem Menschen an Größe, Kraft oder anderen Eigenschaften überlegen waren, bestand eine feste Beziehung.

Bei fast allen Völkern der Antike wird die Seele als ein Hauch- und Luftwesen in Vogelgestalt dargestellt. Links der Seelenvogel auf einem mesopotamischen Siegel, rechts auf einem altägyptischen Papyrus.

Die Seelen der Toten, die Ahnengeister, leben nach dem Tod in diesen Tieren weiter – so glauben es die Nomaden Sibiriens und im Norden Amerikas noch heute. Eine besondere Rolle spielen dabei die großen Vögel, wie der Adler, der Seeadler und andere. Denn die Luft, der Lebensraum der Vögel, in die sich der Mensch erst seit Beginn unseres Jahrhunderts erheben kann, gilt seit Urzeiten als das Geisterreich. Wenn der Wind, eine ja unsichtbare Naturerscheinung, durch die Baumwipfel mächtiger Wälder rauscht oder über die unendlichen Weiten der Tundren fegt, vermeint man Stimmen zu hören. Wer eine

Reise in diese Gegenden unternimmt oder auch über das riesige Hochplateau des Massive Central fährt, das knapp hundert Kilometer oberhalb der französischen Côte d'Azur beginnt, wird bestätigt finden, daß die Luft dort von Geisterstimmen erfüllt zu sein scheint.

Den Tiergottheiten – bewohnt von den Ahnengeistern – wurden und werden überall dort, wo der Animismus als Religionsform noch anzutreffen ist, sogenannte *Totempfähle* errichtet, die zugleich Stammeszeichen sind. Denn jeder Stamm hat sein eigenes *Totemtier.* Wir finden diese Totems noch heute bei den Indianern Nordamerikas und Kanadas, in Sibirien, aber auch bei den Ureinwohnern Australiens, der pazifischen Inseln, den Hereros des ehemaligen Deutsch-Südwestafrika, den Aschantis der Goldküste und anderen Stämmen Innerafrikas. In der Regel wird das Totemtier den Stammesmitgliedern bei den Einweihungszeremonien der Mannweihe ein- oder in der Form eines Narbenbildes auftätowiert.

Das Eigenartige bei dieser frühesten Religionsform des Animismus, verbunden mit einem Tier- und Ahnengeisterkult sowie einem Jenseitsglauben, aber ist, daß sich keine allmähliche Entwicklung feststellen läßt. Dies alles ist zusammen mit dem Auftreten der – durch ein besonderes Bewußtsein ausgezeichneten – Frühmenschen plötzlich da; für die Tiefenpsychologen ein Beweis dafür, daß ein überpersönliches, kollektives psychisches Feld mit den darin enthaltenen archetypischen Ordnungs- und Verhaltensmustern sozusagen von Anfang an, also bereits vor der Menschwerdung, existent ist.

Die Medizinmänner der Frühmenschen wie der Primitiven sind die *Schamanen.* Dabei handelt es sich aber keineswegs nur um eine Art Stammeszauberer, die als magische Scharlatane anzusehen sind. Sie sind bewußter – oder sagen wir: intuitiver – als ihre noch auf einer kindlichen Bewußtseinsstufe befindlichen Stammesgenossen und eher als eine Art Zentralseele ihres Stammes anzusehen. Sie sind es auch, die als Vermittler für eine Kom-

92

munikation mit dem »Jenseits«, dem Reich der Ahnengeister, fungieren.

Aufgrund der modernsten Forschungsergebnisse zeigt sich, daß der Animismus nicht nur als eine Art prähistorischer Religion anzusehen ist, sondern auch als die quasitheoretische Grundlage für die Entwicklung psychotechnischer Praktiken – Psychopraktiken, die zum Erstaunen westlicher Wissenschaftler Möglichkeiten enthalten, die es gar nicht geben dürfte, weil sie nach unseren wissenschaftlichen Begriffen unmöglich sind. Die besten Berichte finden sich in den Büchern des bedeutendsten heute lebenden Religions- und Symbolforschers Mircea ELIADE, besonders in seinem Standardwerk »Schamanismus und archaische Ekstasetechnik«, in dem er die speziellen Forschungen von Soziologen, Ethnologen und Tiefenpsychologen zusammenfaßt und zu einer Gesamtschau vereint.

Die schönsten Totempfähle befinden sich vor den Zelten und selbstverständlich auch an den Gräbern von Schamanen. Teilweise sind es auch besondere, mit den Köpfen, Skeletten oder Federn von Totemtieren geschmückte *Schamanenbäume*. Mit einem Begriff aus der heutigen Science-fiction-Literatur könnten wir diese Totempfähle oder Schamanenbäume als eine Art *Transmitter* in eine den Dimensionen von Raum und Zeit übergeordnete Fünfte Dimension ansehen. Denn unter oder auf ihnen rüstet sich der Schamane zum »Großen Flug«, zur »Magischen Reise«, die ihm nicht nur einen Ausflug zu allen Orten der Erde und des Himmels, sondern auch in das »Jenseits« ermöglicht.

Zuerst aber muß der Schamane die Sprache der Tiere erlernen; an erster Stelle die der Vögel. Das bedeutet, die Geheimnisse der Natur und der Welt verstehen zu können und verleiht damit auch die Fähigkeit, die Zukunft vorherzusagen. Hören wir, was Mircea ELIADE dazu sagt:

»Diese Tiere können die Geheimnisse der Zukunft enthüllen, weil sie von den Seelen der Toten bewohnt und Epiphanien von Göttern sind. Ihre Sprache lernen, ihre Stimme nachahmen bedeutet mit dem Jenseits und dem Himmel in Verbindung treten können ... Die Vögel sind Seelenführer. Selber ein Vogel zu werden oder von einem Vogel begleitet zu sein, bezeichnet die Fähigkeit, noch in diesem Leben die ekstatische Reise zum Himmel, ins Jenseits, zu tun.[14]«

Wissen um die Zukunft ist eine der wichtigen Aufgaben des Schamanen für die Planung der Stammesangelegenheiten und nicht weniger wichtig als die Zukunftsplanung für die Wirtschaft einer modernen Industrienation. Doch auch den Rat und die Kraft für die Heilung von Kranken bezieht der Schamane durch seine magische Reise ins Jenseits. Die dafür nötige Ekstase erreicht der Schamane in einem Trancezustand, bei dem sein Körper in eine Art Totenstarre verfällt. In Trance vermag er mit seiner Seele den Körper nach Belieben zu verlassen. Und noch über eine andere magische Fähigkeit verfügt er in diesem Zustand: Er kann in den Körper eines anderen Lebewesens, sei es Mensch oder Tier, eingehen.

In vielen Fällen ist bei den Nomaden und Indianern der Gebrauch von bewußtseinserweiternden Drogen zur Erzeugung des ekstatischen Zustands seit langem üblich. Doch Mircea ELIADE betont ausdrücklich, daß die Verwendung von Drogen im Schamanismus bereits eine Dekadenzerscheinung darstellt. Dies zeigen nicht nur die Berichte tibetanischer Lamas und echter indischer Yogis, sondern auch die Bücher des gegenwärtig viel gelesenen Anthropologen und Ethnologen Carlos CASTANEDA.

CASTANEDAS Lehrmeister *Don Juan* ist ein mexikanischer Indianer-Schamane. Er weiht seinen Schüler in die schamanistischen Techniken zur Großen Reise in die Welt des Übernatürlichen ein. Zunächst präpariert *Don Juan* CASTANEDA durch den Genuß von Zaubertränken aus gewissen Kakteen und Pilzen, die *Alkaloide* enthalten. Das sind Gifte, die ekstatische Zustände und Halluzinationen hervorrufen. Doch in seinem vierten und im übrigen wohl bekanntesten Buch, »Der Ring der Kraft«, beschreibt CASTANEDA, wie der wahre Eingeweihte für die Reise in die »Welt zwischen den Welten«, in das Geistreich vollständigen Wissens und übermenschlicher Kräfte, diese Drogen überhaupt nicht mehr benötigt.

Einfach ist es allerdings nicht, ein Schamane zu werden. Dazu bedarf es einmal der Bestimmung durch eine jenseitige Macht und zum anderen einer recht unangenehmen rituellen Initiation, der Einweihungszeremonie. Im allgemeinen ist es so, daß der Ahnengeist eines ehemaligen Schamanen oder die Seele eines Verstorbenen, der früher einem Schamanen gedient hat, plötzlich von einem jungen Mann Besitz ergreift. Wehren kann sich dieser dagegen nicht. Dann folgt die Unterrichtung durch einen noch lebenden älteren Schamanen, bei dem der durch gewisse untrügliche Zeichen bestimmte Kandidat sozusagen ein Studium absolviert. Die Initiation, gewissermaßen die Reifeprüfung, ist insofern unangenehm, als der Prüfling dabei »sterben« muß.

Erst danach kann er den quasi schamanischen »Doktorgrad« erwerben. Dazu muß er ins »Jenseits« reisen, wo er die Geister vieler verstorbener Schamanen trifft. Nur bei diesen erfährt er das Wichtigste für seinen künftigen Beruf und kann sein Studium zum Abschluß bringen. Denn nur die Totengeister wissen alles. Die *Mantik,* das ist die Kunst des Wahrsagens und des Vorherwissens der Zukunft, ist nur durch einen vertrauten Umgang und den direkten Informationskanal mit den Geistern im »Jenseits« möglich.

Selbstverständlich wird der Kandidat bei der Initiation nicht wirklich getötet. Es ist ein ritueller Tod, den er erleidet, gefolgt von einer Auferstehung, die als Neu- oder Wiedergeburt erlebt wird. Trotzdem – angenehm ist die Prozedur sicher nicht. Der Einweihung voraus geht ein tagelanges Fasten, oft auch Foltern und Schläge. Dann erhält der Prüfling vor seiner ersten Jenseitsreise narkotische Getränke. Er fällt in Trance. Nun erlebt er, wie Geister ihn ergreifen, ihn zerreißen und zerstückeln.

Westliche Forscher, die derartigen Zeremonien beiwohnen durften, nahmen früher an, daß es sich bei diesen Todes- und Zerstückelungserlebnissen um *Besessenheitszustände* handelt, wie sie aus der Psychiatrie bekannt sind. Aber eine Besessenheit verleiht noch keine magischen Kräfte.

So berichtet der US-Hauptmann Long LANCE, ein gebürtiger Indianer, der in seiner Jugend derartige schamanische Reisen ins Jenseits als Zuschauer miterlebte: »Wir haben Kranke gesehen, die sterbend in das Zelt getragen wurden und geheilt aufstanden und fortgingen.« Einmal wurden dem Medizinmann Hände und Füße mit Lederriemen gefesselt. Dann wurde er in eine Felldecke mehrfach eingewickelt und von Kopf bis Fuß mit einer langen Lederschnur so fest zusammengeschnürt, daß er zu einem hilflosen Bündel wurde, das kein Glied mehr rühren konnte. Aufrecht hingestellt, begann dieses Bündel mit irrsinniger Geschwindigkeit hüpfend um die durch hohe, scharfe Nägel abgegrenzte Mitte des Zeltes zu kreisen. Währenddessen erhob sich ein Wirbelwind, der von oben her die Zuschauer überfiel. Das Zelt ächzte und schwankte. Aus der Höhe erschallten ohrenbetäubende Geräusche, und Geisterstimmen ertönten. Plötzlich ein gellender Schrei, und das Medizinmannbündel war verschwunden.

»Dann« – so Long LANCE – »erblickten wir den völlig nackten Medizinmann oben im Zelt, an einem Fuß vom Gebälk herabhängend. Wäre er herabgestürzt, so hätte er sich unzweifelhaft den Schädel zertrümmert. Es blieb uns immer unerklärlich, wie der Medizinmann in einem Augenblick aus den beiden ihn fest umschnürenden Hüllen freigekommen und in die Höhe des Zeltes gelangt war. Der Medizinmann aber sagte uns, es sei der Eingriff unerwünschter, übelwollender Geister gewesen[15].«

»Was Dir offenbar werden sollte, war Dein Tod«, sagt

auch *Don Juan* zu seinem Schüler Carlos CASTANEDA, nachdem er ihn mitten in Mexiko City »im Flug« in wenigen Sekunden über eine Entfernung von mehreren Kilometern transportiert hatte. CASTANEDA ringt nach Erklärungen. »Eine Million Fragen und Empfindungen bestürmten mich gleichzeitig. Es war, als ob ein Windstoß meinen äußeren Firnis der Gelassenheit weggefegt hätte. Ich zitterte. Mein Körper spürte, daß er am Rand eines Abgrunds stand. Ich kämpfte um ein mysteriöses, aber konkretes Wissen. Es war, als sollte mir jeden Augenblick etwas offenbar werden, und doch zog irgendein hartnäckiger Teil meiner selbst dauernd einen Schleier davor. Dieser Kampf betäubte mich immer mehr, bis ich meinen Körper nicht mehr spürte. Ich hatte den Eindruck, sehen zu können, wie mein Gesicht immer hagerer wurde, bis es das Gesicht einer verdorrten Leiche mit gelblicher, straff über den Schädel gespannter Haut war[16].«

Der anschaulichste Bericht über die mysteriösen Vorgänge bei der Einweihung zu einer Reise in das Reich der Geister findet sich in einem vor einigen Jahren veröffentlichten Tatsachenroman von Enrico d'ESTIANI, »La Dea crudele e il suo Pazzo« – in deutscher Übersetzung: »Die Grausame und ihr Narr[17]«. Er handelt von einem bedeutenden deutschen Wissenschaftler, einem Spezialisten der Regelungs- und Steuerungstechnik für ferngelenkte Flugkörper, der nach dem Krieg in die USA geholt wurde. Erst in der »Verbotenen Stadt« des Atomzentrums tätig, wechselt er auf eine der Radarbeobachtungsstationen im hohen Norden Alaskas am Rande der Aleuten. Dort gelingt es ihm, die Einladung zu einem Fest der *Kiusgwogiren* zu erhalten, einem Nomadenstamm, der einst über die Beringstraße, Kontinente wechselnd, von Sibirien nach Alaska zog.

Die Kiusgwogiren sind ein kleines Volk, bei dem die Frauen herrschen. Auch der Stammeshäuptling ist eine Frau. Wie Boris Bastiani, der Held des Romans, in Erfahrung brachte, starb kurz zuvor die Uralte, und eine junge

Schamanin wurde Herrscherin. Die dargestellten Erlebnisse von Bastiani bei dem Großen Fest beruhen auf nachträglichen Notizen, doch größtenteils – besonders die eigenartigen Stimmen – auf den Tonbandaufzeichnungen des Minirecorders, den er bei sich trug.

Ein Hubschrauber erst und dann ein Rentierschlitten bringen Bastiani zu dem Stamm. Er kommt an eine Jurte, ein Haus aus Robbenleder- oder Walhautwänden. Sie überragt die übrigen bescheidenen Zelte wie ein Palast. Vor dem Eingang zu beiden Seiten – als Totems auf eine Art Gestell gezogen – die mächtigen Köpfe zweier Elche mit Geweih und Körperfell, doch ohne Läufe. Im Innern der Jurte ein Gewoge von Menschenleibern, Rauchschwaden, Trandünste, unartikulierte trunkene Laute – von Milchschnaps, der in flachen Schüsseln kreist.

Ein Mann in einem Mantel aus Rentierfell tritt auf Bastiani zu. Er prüft erst die Geschenke, die Boris in einem Seesack mitgebracht hat. Dann führt er ihn durch das Gewoge der Menschenmasse der Mitte zu. Ein Kreis von Feuerstätten grenzt hier einen freien Platz aus. Im Zentrum ragt ein mächtiger Baum hoch wie ein Mast, an dem das Dach des riesenhaften Zeltes wie ein Segel hängt.

An querliegenden Balkenästen trägt der Baum unheimlich grausig-rohe Zier. Gebleichte Knochen, Tiertotenschädel, deren leere Augenhöhlen phosphoreszierend leuchten, Masken, die sich im flackernden Feuerschein gespenstisch regen. Dazwischen sind Gerippe aufgehängt, verziert mit kleinen Glöckchen und runden Platten aus spiegelblitzendem Metall.

Der Mann im Rentierfell bedeutet Boris, den Feuerkreis allein zu durchschreiten. Er deutet auf einen Berg von Fellen vor dem Baum, auf dem – im Dunst kaum zu erkennen – reglos wie eine Puppe eine Gestalt hockt.

Beim Näherschreiten bewegt sich die Gestalt, erhebt sich. Das stickige Dunstgeschwade ist geschwunden. Die Luft wird kühl und klar. Hochaufgerichtet, stolz in der Haltung, steht Sedna, die Schamanin, da.

98

So Bastiani. Ich zitiere:
»Das Bild, das sich mir bietet, ist von einer primitiven, bizarren, exotisch fremden Schönheit, so ungekannt, daß Worte fehlen, es zu schildern.

Der Mantel, der die Herrin der Kiusgwogiren kleidet und bis zum Boden reicht, besteht aus einem glatten dunkelweißen Fell, das schmiegsam scheint und lederstarr zu-

Eskimoischer Schamane aus Alaska mit Maske und Schamanentrommel. Die Beschwörung der Naturgeister wird getanzt.

gleich. Es muß aus einer Haut des sagenhaften weißen Elchs gefertigt sein. Die Zauberzeichen, die den Mantel zieren, sind gestickt aus lauter kleinen Vogelfedern. Der Gürtel eine dreifach gewundene Schnur aus Knöchelchen, so fein wie Mädchenfingerglieder. Und dreifach ist die Kette der Schamanin, aus wechselnd schwarz gebeizten Zobeltotenköpfen und weiß gebleichtem zahnkiefrigem Fischkopfskelett.

Ebenso schreckenerregend schön, in ihrer abstoßend primitiven Roheit imposant, ist Sednas Krone. Der Reif ein Rund aus Bein in einem Stück, der Wirbelknochen eines Riesenfisches. Verbrämt mit weißem Hermelin und darauf Zacken aus scharfen schwarzen Vogelschnäbeln. Das Spangenkreuz bilden die spitzgezahnten Kiefer eines jungen Hais. Ein Kranz von scharlachrot gefärbten (womit? mit Blut?) Sturmvogelfedern umgibt den Knochenreif.

Sie weist mich auf das Fell zu ihren Füßen und hockt sich wieder hin. Und reicht mir eine Schale. Der Trank ist bitter, scharf, dumpfduftig, pilzmodrig, pelzig der Zunge im Geschmack.

Schweigend hockt Sedna da. Maskenhaft starr ist ihr Gesicht. Unbewegt der Blick der dunklen Augen hinter schrägen Liderschlitzen. Das Schweigen breitet sich aus. Und – beginnt zu tönen. Eine Musik erklingt, wie ich sie niemals hörte. Es klingt wie Eiswindrauschen, Bärenbrummen, Renhuftritte, Lachsgeschnell, wie Robbenprusten, Delphinfiepen, Rabengekrächz, Fischadlerschrei.

Die Instrumente der Alten, die am Feuer sitzen: Knochenflöten, ein Instrument mit Fischdarmsaiten, ovale, große flache Trommeln, bespannt mit Walroßhaut, und kleine runde Trommeln aus dünnem Renkalbfell. Ein Flageolett aus einem Rabenbein. Auch Schepperplatten aus Metall.

Und Sedna spricht zu mir, mit unbewegten Lippen, ohne daß ich Worte höre. Und unerklärlich ist, daß ich verstehe, was sie sagt. Obwohl Tschuktschen, der Dolmetsch, nicht bei uns ist. Sie weiß, daß ich mit einem Helikopter kam. Sie nennt ihn einen Himmelsvogel und spricht davon, daß auch ihr Ahn ein großer weißer Vogel, Ürün Ajý Tojon, gewesen sei.«

Und dann beginnt die Große Reise mit schauervollen Tönen. Bastiani muß erleben, wie er zerstückelt wird. »Die Waltranlampen sind gelöscht. Der Kreis der Feuer wie von Geisterhänden fortgetragen. Schwärzer als schwarz ist diese Finsternis, die schlagartig den Raum erfüllt, als jenes schauerliche geseufzte E-Hee-Hee-Hee-Heej beginnt.

Ayj-E-Hee-Hee-Hee-Heej! – Ay-ja-ka-jaka-jaka-jakayj! Das Seufzen schwillt zu unheilvollem Klageton, erfüllt den Raum bis in den letzten Winkel, ein Kratzen, Rollen, Prasseln, Grollen steigert sich zum Donnergetöse eines ohrenschmerzend betäubenden Getrommels, zu schädelzerhämmerndem Gedröhn.

Hou-Hou-Hou-u-Ho-u jault es unheimlich wie ein Schneesturmheulen um mich herum. So unnatürlich klingen diese Laute, daß panisches Entsetzen mich ergreift.«

»... knochenschlegelschnell geschlagenes Trommelwirbeldröhnen tötet tönend Denken, wandelt die Gedanken zur Empfindung. Alles wird gefühlt!« erklärt Bastiani. Seitenlang folgt dann die Schilderung allein der Töne, von denen es zum Abschluß heißt (und auch von einer fremden Stimme ist die Rede):

»Doch die Stimme auf der Tonbandspule klingt anders als der Gesang zuvor. Im Gegensatz zu der Schamanin wunderlichen, doch melodiösen Lauten ist diese Stimme unmelodisch, urlautig gurgelnd, röchelnd, flüsternd. Im Klange sind die Laute von einer unmenschlichen, fast jenseitigen Art.

Und ebenso die Trommellaute, die anschließend zu hören sind. Sie haben einen grundverschiedenen Klang und Takt. Sie klingen heulend, bellend, seltsamerweise oft nach einem mächtigen Rauschen. An manchen Stellen scheint es auch, als hätten sich die Hände, die die Schlegel rühren, verdoppelt. Vier Knochenschlegel scheinen da mit ungeheurer Geschwindigkeit von beiden Seiten auf das Fell zu schlagen, anstatt zwei.«

Mit einem Ton von unermeßlich dünner Höhe, wie ein Rasiermesser scharf, und einem grauenvollen Schnauben in allen Ecken beginnt dann das Erlebnis des Getötetwerdens. Der Initiant ist wie gelähmt, kann sich nicht rühren.

»Rasender Schmerz peitscht durch mein Hirn, wie es unendlich langsam die Gelenke auseinanderreißt. Erst zerrt, dann dehnt, dann reißt, die Zehen, Mittelknochen, den Wurzelknochen, das Fersenbein, den inneren und äußeren Knöchel... Es drängt sich wie ein scharfer Haken zwischen Schienbein und Wadenbein und zerrt die Scheibe vor das Knie.

Das Fell der Trommel zittert, weil unablässig dieses scharfe Blasen darüberstreicht. Die Trommel tanzt im Takt der Pein, die durch gemarterte und zerrissene Glieder zuckt. Doch unbarmherzig verzerrt es die Gelenke Stück für Stück. Die Fingerknöchelchen, die Mittelknochen, die Wurzelknochen im Gelenk. Es zwingt sich zwischen Ellenbogenbein und Speiche und spleißt das Ellengelenk. Es dreht den Armkopf in der Pfanne und gleitet zwischen Schulterhöhe und Schlüsselbein.«

So geht es weiter. Es schabt Bastiani das Fleisch von den Knochen. Dann wird der Kopf vom Rumpf getrennt. Selbst das noch muß der Initiant erleben: »Die Augen, die an dünnen Stielen hängen auf den Wangen und sehen, wie es diesen fürchterlichen Schnitt vollführt. Die Augen, die meinen kopflosen Rumpf erblicken, die fühlen, wie Sedna mein Haupt auf dünnen Beinstab spießt, der ihr als Zepter dient.«

Verständlich, daß der Held, der sozusagen bis »zum letzten Augenblick« den Tod erleidet, nun in eine tiefe Ohnmacht fällt. Wie er später schreibt, vermochte er es nicht zu klären, was da wirklich geschah, als es ihm mit unvorstellbarer Schärfe Nacken und Hals durchschnitt. Die Ohnmacht muß drei Tage angedauert haben. Als die Besinnung wiederkehrt, liegt er noch immer in der Jurte.

».. . Die Blindheit meiner Augen ist geschwunden. Sie sind zurückgekehrt in ihre Höhlen. Mein Kopf sitzt wieder auf dem Atlaswirbel auf. Hat Sedna mir den Schädel auf den Rumpf gesetzt? Sie hockt noch immer vor mir, unbeweglich, streng und starr. Der weiße Mantel deckt die Schultern. Noch immer weiten ihn die spitzen

Brüste zu einem Vorhang auf vor ihres kühlen glatten Körpers Elfenbein. Von oben dringt ein fahles Licht durchs Rauchloch in die Jurte. Wären die unsagbaren Schmerzen nicht, die in den Gliedern bohren, den Gelenken zerren, in den Muskeln reißen, die sich entlang den Nervenbahnen durch den Körper wühlen, ich wähnte alles – auch die statuenstarre Königin vor mir – nur einen Traum.«

Geschildert wird in dem Roman noch eine zweite »Jenseitsreise«, das Erlebnis des Feuers durch die Kälte, überschrieben: »Die Hitze im Eis.« Da wird Bastiani in ein Wasserloch geworfen und unter das Eis getaucht, bis ihm das Herz stillsteht. Zuvor wie eine Mumie in Tücher eingewickelt, wird er – ein hartgefrorenes Bündel – in das Schamanenzelt zurückgetragen. Die Wiederkehr ins Leben erfolgt jetzt in Ekstase. Sie wird als eine rituelle Hochzeitsnacht geschildert. Ich zitiere diese Passage, weil das Erlebnismuster der Neugeburt im Feuer und der rituelle Liebesakt bei den antiken Hochreligionen ebenfalls zu finden sind.

»... bricht die Lappen und die Tücher, die bretthart gefroren – meinen Eissarg, den der Frost gezimmert. Unter ihren Blicken, ihren Händen quellen Fieberschauer auf. Ungebärdig wild ist die Bewegung, als der nackte Körper der Schamanin sich mit mir vereint. Siedehitze strömt von Sedna in mich über. Glühend klammert mich der Druck der Glieder. Feuerbrand entzündet sich in meiner Brust. Und aus ihrer Kehle bricht ein Schrei, rauh und gurrig, heulig, seufzig wie ein Urtierlaut.

Flammen lodern, springen auf wie Feuerbrunnen, Hitzeblumen glühen auf dem Lager auf. Ohne Zeit und ohne Ende währt die weiße Glut.«

Ein Verwandelter, so heißt es, sei Bastiani nun gewesen, als er rückkehrt in die Radarstation, irgendwo zwischen Yukon River und Tanana gelegen. Nun, da er den Tod kennt, wandelt sich sein Leben. Denn er weiß, daß er nach jedem Sterben wiederkehren kann.

Und darum geht es: um das Erleben und Verstehen, daß der Tod nur ein Übergang in eine andere Dimension der Wirklichkeit ist oder in eine andere Art der Existenz. Das bedeutet, daß beim Animismus und Schamanismus nicht nur ein Glaube an das Jenseits, sondern im gewissen Sinne auch ein Unsterblichkeitsglaube vorhanden ist. Doch ein ewiges Leben im Himmel, wie es Christentum und der Islam versprechen, ist das nicht. Der Mythos vom verlorenen Paradies, der hierfür die Grundlage bildet, entsteht auf andere Weise. Dies hängt mit der weiteren Entwicklung des Bewußtseins und damit der kulturgeschichtlichen Entwicklung zusammen.

Wie sieht es damit in vorchristlicher Zeit aus?

Die Anfänge unserer abendländischen Kultur finden sich bekanntlich im heute so krisenreichen Nahen Osten, im einst so fruchtbaren Land zwischen Euphrat und Tigris, in den daran angrenzenden Gebieten Kleinasiens und den vom Nil durchströmten und seinerzeit mit Nahrung im Überfluß gesegneten Landstrichen in Nordafrika und Ägypten.

Über die Vorstellungen von der Seele und vom Jenseits der damaligen Menschen – und damit auch über den Verlauf der Bewußtseinsentwicklung – können wir uns ein recht gutes Bild machen. Das früheste schriftliche Zeugnis, das wir besitzen, stammt aus Babylonien: das vor immerhin über fünftausend Jahren aufgezeichnete *Gilgamesch-Epos*. Ein Bericht, in Keilschrift verfaßt und in Tontäfelchen eingeritzt. Dieses Epos erzählt von der Jenseitsreise, die *Gilgamesch,* der Held und König von *Uruk,* unternimmt. Auf dieser begegnet er *Ea,* dem Gott der Wassertiefe und des *Wissens,* der ihm Träume schenkt, die dem König die geheimen Zukunftspläne der Götter verraten.

Doch unsere Kenntnis über den Jenseitsglauben reicht noch weiter zurück. Bereits vor Erfindung der Keilschrift wurden wichtige Mitteilungen in Form von symbolischen Bildern und Zeichen festgehalten.

104

Der Reisende, der Kleinasien in Richtung des Persischen Golfs überfliegt, sieht Hunderte von Hügeln, die sich unmittelbar aus der Wüste erheben; Überreste der sagenhaften biblischen Städte. Von den Archäologen werden diese künstlich gewachsenen Hügel *Tells* genannt. Die interessanteste Fundstelle dieser Art ist der *Tell-es-Sultan* im Jordantal, welcher die Überreste des biblischen Jericho birgt. Hier läßt sich die kulturgeschichtliche Entwicklung in sehr genau datierbaren, übereinandergelagerten Schichten etwa zehntausend Jahre zurückverfolgen.

Ein Lift in diesen Ausgrabungsschächten ermöglicht sozusagen eine Reise in die Vergangenheit. Aus ihr geht hervor, daß bereits vor etwa achttausend Jahren in der Bewußtseinsentwicklung erneut eine revolutionäre Umwälzung stattgefunden haben muß – eine Art Bewußtseinssprung und, damit verbunden, eine der wohl bedeutsamsten Erweiterungen psychischer Fähigkeiten. Eine neue Art der Nachrichtenvermittlung ist im Entstehen. Haben zuvor der Schamane oder die Schamanin ihr Wissen aus der Großen Reise ins Reich der Geister bezogen und dieses im magischen Ritual mitgeteilt, so haben sie es in einer zweiten Entwicklungsphase bereits in Form von Höhlen- und Felsmalereien sozusagen »fixiert«. Doch jetzt beginnt die Ausgestaltung der Bildsymbole zur Schrift.

Gleichzeitig mit der Möglichkeit, Information auf Tontafeln, Keramiken oder einen sonstigen Malgrund zu speichern und auch zu transportieren, weiten sich die Stämme zu größeren Sozialgemeinschaften aus. Aus den Zeltlagern werden Haus-Siedlungen. Der Schamane wird zum Priesterkönig. Er delegiert Aufgaben an die Bewußtesten und Fähigsten seines Volkes. War er zuvor Priester, König und Arzt zugleich, findet jetzt eine Arbeits- und Ämterteilung statt.

Doch noch etwas anderes geschieht zu jener Zeit, das eine revolutionäre Neugestaltung des Lebens und Erlebens der damaligen Menschen bewirkt. Sie lösen ihren Blick von ihrer irdischen Umwelt und richten ihn auf die Gestirne. Es ist dies eine Erweiterung der »Weltanschauung« auf den Kosmos, die einer *psychischen Raumfahrt* gleicht. Der Mensch beginnt von jetzt ab die unsterblichen Schöpfungskräfte, die ihn wie alles Lebendige beseelen, die für ihn auch die Erde, Berge, Ströme und das Meer beleben, im All zu suchen.

Er projiziert nun seine religiösen Vorstellungsbilder und seine »Jenseitsvorstellungen« in das Universum. Es ist die Zeit der Sternengottheiten, die anfänglich als Zwillingsgötter erscheinen. Sie werden in Babylon, Assur und Ägypten verehrt und sind noch weiblich gedacht. Die Sonne ist eine weibliche Gottheit und Zwillingsschwester der Mondgöttin. Der Planet Venus zeigt sich als Abend- und Morgenstern in seinem Doppelaspekt als eine Göttin der Nacht und eine des beginnenden Lichtes am Morgen.

Psychologisch gesehen bedeutet dies, daß der Mensch jetzt das bisherige archetypische Muster der »Großen Mutter« Natur auch im sichtbaren Weltall findet.

Zuvor sagte ich, daß der Animismus der prähistorischen Menschen weniger als ein Seelenglaube, sondern – für unsere Begriffe – als ein Geisterglaube aufzufassen ist. Auch was in der Frühzeit der ägyptischen Kultur, also in der Zeit vor 6000 bis 4000 Jahren, als *Ka* bezeichnet wurde, hat noch den Charakter des Geisterhaften, jedoch in einem bereits sehr viel differenzierteren Sinne. *Ka,* das ist die schöpferische Kraft im Menschen: Intelligenz wie sexuelle Potenz. Beides fällt noch zusammen. Der *Ka* tritt zwar in den Hieroglyphentexten der Pyramiden als Person auf, aber für unsere Vorstellung müssen wir *Ka* mehr als eine Kraft ansehen, als eine Lebenskraft göttlichen Ursprungs. *Ka,* das ist – modern formuliert – die Bewußtsein, geistige und körperliche Potenz umfassende, personifizierte Vitalität.

Die Seele war noch nicht entdeckt. Zwar bekommt *Ka* bereits eine Schwester – *Maat. Maat* ist die weibliche Seite von *Ka,* aber weniger im Sinne einer seelischen Gefühlsfunktion, sondern mehr als Verantwortungsgefühl, das

106

sich mit wachsendem Bewußtsein und steigender Intelligenz ausbildet.

Bereits im Zweistromland errichteten die Menschen Stufenpyramiden als Heiligtümer und Wohnsitz für die Könige. So waren diese dem gestirnten Himmel näher und konnten das Jenseitige und Göttliche leichter erforschen. In Altägypten beginnt die Errichtung der gewaltigen Pyramiden, die noch heute unser Staunen erregen.

Wir sind gewohnt, die Pyramidenbauten als Ergebnis eines gigantischen Totenkults anzusehen. Doch diese Vorstellung ist nicht ganz richtig: es handelt sich nicht um einen Totenkult, sondern um einen vielleicht übersteigerten Jenseitskult – aber für die Lebenden! –, der dahintersteht. Das schöpferische Wissen wird jetzt aus dem Kosmos bezogen. Doch noch – vor 6000 Jahren – besitzt nur der Pharao einen unsterblichen *Ka.* Er ist das Symbol der Unsterblichkeit seines Volkes. Nicht viel anders als der Schamane der Frühzeit verkörpert er das steuernde Zentralgehirn; seine Untertanen sind – noch ohne Eigenbewußtsein – eine Art geistiges »Anhängsel« des Gottkönigs.

Um die Mitte des 3. Jahrtausends v. Chr. taucht dann der Begriff des *Ba,* die Seele, auf. Zunächst ebenfalls nur im Zusammenhang mit dem Pharao. Das heißt, nur er besitzt eine Seele. Was sich die Menschen jener Zeit darunter vorstellten, wissen wir aus dem Berliner »Hieratischen Papyrus«. Die Entzifferung dieses Textes lieferte sozusagen den Schlüssel für das psychologische Verständnis der altägyptischen Kultur und der Bewußtseinsentwicklung ihrer Menschen. Denn dieser Papyrus ermöglichte es, auch die Hieroglyphentexte aus noch früherer Zeit zu verstehen.

Demnach ist die Seele etwas Unkörperliches, Numinoses. Die Hieroglyphe des *Ba* ist ein Sternenflämmchen oder auch nur ein Stern. Die Seele ist also eine Macht oder Kraft, die von den Sternen stammt und nach dem Tod – einem Vogel gleich – wieder in den Kosmos zurückkehrt.

107

So wie die Sonne ihre lebensspendende Kraft aus der Ganzheit des Kosmos, dem All-*Ba*, bezieht, so muß auch der *Ka* des Menschen im *Ba* wurzeln. Die Hieroglyphe für *Ka* ist übrigens der Stier, Symbol der Zeugungskraft.

Was den vorhin erwähnten Papyrus, der das »Gespräch eines Lebensmüden[18]« mit seinem *Ba* enthält, für uns so interessant macht, ist folgende Tatsache: Plötzlich, um das Jahr 2100 v. Chr., hat nun auch ein gewöhnlich Sterblicher einen *Ba*. Die Art, wie der Verfasser dieses Textes seinen *Ba* erlebt, mutet bereits verblüffend modern an. Der *Ba* erscheint hier als das *Unbewußte*, vergleichbar der Instanz des *Über-Ich* im Sinne von FREUD oder der Gestalt des *Selbst* nach C. G. JUNG. Der Inhalt des »Gespräches« erscheint wie ein moderner analytischer Bewußtwerdungsprozeß.

Die Entdeckung der Seele, als schicksalhaftes Erlebnis eines einzelnen überliefert, muß zu jener Zeit aber ein kollektives Ereignis gewesen sein. Es muß erneut ein allgemeiner Bewußtseinssprung stattgefunden haben. Dies mag auch die Kulturrevolution, ein höchst gewalttätiger Umsturz der gesellschaftlichen Verhältnisse, erklären, die mit dem Übergang vom Alten zum Mittleren Reich stattfindet.

Gleichzeitig mit der Entdeckung der Seele als Bestandteil eines jeden Menschen – allerdings mit Ausnahme der Sklaven – kommt der Glaube an das *persönliche* Weiterleben nach dem Tode auf.

Es mag gewagt erscheinen, den *Ba* der Ägypter mit unserem Begriff des Unbewußten gleichzusetzen und zu sagen, daß erst mit dem Erleben des *Ba* jeder einzelne sich seiner Individualität bewußt wurde. Denn wie wir aus dem altägyptischen Totenkult wissen, ist es die *Ka*-Kraft, die den Tod des Menschen überdauern soll. Dem *Ka* wurde eine Statue errichtet; sie stand in einer Kultkammer oder auch nur in einem Kasten mit Sehschlitzen. Davor brachte der Sohn die vorgeschriebenen Opfer für den verstorbenen Vater dar. Eine *Ba*-Statue gab es nicht.

Wir können uns dies so erklären, daß sich die Ägypter des Unterschiedes zwischen Geist und Psyche bewußt wurden; etwa in dem Sinn, daß die Seele aus dem Kosmos stammt und – modern: als etwas Unbewußtes – Träger der psychischen Energie ist, die sie aus dem Kosmos mitbringt. Das, was wir als »geistige Aktivität« des Gehirns bezeichnen und die Grundlage für die Entfaltung des Ich-Bewußtseins bildet, gehört für die Ägypter zum *Ka*. Doch ohne die kosmisch-psychische Energie des *Ba* gibt es keine *Ka*-Kraft.

Im Klartext: Ohne Seele keine Bewußtwerdung und kein Geist. Und doch fehlt den damals lebenden Menschen noch eine sehr wesentliche Fähigkeit ihres *Ka*: die Fähigkeit des rationalen Denkens. Die Vorstellungen von Geist und Seele haben noch ganz den Charakter des Mystischen oder Religiösen – wobei das lateinische Wort *religio* durchaus im Sinne von »frommer Scheu« verstanden werden muß. Zu leben, denken zu können und sich seiner selbst bewußt zu sein, war keineswegs so selbstverständlich wie heute. Das wurde nicht einfach als biologische Tatsache ohne weiteren Sinn oder als zufällige Laune der Natur angesehen, wie es beim Menschen unserer Zeit der Fall ist, der »aufgeklärt« an die Wissenschaft glaubt. Zwar war das Leben bereits ein geistiges Erlebnis, aber es wurde noch nicht mit dem Intellekt begriffen. Das Denken war noch *magisch* gebunden.

So können wir uns erklären, warum die Ägypter ihre Toten einbalsamierten, wie sie uns als Mumien bis heute erhalten sind. Daß die Mumie ein toter Gegenstand ist und nicht eines Tages wieder zum Leben erwacht, wußten die Menschen damals vermutlich auch. Ebenso, daß die *Ka*-Statue, die die Züge des Verstorbenen trug, nur ein Abbild ist. Diese Kultbräuche waren sozusagen magische Tricks, um sich die persönliche Seele über den Tod hinaus zu erhalten. Zwischen der Kammer des *Ka* und der Grabkammer mit der Mumie gab es einen Schacht, in dem der *Ba* als Vermittler der kosmischen Energie wie ein unsichtbarer Vogel hin- und herflattern sollte, um die Einheit zwischen Körper und Geist herzustellen und zu erhalten.

Sagen wir, daß die Ägypter zwar die Ewigkeit des Kosmos und dort den Sitz einer unsterblichen göttlichen Lebensenergie entdeckten, daß ihnen aber ein »Jenseits im All« nicht ganz geheuer erschien. So holten sie sich die Kraft zur Unsterblichkeit in die vertraute irdische Umgebung. Der Pharao bekam in seine Grabkammer seine Herrschaftsinsignien und Schätze, Speisen und Getränke, Dienerschaft und alles, was ein König zum Leben braucht.

Im Alten Reich existiert, wie gesagt, die Masse der Menschen noch als Kollektiv. Das Einzelindividuum lebte nicht – es wurde gelebt. Seine Lebenskraft bezieht es vom Pharao. Mit seinem leiblichen Tod erlosch auch seine *Ka*-Kraft. So bauen sich die Ägypter die Pyramiden nicht nur als überdimensionale Grabdenkmäler, sondern weit eher als psychische Energiezentralen, als psychisch-geistige Transformatorenwerke und Zentren der im Pharao – als göttlichem Sohn der Sonne – konzentrierten Geisteskräfte.

Wie die Pharaonen das technische Problem des Pyramidenbaus lösten, ist bis heute weitgehend ungeklärt. Aber wir wissen, daß die Pyramiden in ihren Abmessungen den Entfernungen zu verschiedenen Himmelskörpern entsprechen und kosmische Informationen enthalten, die für unsere Begriffe ohne die heutigen Teleskope und sonstigen technischen Hilfsmittel der Astronomie und Astrophysik schlicht gesagt unmöglich zu wissen sind.

Mit der Bewußtseinserweiterung, dem Erlebnis der individuellen Seele und dem Glauben an ein persönliches Weiterleben nach dem Tode büßt auch der Pharao einen Teil seiner göttlichen Macht ein. Nun erscheint das Muster einer dreieinigen Gottheit, wie eine Darstellung im Tempel von *Abydos* zeigt. Der Sonnengott *Re* ist hier der göttliche Vater, der Pharao ist der Sohn – aber als Sohn ein sterblicher Mensch. Den *Ka*, den Heiligen Geist, verkörpert der Gott *Horus.* Er ist der Sohn von *Osiris. Osiris* aber ist das Gottesbild für *Ba.*

Im Gegensatz zur späteren christlichen Dreieinigkeit, die einen rein männlichen Charakter hat, ist hier die Beziehung zum Weiblichen noch erhalten. Denn der Stern des *Osiris* ist der Sirius, dieser aber ist zugleich der *Ba* seiner Schwester, der Göttin *Isis.*

Erst als sich 1500 Jahre später die Bedeutung der ägyptischen Götter gewandelt hatte, *Osiris* zu einem Sonnenwesen und *Isis* zur Mondgöttin geworden waren, erfolgte eine gewisse Abwertung der Seele gegenüber dem Geist. Damit folgt – kulturhistorisch wie soziologisch – die Abwertung des Weiblichen und der Übergang vom Matriarchat zum Patriarchat, kennzeichnend besonders für die Sozialgemeinschaft bei den Griechen wie bei den Juden.

Mit dem Wandel des Jenseitsglaubens zur Vorstellung von einem persönlichen Weiterleben nach dem Tode wächst auch das Verantwortungsgefühl. Das archetypische Muster der Prüfung der Seelen der Verstorbenen durch ein »Totengericht« setzt sich durch. *Osiris* wird zum obersten Richter. Er kennt das Böse, weil er selbst von seinem bösen Schattenbruder *Seth* – dem Scheitan oder Satan der Juden vergleichbar – getötet und zerstückelt wurde. Aber er ist wiederauferstanden, dank seiner Schwestergemahlin *Isis,* die die zerstückelten Teile gefunden und wieder zusammengesetzt hat.

Das »Ägyptische Totenbuch« schildert diesen Gerichtshof, wo die Seelen geprüft und ihre Taten im Leben auf einer Waage gewogen werden, in allen Einzelheiten. Es enthält gewissermaßen die Strafprozeßordnung für das Letzte Gericht, zugleich aber auch alle Hinweise für eine Verteidigung, darunter eine Reihe von magischen Tricks und Formeln, die – von Priestern auf Papyrusrollen geschrieben – dem Toten für die Reise ins Jenseits mitgegeben werden.

Das »Jenseits« selbst ist im Westen gelegen, da, wo die Sonne am Abend untergeht. Die Fahrt dorthin erfolgt auf einer Barke und ist eine Nachtmeerfahrt. Je nachdem, wie das Urteil des Seelengerichts ausfällt, ergeben sich für das Fortleben nach dem Tod mehrere Möglichkeiten. Denn das »Jenseits« ist in drei unterschiedliche Bereiche aufgeteilt. Reuelose Sünder, Verbrecher, kurzum die Bösen, bleiben auf der Nachtseite in einer Art Hölle, wo sie von blutdürstigen Krokodilen und gierigen Nilpferden zerrissen und zerfleischt werden. Die Guten dagegen erwartet eine Raumfahrt in die Ewigkeit des kosmischen Alls, wo sie sich als Kinder des Lichts beim göttlichen Herrscher, der Sonne, ansiedeln. Jene schließlich, die im Leben zwar das Gute gewollt, doch leider meist auch Böses getan haben, erhalten ihren Wohnsitz in einer Art Schattenreich auf den Feldern von Yaru oder in der Totenstadt Abydos.

Der Mythos von der Rückkehr in das »Verlorene Paradies«, wie wir es aus der biblischen Geschichte der Juden kennen – der Genesis des Alten Testaments –, hängt mit der Luziferlegende zusammen. *Luzifer* ist es, der als Schlange Eva verführt, Adam die verbotene Frucht vom Baum der Erkenntnis zu reichen. Die Folge: Vertreibung aus dem Paradies, schweißtreibende Arbeit für den Lebensunterhalt, Verlust der Unsterblichkeit.

Die Frage, die sich hier erhebt, lautet: Warum läßt der Gott der Juden das zu? Damit sind wir bei dem psychologischen Problem des Bösen in der Welt angelangt; ein Problem, das uns heute mehr denn je beschäftigt und das an der Wende zum dritten Jahrtausend noch immer nicht befriedigend gelöst ist.

Luzifer – seinem Namen nach wörtlich »der Lichtbringer« – ist der gefallene Engel, also ein himmlischer Geist, und Widersacher Gottes. Das Licht, das er den Menschen bringt, ist das Licht der Erkenntnis. Er ermöglicht die Herauslösung des Bewußtseins aus dem Feld des Kollektiven Unbewußten und bewirkt, daß die Menschen sich ihrer selbst bewußt werden. Er ist der Revolutionär, der den Menschen das Ich-Bewußtsein schafft und ihnen die eigentliche Menschwerdung ermöglicht. Für die Tiefenpsychologie ist die Figur von *Luzifer* ein Archetyp und so gesehen eigentlich von höchst positiver Bedeutung. Er ist ein Archetyp des Geistes.

Wie kommt es, daß *Luzifer* im Alten Testament von Anfang an eine negative Rolle zufällt? Bei der vergleichbaren Figur im griechischen Mythos, *Prometheus,* der den Menschen das Feuer bringt, ist dies nicht der Fall. Zwar muß dieser grausam für seine Tat büßen – er wird von den Göttern an einen Felsen des Kaukasus geschmiedet, und ein Adler reißt ihm täglich ein Stück Leber heraus, was symbolisch ein Zerreißen der Seele bedeutet –, doch seine Tat ist für die Menschheit eine gute.

Gewiß, *Luzifer* ist für die Vertreibung aus dem Paradies verantwortlich und damit angeblich für den Tod in der Welt. Doch ob es jemals ein Paradies gegeben hat, wo Löwe und Lamm friedlich miteinander grasten und die Katze mit der Maus wirklich nur spielte, weil sie sich mit vegetarischer Nahrung begnügte, ist zu bezweifeln. Sozusagen ein friedliches Schlaraffenland, in dem zwar keine gebratenen Tauben herumfliegen, aber doch Früchte im Überfluß vor dem Mund hängen und Arbeit unbekannt ist, wie auch Krankheit und Alter, und alle in ewiger Jugend leben.

Und doch kommt eine mehr Unsterblichkeits- als Jenseitsvorstellung auf, in ein derart naiv kindlich gedachtes und irdisches Paradies zurückzukehren; in ein Paradies, das durch Bewußtheit und Geist und die damit verbundenen schöpferischen und geistigen Fähigkeiten verlorenging.

Als ein archetypisches Muster findet sich die Vorstellung vom Paradies nicht nur bei den Juden, sondern in unterschiedlicher Form bei vielen Völkern und zu allen Zeiten. Doch *nur* bei den Juden in Verbindung mit *Luzifer,* der dann im Christentum als Teufel zum Fürsten der Hölle und zur Verkörperung des Bösen schlechthin wird. Dieser Mythos, wenn auch in jeweils zeitangepaßter Form und entsprechender Verkleidung, hat sich im Abendland

113

bis auf den heutigen Tag erhalten. Er übt auf die Menschen immer wieder eine Art magischer Bannkraft aus. Bereits gegen Ende des Mittelalters löst er Glaubenskämpfe aus und führt zu revolutionären gesellschaftlichen Veränderungen. Und das erneut wieder in den letzten drei Jahrhunderten.

Auf den Mythos vom Paradies und auf die Luziferlegende im Alten Testament werde ich noch im Kapitel »Die unsterbliche Seele und die Kultur des Abendlandes« eingehend zu sprechen kommen. Denn diese Mythen spielen für den Jenseitsglauben im Christentum eine gewichtige Rolle und damit auch für die Bewußtseinsentwicklung und den Verlauf der Geschichte allgemein.

Etwas sei jedoch bereits hier erwähnt. Im Gegensatz zu den religiösen Vorstellungen der Ägypter, Babylonier und sonstiger Nachbarvölker wird in der Genesis des Alten Testaments das Erlebnis des Todes nicht als ein schicksalhaftes Naturereignis gesehen. Ob in der Frühzeit als ein Akt feindlicher Naturgeister gedacht, als ein Ausgeliefertsein an Todesdämonen, oder später dann als ein natürlicher Wandlungsvorgang, der zum Lebensprozeß gehört wie die Geburt auch – der Tod als solcher wird bei den anderen Völkern als eine unumgängliche Naturtatsache akzeptiert. Anders dagegen in der Bibel. Aber als Strafe Gottes, der sich – laut dem 1. Buch Moses – für die Mißachtung seiner Autorität an seinen Geschöpfen durch Verdammung zur Sterblichkeit rächt, tritt der Tod noch nicht in die Welt. Bei ihrer Vertreibung aus dem Paradies leben Adam und Eva noch. Laut Bibel wird Adam sogar 930 Jahre alt.

Die Menschen selbst sind es, die nach der Weltentstehungslehre von *Moses* den Tod auf den Plan rufen, und zwar durch einen Brudermord. *Kain* erschlägt seinen Bruder *Abel.*

Auch die ägyptische Mythologie kennt den Brudermord. Der dunkle *Seth* tötet seinen Bruder *Osiris,* eine lichte Sonnengestalt. Nur ist *Osiris* ein Gott, der Archetyp

114

des geopferten oder sich opfernden Erlösergottes. Sinn dieses archetypischen Musters ist es, den Menschen die Angst vor dem Tod zu nehmen. Denn nach dem Tod des *Osiris* folgt seine Wiedererneuerung und Auferstehung. Das Mysterium, daß der Tod nur ein Wandlungsvorgang zu einem neuen Leben ist, ist Sinn dieses Mythos.

Das Motiv für die Ermordung *Abels* ist purer Neid. Dies ist schwer verständlich, denn *Kain* ist der Erstgeborene und außerdem der Ackerbauer. *Abel* hingegen ist der noch – entwicklungsgeschichtlich gesehen – primitive Viehzüchter, der Nomade. Verbirgt sich hinter der biblischen Erzählung vom Brudermord die Auseinandersetzung zwischen den schweifenden Hirtenvölkern und den bereits seßhaften Ackerbauern? *Abels* Opfer ist Gott wohlgefälliger, so heißt es. Ist das Mordmotiv also religiöse Intoleranz? In beiden Fällen würde es für eine materialistische und egozentrische Lebenshaltung zeugen.

Es gibt eigenartigerweise noch eine andere Geschichte, wo der Tod ebenfalls durch einen ersten Mord in die Welt kommt, und zwar bei einer Wohlstandsgesellschaft, die den Überfluß nicht ertragen kann. Es ist dies die Erzählung vom Tod der *Hainuwele,* ein Märchen der Eingeborenen auf einer der bei Neuguinea gelegenen Inseln in der Südsee. *Hainuwele* ist allerdings eine Art Naturgeist, ein göttliches Mädchen. Sie hat einen Menschenvater, bei dem sie auch lebt, aber geboren ist sie aus einem Baum. So verfügt sie über magische Naturkräfte und überschüttet ihre Mitmenschen mit köstlichen Geschenken. Die Baumgeburt ist erklärlich. Denn da der Tod noch nicht da ist, gibt es auch keine menschliche Geburt.

Anfangs finden die Menschen die Fülle des Reichtums, den ihnen *Hainuwele* bringt, wunderschön. Auf Dauer aber verwirrt sie dieser Überfluß. So beschließen sie, das Mädchen zu töten. Ihr Leib wird zerstückelt und in die Erde vergraben. Daraus wachsen dann die Knollenfrüchte, mit denen sich die Menschen seither auf der Insel begnügen müssen.

115

Ab nun müssen die Menschen sterben und eine beschwerliche Totenreise antreten, um in das Leben zurückkehren zu können. Aber sie dürfen andererseits seitdem auch heiraten. Nach diesem Eingeborenenmärchen kommen also mit dem Tod auch Zeugung und Geburt in die Welt.

Auf dem Dorfplatz, wo die Großen Tänze stattfinden, wurde ein Tor mit einer neunfachen Spirale gebaut. Durch dieses müssen die Tänzer bei den rituellen Mannbarkeitsfesten hindurch, um symbolisch zu erleben: das Leben ist ein ewiger Kreislauf, der Tod Durchgangstor zu neuer Geburt und neuem Leben.

KAPITEL 3

Die Unsterblichkeit im Spiegel der Hochreligionen

Bei den Menschen in grauer Vorzeit und den Primitiven, deren religiöse Vorstellungen noch heute vom Animismus geprägt sind, ist der Ort des »Jenseits« die Natur, die den Menschen umgibt. Mit dem Tod kehrt das Hauchwesen, das den Menschen belebt und beseelt – sagen wir: der Lebensgeist – wieder als Geist in die Natur zurück. Das »Jenseits« ist die Welt der Vorfahren, der Ahnengeister.

Bei den alten Ägyptern wird das »Jenseits« menschlicher, kultivierter. Dies zeigen die Grabkammern der Pyramiden und der Totenstädte mit ihren Geräten, Speisen, Getränken und der Dienerschaft. Doch das »Jenseits« wird bereits in drei Bereiche aufgeteilt. Der oberste befindet sich im Kosmos, wo die göttliche Sonne ihren Sitz hat. Der unterste Bereich ist eine Hölle mit blutgierigen Nilpferden und Krokodilen. Der Herrscher dieser Hölle ist *Seth,* der Brudermörder. Doch als Bruder des Sonnengottes *Osiris* ist auch er ein Gott, sogar ein Sonnengott.

Seth verkörpert die zerstörende Natur der Sonne, die sengende Hitze und Dürre, die die Ernten vernichten. Er ist auch der Wirbelsturm, der aus der Wüste aufbricht, um das Leben zu lähmen. Als heißer Sandsturm verdunkelt er die Sonne, tötet er das Licht.

Seth ist gewissermaßen der Patriarch aller Fürsten der Finsternis und der Hölle. Er ist älter als sein namentlich verwandter *Scheitan* oder *Satan,* wie *Luzifer* in der biblischen Erzählung des Buches *Moses* ja auch genannt wird. Als Mörder seines Bruders ist er der göttliche Gegenspieler der lebenspendenden, Fruchtbarkeit bringenden, wärmenden Sonne und ein Feind der Menschen. Indem er die Ernten verdorren läßt, bringt er ihnen den Tod – den Hungertod. Als Todesgott spielt er in den *Isis-Mysterien* noch bis in die ersten Jahrhunderte des Christentums hinein eine Rolle.

Doch mit dem Erlöschen der ägyptischen Religion und ihrem Jenseitsglauben erlischt auch die Vorstellung, daß der Tod auf den Herrscher der Unterwelt zurückzuführen und ein Werk des Satans sei. Nach der Bibel kommt – wie gesagt – der Tod erst durch den Menschen selbst, durch den Mord von *Kain* an seinem Bruder *Abel,* in die Welt. Eigenartigerweise ist das Alte Testament der Hebräer voll von Berichten über den Mord von Menschen am menschlichen Bruder. Absalom tötet seinen Bruder Ammon, Salamon seinen Bruder Adonia, Jokanan seinen Bruder Jesna. Doch *Luzifer,* der Lichtbringer, als *Satan* durchaus eine Unruhe stiftende und destruktive Figur, tötet nicht.

Im Gegenteil: *Luzifer* reicht Eva die Frucht vom Baum der Erkenntnis und verspricht ihr damit, Gott gleich zu sein. Das heißt doch, daß die ersten Menschen auch die Früchte vom Baum des Lebens, deren Genuß Unsterblichkeit verleiht, essen dürften. Damit ist es allerdings durch den Sündenfall und die anschließende Vertreibung aus dem Paradies vorbei. Heißt dies, daß mit dem Sterben dann für den Menschen alles aus und kein Weiterleben nach dem Tod mehr möglich ist?

Eigenartigerweise findet sich im Alten Testament nirgendwo eine eingehende Beschreibung des »Jenseits«. Auch keine exakte Schilderung der Hölle. Einen Himmel gibt es. Es ist ein Bereich der Ewigkeit, das Reich *Jahwes,* des Allmächtigen, und der unsterblichen Engel. Doch irgendwo muß dort auch *Luzifer* seinen Wohnsitz haben, trotz seines Himmelssturzes. Denn im Lukas-Evangelium (Lukas X, 18) sagt *Christus:* »Ich habe den Satan wie einen Blitz aus dem Himmel herabstürzen gesehen.« Wieso stürzt dieser vom »Himmel« herab? Jahrtausende nach der ersten Rebellion gegen Gott und zu einer Zeit, da bereits *Christus* auf Erden wandelt? Ist *Satan* wieder in den Himmel zurückgekehrt? Die Bibel schweigt sich darüber aus.

Christus spricht vom Himmelssturz *Satans* – nach Lukas – so, als wäre dies eine natürliche Folge der Predigt des Evangeliums.

Gewiß, der Blitz ist eine bedrohliche und zerstörende Himmelserscheinung. Aber er ist auch eine Manifestation des Lichts und damit etwas Göttliches. Er kann jedenfalls nicht als das Machtsymbol eines Reiches der höllischen Finsternis angesehen werden.

Der Teufel *Azazel* im Buch Hennoch ist ein alter arabischer Wüstendämon aus vormosaischer Zeit und als Wüstengeist eine Symbolfigur der Öde und Leere, des Nichtlebens. So wird auch im Alten Testament eigentlich nur zwischen Leben und Nichtleben unterschieden. Die Jenseitsdimensionen von Himmel und Hölle sind sozusagen für das irdische Leben gedacht.

Dies geht aus dem Buch Hiob hervor. Danach schließen eines Tages *Japhet* (hier ein anderer Name Gottes) und *Satan* eine Wette darüber ab, ob der fromme *Hiob* je Gott verleugnen würde. Gott gibt *Satan,* der hier übrigens im Gefolge der Kinder Gottes – das heißt der Engel – erscheint, freie Gewähr. »Und Japhet sagte zum Satan: ›Alles, was er besitzt, ist in deine Hand gegeben. Nur gegen ihn selbst darfst du deine Hand nicht ausstrecken‹«, heißt es im Buch Hiob. *Hiob* wird nun eine wahre Hölle auf Erden bereitet. Er wird mit Krankheit und mit dem Aussatz geschlagen. Er muß die Untreue seiner Knechte, den Verlust seiner Güter erleiden und dergleichen Unbill mehr. Wir wollen vorerst nicht weiter erörtern, wieso hier *Satan* inmitten der Engel vor Gott im Himmel erscheint und mit ihm – quasi wie mit seinesgleichen – ein derartiges Abkommen treffen kann. Die Theologen beschäftigt dieses Problem seit langem.

Was die Propheten als Erlösung verkünden, ist das Gelobte Land, wo Milch und Honig fließen. Der Wohnsitz Gottes ist der Berg Sinai, dort wo Israel ist. Und wo Israel · ist, ist auch Gott. Mag sein, daß sich diese materialistische Lebenseinstellung aus dem Los der Juden erklären läßt, die sich nicht gegen ihre Nachbarvölker wehren konnten. Von den Ägyptern wurden sie als Sklaven in die Knechtschaft geführt, von den Babyloniern zum Frondienst in die babylonische Gefangenschaft geholt.

Einweihungsriten in das Mysterium des Todes, sei es als ein Tor zur Wiedergeburt, in welcher Form auch immer, sei es als Übergang für ein Weiterleben nach dem Tode in geistiger Gestalt, kennt das Alte Testament jedenfalls keine. Anders hingegen im antiken Griechenland. Wie wir aus den in Versen abgefaßten Erzählungen des Dichters HOMER, der »Ilias« und der »Odyssee«, wissen, gingen die Seelen der Verstorbenen nach dem Tod in ein Schattenreich ein: in das »Haus« oder in die »Gefilde der Lethe«, wobei »Lethe« als ein Trank der Vergessenheit galt. Demnach wäre das Schicksal der Toten die Erinnerungslosigkeit, ein Erlöschen der Ich-Person. Doch dies entspricht dem Glauben der späteren, der klassischen Zeit. Die Sache mit dem »Haus der Lethe« wird hier zu rational interpretiert.

Was wir aus dem klassischen Griechenland in der Schule hören oder auch lesen, handelt von der Zeusreligion und dem Götterhimmel auf dem Olymp. Doch das ist bereits eine reformierte oder protestantische Religion, ein Staatskult. Die Götter haben ihre Tempel. Ihre Feste werden gefeiert. Doch niemand glaubt mehr so recht an ihre Existenz.

Die Volksreligion ist eine andere; sie erhält sich übrigens rund zweitausend Jahre, bis in die ersten Jahrhunderte der nachchristlichen Zeit hinein. Sie ist eine Mysterienreligion, die *eleusinische* Religion. Was ihre Mysterien der Wandlung, der Auferstehung und des ewigen Lebens angeht, so läßt sie sich mit dem christlichen Mysterienglauben vergleichen, wie er sich in der katholischen Kirche bis heute erhalten hat.

In der eleusinischen Religion ist die oberste Gottheit – *Demeter* – weiblich. Doch als *Rhea-Demeter-Persephone* – Großmutter-Mutter-Tochter – ist sie eine göttliche Dreifaltigkeit, archetypisches Sinnbild der ewigen Weitergabe des Lebens. Der vierte – das männliche Element –, der Befruchter, ist *Dionysos;* er ist Sohn, Vater und Gatte zugleich, noch der verborgene Gott hinter der Maske, ein Symbol der ewigen Lebenskraft in der Natur, die das Leben im Weiblichen erst anregt und weckt.

Der Demeterkult in Eleusis ist ein unblutiger Kult. Die Göttin ist die *Große Mutter,* die den Menschen das Weizenkorn schenkt und sie nährt. Ihr Fest ist eine Art Heilige Nacht. Während die Prozession der Gläubigen zu mitternächtlicher Stunde die Säulenhalle des Tempels umlagert, loht im Innersten und Allerheiligsten eine Flamme hoch zur Decke empor. Dumpf dröhnt ein Gong, und der Hohe Priester verkündet die Geburt des göttlichen Kindes.

Wir können hier an die Wandlungskraft des Feuers denken, das die rohe Nahrung im Zuge des kulturellen Fortschritts in genießbare Speisen verwandelt. Doch was die zu den Mysterien zugelassenen Gläubigen erleben, ist mehr. Sie erleben konkret in einer Art visionärer Schau die Wiedererneuerung oder Wiedergeburt durch die reinigende Kraft der Flamme. Sie »wissen« jetzt, daß das Leben unsterblich und der Tod nur ein Wandlungsvorgang ist. Dieses sichere Wissen erklärt die Heiterkeit in der Lebenseinstellung der griechischen Menschen zur Zeit der Antike.

Dieser Sinn der antiken Mysterien ist nur wenig bekannt. Denn es war ja ein Geheimnis und den Eingeweihten verboten, darüber zu sprechen. Was wir heute darüber wissen, verdanken wir dem Lebenswerk des Begründers der »Humanistischen Seelenforschung« und einem der bedeutendsten Mitarbeiter von C. G. JUNG, meinem verehrten Lehrer Karl KERÉNYI[19].

Was nun die Gefilde der Lethe betrifft, das bereits von HOMER erwähnte »Reich der Schatten«, wo diese in dumpfer Erinnerungslosigkeit dahinwesen, so ist hier eine Berichtigung nötig, denn ein derartiges »Jenseits« wäre kaum Anlaß für eine Heiterkeit gegenüber dem Tod. Von dem antiken Philosophen und Naturforscher HERAKLIT wissen wir nämlich, daß *Lethe* auch der Name einer Quelle ist, die sich dort befindet; einer Quelle, aus der ein Fluß entspringt. Von HERAKLIT stammt übrigens der bekannte Satz: »Alles fließt«. Dies ist als ein Sinnbild des Lebens zu verstehen, das von der Geburt bis zum Tod dahinströmt wie ein Fluß, aber auch als ein Symbolbild für einen ewigen Wandel und ein ewiges Werden allgemein.

Nun, das Wasser der Quelle oder des Flusses *Lethe* ist ein Wasser des *Vergessens.* Wenn die Seelen der Verstorbenen auf dem öden, leeren Gefilde ankommen, peinigt sie der Durst, und sie trinken dieses Wasser. Doch nur die Unwissenden und Unbewußten, wohlgemerkt, die nicht in die Mysterien von Eleusis eingeweiht sind oder diese im Leben nicht ernst genommen haben. Die Eingeweihten wissen Bescheid. Die Quelle *Lethe* befindet sich links von der Eingangsstraße, neben einer weißen Zypresse. Die Seelen der Eingeweihten hüten sich, von ihrem Wasser zu trinken. Auf den Gefilden des Jenseits gibt es nämlich noch eine andere Quelle. Diese befindet sich in einem versteckten Winkel rechterhand und fließt – denken wir an *Dionysos* – durch eine Maske. Für sie gibt es sogar einen Geländeplan zur Orientierung. Er ist auf Goldplättchen eingeritzt, die den Toten auf ihre Reise ins Jenseits mitgegeben werden.

Das Wasser aus dieser Quelle ist kein Vergessenstrank wie etwa ein tödlicher Schlaftrunk für den ewigen Schlaf, sondern eine Art Lebenswasser. Die Quelle hat ihren Ursprung im Teich der *Mnemosyne*. Dies ist der Name einer Nebengöttin der Großen Mutter und bedeutet wörtlich »die Erinnerung«. Dank seines Goldplättchens kann sich der Tote dort »als Sohn der Erde und des Himmels, wie die Götter selbst« ausweisen. Das Wasser, das hier getrunken wird, hat zwar noch etwas von der *Lethe* an sich. Wir können es mit einem märchenhaften Ausdruck als ein »Wässerchen Sorglosigkeit« bezeichnen. Es verhilft zu einem Vergessen der Mühen und Sorgen, doch es führt ins Leben zurück.

Der Hinweis auf den Himmel und auf die Götterähnlichkeit der Seele des Toten, wenn sie beim Grenzübertritt ins Schattenreich, modern formuliert, das Goldplättchen als Paß vorweist und dieser anhand der Daten auf dem Terminal des Jenseits-Computers überprüft wird, hat seinen Grund. *Mnemosyne* ist außerdem die Mutter der Musen, die bekanntlich die Schutzherrinnen der Künste sind. Damit sind wir bei einem zweiten Kult, der zu den Mysterien der eleusinischen Religion in einer gewissen Beziehung steht, dem *orphischen* Kult.

Bekannt ist »Orpheus in der Unterwelt« durch die mit diesem Titel gezierte Operette von Jacques OFFENBACH. Danach tritt *Orpheus* den Gang ins Jenseits an, um seine ihm vom Unterweltskönig *Hades* geraubte Gemahlin *Eurydike* zurückzuholen. *Orpheus,* der Sänger, der mit seinem Gesang die Tiere verzaubert, so daß sie ihm wie gebannt lauschen, kommt ungehindert an dem Höllenwachhund Zerberus vorbei. Der Herrscher *Hades* ist gerührt und gibt *Eurydike* frei. Jedoch verliert *Orpheus* sie wieder, weil er, gegen das göttliche Verbot und auf die Klagen der Gattin achtend, den Blick zurück nicht lassen kann. Sinnbildlich verstanden: ein Hinweis darauf, daß der ständige Blick auf Vergangenes das Zusammenleben der Menschen eher stört als fördert, besonders, wenn ein Mann aus Eifersucht auf die Vergangenheit seiner Frau daran fixiert bleibt. Das Leben geht ja weiter. Der Blick in die Zukunft ist wichtiger als die Sicht zurück.

Die Version von OFFENBACH aber stammt aus spätantiker Zeit. In Wahrheit ist der *Orpheus*-Mythos von weitaus tieferer Bedeutung. Nach den früheren Quellen sind zwei unterschiedliche Lesarten zu verzeichnen: In der Darstellung des Urmythos ist es das Schicksal von *Orpheus,* von einer Schar von dionysischem Rausch ergriffener Frauen – manischer Nymphen im Kult des Großen Pan – zerrissen zu werden. Insofern ist er dem verborgenen Gott hinter der Maske verwandt. Denn auch *Dionysos* wird zerstückelt, um erneuert wiedergeboren zu werden, so wie die Natur nach ihrem Todesschlaf im Winter im Frühjahr zu neuem Leben erwacht. Nur daß *Orpheus* im Gegensatz zum ägyptischen *Osiris* nicht von seinem dunklen Bruder, sondern von den ekstatischen Frauen zerrissen wird.

All diese Urmythen sind an den Wandlungsprozeß im Jahreszeitenwechsel und im Kreislauf der Natur angelehnt. Doch der Tod des *Orpheus* enthält eine interessante Variante. Die Frauen werfen seinen zerstückelten Leib ins Meer. Sein Kopf aber schwebt auf den Wellen – und singt weiter. Er stirbt nicht. Was heißt das? Das Schöpferische, der Genius der Kunst, verleiht *Orpheus* Unsterblichkeit. Das können die Frauen, hier als Trägerinnen der erotischen Ekstase, nicht zerstören.

Die Kunst und die Wissenschaft – auch diese ist eine Kunst – sind zur Zeit der Antike Sache der Männer. Die Anfänge des späteren Übergangs vom Matriarchat zum Patriarchat zeichnen sich hier bereits im Mythos ab.

Nach der zweiten, jüngeren Lesart des *Orpheus*-Mythos hat *Orpheus* mit seiner Abenteuerreise zum König der Unterwelt Erfolg. Es gelingt ihm, die geraubte oder verführte Gattin *Eurydike* aus der Gewalt des dunklen Gottes zu befreien und glücklich ins Leben zurückzuholen. Das bedeutet tiefenpsychologisch interpretiert, daß ein Wandel in der Beziehung der Geschlechter zueinander stattgefunden hat. War zu grauer Vorzeit und solange die Gesellschaftsform des Matriarchats vorherrschte, die Mann-Frau-Beziehung, überspitzt gesagt, auf die Sexualität beschränkt, als das von der Natur gewählte Mittel zur Fortpflanzung, so entdeckt jetzt der Mann in der Frau sozusagen die seelischen Eigenschaften des Weiblichen: das Gefühl, die Empfindung, Mütterlichkeit, Fürsorge, Zärtlichkeit – kurzum all das, was zu den seelischen Qualitäten der Liebe gehört.

Es ist eben nicht so, wie die Vertreterinnen der Frauenemanzipation von heute glauben, daß es Ziel des Patriarchats war, die Frauen auszubeuten und zu versklaven. Derartige Gedankengänge gehören eher zur Soziologie der Frauenherrschaft – in alter wie in jüngster Zeit. Beweis. das freie Amerika mit seiner Herrschaft der Frauenvereine und der Bewertung des Mannes lediglich nach materiellen Nützlichkeitserwägungen und seiner Fähigkeit, Geld anzuschaffen, bis in die Zeit vor dem letzten Weltkrieg.

Vielmehr verhält es sich so, daß sich mit den *orphischen* Mysterien – und das ist die Zeit des 7./6. Jahrhunderts v. Chr. – wiederum eine Bewußtheitserweiterung abzeichnet, die eine Vermenschlichung, eine seelische Anreicherung der Beziehungen zwischen den Geschlechtern wie der zwischenmenschlichen Beziehungen allgemein zur Folge hat. Es ist dies der Beginn eines erneuten Bewußtseinssprunges, bedeutsamer für die weitere Entwicklung der abendländischen Menschheit und ihrer Kultur als alles andere je zuvor. Was dann stattfindet, etwa um das Jahr 500 v. Chr., ist der Durchbruch vom *magischen* zum *logischen* Denken.

Damit entstehen die Mathematik, die Naturforschung und die Philosophie als Wissenschaften in modernem Sinne – kritisch, dialektisch, analytisch. Die Begründer der Wissenschaften untersuchen unter diesen Aspekten auch die Jenseitsfrage. Sie entwickeln dabei sehr präzise und teilweise verblüffend modern anmutende Modellvorstellungen für das »Jenseits« und das Weiterleben nach dem Tod.

Doch zurück zu *Orpheus.* Sein Mysterienkult dient der Einweihung der Jünglinge in einen Männerbund. Auf Bildern antiker Vasen wird *Orpheus* mit der Leier in einer thrakischen Berglandschaft dargestellt, umgeben von Jünglingen, halbnackt und bekleidet mit Wolfsfellen, manchmal einen abgehäuteten Fuchs als Kopfbedeckung. Das sind nun etwa nicht auf primitiver Jägerstufe lebende Waldmenschen, wie früher von Altertumsforschern angenommen wurde, vielmehr handelt es sich um eine symbolische Darstellung dessen, worum es bei der Einweihung in diesen Männerbund ging: um die Bewältigung der animalischen Triebhaftigkeit, die die jungen Männer in der wilden Natur, unter sich und getrennt von Mädchen und Frauen, hier erleben. »In dieser Situation erschloß sich ihnen in Gesang und Musik etwas Wesentliches, von der blutvergießenden Wildheit Erlösendes«, sagt KERÉNYI[20] dazu.

Die jungen Männer werden in strenger Zucht und Askese gehalten. Sie müssen das Tierische im Menschen überwinden und das Geistige entfalten. Die Jünglinge erhalten einen Weltanschauungsunterricht, wonach Himmel und Erde, Mann und Frau und auch die Seelen alle denselben Ursprung haben: im kosmischen Weltei. Gelegt hat es die dunkle Nacht als kosmische Allmutter, befruchtet der Wind, der Weltgeist. So ist der Wind als Symbol zu verstehen.

Als der eigentliche Weltschöpfer geht dann der Gott *Eros* aus dem Weltei hervor. Als solcher hat er auch den Namen *Phanes.* Auch er ist also ein *Lichtbringer,* wie aus der Übersetzung des griechischen Wortes *phainein* (= leuchten) ersichtlich. Die Weltentstehung als ein Prozeß von der »Nacht zum Licht« – das ist der Sinn. Dies gilt auch für die Entwicklung des Bewußtseins und den Reifungsprozeß des menschlichen Lebens. Das Weltei und die Seelen sind als Lebensträger weiblich gedacht. *Eros,* der Lichtbringer, ist das männliche Element, der zündende Geist, der das Leben in Gang setzt und die Entwicklung vorwärts treibt. Die Einweihung in die orphischen Mysterien soll das Bewußtheitserlebnis für diese Gedanken vermitteln. Sie ist eine Art Schule. Der Vortrag wird nicht nur unter Leierklängen gesungen vorgetragen, es wird auch aus Schriftrollen vorgelesen. Es sind also bereits Bücher vorhanden, und die Initianden lernen auch das Lesen.

In den letzten Jahrzehnten vor dem Jahr 500 v. Chr. wird aus dem Kreis der Orphiker unter Führung von PYTHAGORAS ein aristokratischer Geheimbund, ein Wissenschaftsorden. PYTHAGORAS ist eine schöpferische Persönlichkeit höchsten Grades. Er entdeckt nicht nur den bekannten Lehrsatz vom Verhältnis der Seiten im rechtwinkligen Dreieck ($a^2 + b^2 = c^2$), den heute noch jeder Schüler in der Schule lernt, er hat auch die Existenz des *Irrationalen* erkannt und unwiderruflich bewiesen.

Es ist die bekannte Tatsache, daß die Diagonale eines Quadrats – mit den exakt zu bestimmenden Seitenlängen von 1 Meter – die Wurzel aus 2 ergibt. Die Wurzel aus 2 aber ist eine *irrationale* Zahl. Sie läßt sich durch Bruchstellen hinter dem Komma berechnen, doch diese Rechnung führt zu keinem Ende. Man kann suchen, solange man will, es gibt keine ganze und auch keine Bruchzahl, die mit sich selbst multipliziert wieder exakt 2 ergibt. Das heißt, die Zahlenreihe verliert sich in der Unendlichkeit.

Jeder Naturwissenschaftler und jeder Techniker rechnet mit irrationalen Zahlen und setzt sie als feste Größen ein. Doch genaugenommen widersprechen sie der menschlichen Logik. Sie sind *alogisch.* »Sie sind höchstens ein Bild des Lebens selbst, das auch irrational ist, also jeder ratio, jeder zergliedernden, regelnden Vernunft spottet«, wie der bekannte Mathematiker Egmont COLERUS[21] sagt.

Die Entdeckung des Irrationalen und das Studium der Zahlenfolgen und Reihen ermöglichten PYTHAGORAS Einblicke in das Reich des Unendlichen, die dann erst zweitausend Jahre später von LEIBNIZ wiederentdeckt wurden und aus denen die Infinitesimalrechnung hervorging – Erkenntnisse, ohne die wiederum die moderne Kybernetik, die heutige Computertechnik und die jetzt zu unserer Zeit beginnende technische Eroberung des Weltraumes nicht möglich geworden wären.

PYTHAGORAS verdanken wir auch die zu seiner Zeit ebenso sensationelle Entdeckung, daß zwischen der materiellen, physikalisch meßbaren Welt und der Welt des Seelischen eine effektive Verbindung besteht. Es ist die Entdeckung, daß die Tonhöhe von der Länge der Saite eines Musikinstruments abhängt. Die Töne stellten sich als »hörbare Zahlen« heraus. Das Grandiose an dieser Entdeckung war, daß sich daraus eine Beziehung zwischen exakt meßbaren und physikalisch erforschbaren Vorgängen und zwischen seelischen Inhalten, wie Empfindungen und Gefühlen, ableiten ließ; eine Beziehung auch zu den innerseelischen Vorstellungen und Bildern, die das Hören der Töne – das Musikerlebnis – erweckt.

Denken Sie an den Satz aus der Einführung, den ich Sie bat, sich zu merken: Die exakte Wissenschaft beginnt damit, daß sich der Forscher eine allgemeine Frage nach dem Warum stellt. PYTHAGORAS hat stets nach dem *Warum* gefragt. Er und seine Schüler begnügten sich nicht mit dem Beobachten und Registrieren von Besonderheiten, sondern suchten stets nach den dahinter verborgenen allgemeinen Gesetzmäßigkeiten, nach dem gemeinsamen Programm – für das Leben des Menschen und den Lauf der Welt. Die Pythagoreer bauten diese Forschungsmethode sogar zu einer »Kunst des Entdeckens« aus.

Selbstverständlich experimentierten sie auch. Bei ihren Versuchen mit dem *Monochord,* einem Zupfinstrument mit nur einer Saite, fanden sie die harmonischen Proportionen, die das Verhältnis der Hauptkonsonanzen Quart, Quint und Oktav bilden. Sie entdeckten auch, daß die Zahlen der harmonischen Reihe 6, 8, 12, die die musikalischen Intervalle enthalten, dem Zahlenverhältnis des

Kubus entsprechen. Denn ein Kubus – als Würfel kennt ihn jeder – hat 6 Flächen, 8 Winkel und 12 Seiten.

Damit war eine neue Erkenntnis gewonnen. Auch die natürlichen Körper offenbarten in ihrem Aufbau Gesetzmäßigkeit und Zahl, die, in Musik umgewandelt, sowohl bestimmten physikalischen *Schwingungen* entsprechen wie auch bestimmten seelischen Eindrücken oder Erlebnissen. Daß die Himmelskörper in festen Bahnen um die Erde kreisen, war bekannt. Und ebenso, daß der Lauf der Gestirne sich berechnen läßt. Die logische Folgerung des PYTHAGORAS und seiner Schüler war: Die Welt ist nach Maß und Zahl geordnet. Die Ordnung des Universums, so wie es existiert und sich in einem ewigen Wandlungsprozeß aller Erscheinungen zeigt, entspricht der Ordnung der Zahlenverhältnisse und ist aus ihnen abzulesen und umgekehrt. Mögen Dinge und Menschen auch vergehen – die durch die Zahlen sichtbaren *Muster* bleiben bestehen. Ich möchte sie nun kurz mit dem allgemeinen Weltbild vertraut machen, das PYTHAGORAS und die Brüder des von ihm gegründeten Wissenschaftsordens entworfen haben und aus dem sie die Gewißheit für ein Weiterleben nach dem Tod herleiteten.

Dieses Weltbild ist verblüffend modern. Es weist auch eine überraschende Übereinstimmung mit dem Denkmodell auf, das den altindischen Geheimlehren, den *Upanishaden*, zugrunde liegt. Diese enthalten sozusagen die geheime Quintessenz der in den *Veden*, den heiligen Büchern der Brahmanen, geoffenbarten Weisheit, darunter die Vorstellungen vom Wesen der Seele, die Erkenntnisse über unterschiedliche und mehrdimensionale Bewußtseinszustände und die Bedeutung der Träume als hilfreiche Botschaften eines universalen Überbewußtseins oder einer kosmischen Allbewußtheit. Es ist das gleiche Denkmodell, das die Grundlage des späteren buddhistischen *Tantra-Yoga* bildet, das den PSI-Experimenten und geistigen Techniken der Äbte und Mönche in den *Lama*-Klöstern *Tibets* zugrunde liegt und das wir in der Abwandlung des *Zen-Buddhismus* in *Japan* wiederfinden. Ebenso finden wir dieses Denkmodell als Grundlage des altchinesischen Erkenntnisweges, des *Tao*.

Freilich besteht diese Übereinstimmung nicht im Wortlaut der überlieferten uralten Texte und erhaltenen heiligen Schriften. Um die Gemeinsamkeit aufzudecken, dazu bedarf es der Mühe, die in den einzelnen Ländern ausgeprägten und zeitbedingten religiösen Glaubensvorstellungen auf die ihnen zugrunde liegenden Symbolmuster zu untersuchen. Doch wenn wir die Vielfalt der Gottheiten im religiösen Weltbild des Fernen Ostens als die Personifikation von Naturerscheinungen nach unserem Symbolcode entschlüsseln, dann ergibt sich als gemeinsames Denkmodell folgendes Vorstellungsbild:

● Die Welt ist eine Einheit, eine Ganzheit des Lebendigen, die Kosmos, Mensch und Erde umfaßt. Das Seelische ist eine Art Energiefeld, das alles durchdringt und belebt, die tote Materie ebenso wie Pflanze, Tier und Mensch. Demnach bilden auch Körper und Seele des Menschen als Organismus eine Einheit, die als Teil mit dem Ganzen verbunden ist – durch unsichtbare oder übersinnliche Kanäle. Gestaltet, geformt und gesteuert wird dieses Ganze, die Welt, von einer kosmischen Allbewußtheit, die alles verbindet und an der alles Anteil hat. Die materielle Welt in diesem Ganzen, dem Universum, ist nur die sichtbare Erscheinung kosmisch gestalteter Form und formgestaltender Energie.

In den Weisheitsschulen des Fernen Ostens wird dann gelehrt, daß die materielle Welt nur ein *Schein* ist, ein Augenschein infolge der Begrenztheit und Unvollständigkeit der menschlichen Sinne. Doch diese Unvollständigkeit besteht nicht von ungefähr. Sie zeigt dem Menschen seine Lebensaufgabe und sein Lebensziel: die Entfaltung seiner psychisch-geistigen Fähigkeiten, um einen höheren Zustand der Bewußtheit zu erreichen und so Anschluß an die kosmische Allbewußtheit zu erlangen.

PYTHAGORAS hat – sozusagen als der erste Wissenschaftler im modernen Sinn – stets nach dem *Warum* gefragt. »Alle Dinge im Himmel und auf Erden wollte er wissen, alles Zukünftige und Vergangene, jedem Menschen seine Vorexistenz sagen, über alle Strafen und Belohnungen im Jenseits Auskunft geben können«, wie bei KERÉNYI steht[22]. Ein Weiterleben nach dem Tod, eine ständige Wiedergeburt, war für ihn selbstverständlich.

In den Legenden, die sich um die Gestalt des PYTHA-GORAS gebildet haben, weist er große Ähnlichkeiten mit der mythologischen Figur des *Orpheus* auf. Das mag zum Teil daran liegen, daß er viele Schriften nicht unter seinem Namen, sondern unter dem Autorennamen OR-PHEUS veröffentlicht hat. Die Seelenwanderungslehre des PYTHAGORAS ist allerdings recht elitär. Sie weist auch – trotz aller Gemeinsamkeit im Denkmodell – einige entscheidende Unterschiede zu der Wiedergeburtslehre des Buddhismus auf. Für die Pythagoreer sind die Menschen nicht auf gleiche Weise unsterblich. Die echte Unsterblichkeit ist eine Frage der Bewußtheit. So ist ein bewußtes Weiterleben nach dem Tod nur den wahrhaft schöpferischen Persönlichkeiten möglich; eine Vorstellung, die sich in der Neuzeit übrigens bei GOETHE wiederfindet.

Nach der Glaubenslehre der Pythagoreer war PYTHA-GORAS in der Lage, sich an seine vorgeburtlichen Existenzen zu erinnern. So soll er zu früherer Zeit *Euphorbos,* ein Priester des *Apoll,* gewesen sein. Der Legende nach war er ursprünglich sogar der Sohn des Lichtgotts. Demnach wäre PYTHAGORAS selbst ein Gott. Dies erklärt sich nach der Lehre seines Nachfolgers EMPEDOKLES aus der Tatsache, daß die *Seele* göttlichen Ursprungs ist. Der Gott *Apollo* ist für EMPEDOKLES die »heilige Geisteskraft«. Die Wiedergeburt nach dem Tod wird demnach weniger als eine Seelenwanderung, sondern mehr als eine Art Gotteswanderung aufgefaßt, als eine immer wieder erneute Inkarnation göttlicher Bewußtheit und göttlichen Geistes in bestimmten, durch ihren schöpferischen Geist sich auszeichnenden Menschen.

Doch die pythagoreische Wiedergeburtslehre ist nicht weltabgewandt; sie vergeistigt nicht die Körperwelt und sieht in ihr nicht nur einen die Sinne täuschenden Schein, wie die Seelenwanderungslehre des Buddhismus. Sie enthält die Aufforderung, Naturwissenschaft zu treiben, Naturwissenschaft als eine Lebensforschung, durchaus im Sinne der modernen Biologie, doch unter dem Aspekt einer *Beseeltheit* des Lebendigen. Diese Biologie schließt die Erforschung des Seelischen ein und ist damit Psychologie zugleich.

Beseelt ist für PYTHAGORAS und dessen Schüler auch der Kosmos, aus dem – den Sonnenstäubchen vergleichbar – die unzähligen kleinen Seelensubstanzen kommen. Modern formuliert wären die Elektronen und Ionen des Sonnenwindes die energetischen Partikelchen der *Seelensubstanz* wie der *Lebenskraft*, denn beides wird als identisch angesehen. Als Religion betrachtet, stehen wir hier vor der Lehre von einer Allbeseeltheit und Allbelebtheit des göttlichen Universums. Dieses offenbart als oberste Grundgesetzmäßigkeit – *Harmonie*. Die reine Harmonie der Welt der Zahlen in ihrer Klarheit ist für den Wissenschaftler die wichtigste Forschungsgrundlage.

So gilt auch für die pythagoreischen Ärzte ein Grundsatz, den sich die moderne Medizin von heute wieder zu eigen macht: Gesundheit beruht auf seelischer Harmonie, Krankheit entsteht durch Disharmonie.

Die *Seele* wird nach der Lehre der Pythagoreer als etwas Selbständiges angesehen und in einen Gegensatz zum Körper gestellt. So auch im *Orpheus*-Kult. Den orphischen Mysterienweihen wird eine Tendenz zum Dionysisch-Orgiastischen nachgesagt. Dieser Orgiencharakter leitet sich aus dem Zerreißen durch die nympho-manischen Weiber im frühen *Orpheus*-Mythos her wie aus der späteren Unterweltsreise des *Orpheus*. Dabei geht es um das Erlebnis des Dionysischen als des Naturhaften im Menschen, als ein befreiender, beseligender Rausch durch die Sexualität. Genauso kommt aber das Dionysische als eine rauschhafte

Wildheit und animalische Grausamkeit zum Ausdruck. Dies bedeutet, modern interpretiert, daß die Seele unbewußt ihren Anteil an den Funktionen der Triebe hat.

Hier schließt sich der Kreis von den orphischen Mysterien zur eleusinischen Religion. Die Grundgebote, wie sie in Eleusis auf eine steinerne Tafel eingemeißelt waren, sind die gleichen: Ehrfurcht vor den Eltern und vor der Frau, unblutige Opfer, Schonung des Lebens – auch der Tiere.

Die wirklichen Vollbringerinnen der beständigen Seelengeburten im realen irdischen Leben – der ewigen Wiedergeburt des Menschen – sind die Frauen. Sie sind es, die auch den Göttern unter den Menschen die Seele und die körperliche Hülle des Leibes schenken.

PYTHAGORAS war, wie wir wissen, ein weitgereister Mann. Wie sein Lehrer THALES hatte auch er bei den ägyptischen Priestergelehrten die Kunst des Pyramidenbaus und deren noch magisch fundierte Mathematik studiert. Er war in Babylon gewesen, hatte sich von den chaldäischen Astronomen in der Berechnung der Himmelskörper unterrichten lassen und war dann über Persepolis bis nach Indien gereist. Vermutlich wurde er dort – als Zeitgenosse des Prinzen SIDDHARTHA, des späteren BUDDHA und Begründers der buddhistischen Erkenntnislehre – von den Brahmanen in die Geheimnisse der *Upanishaden* eingeweiht.

Dies könnte die zuvor erwähnte Gemeinsamkeit mit der Lehre BUDDHAs vom Weiterleben nach dem Tod in der Form immerwährender Wiedergeburt erklären. Doch dem muß nicht so sein. Denn der Glaube an die Ewigkeit des Lebens als eine dem ewigen Rhythmus der Natur unterliegende Wandlung, als eine unzerreißbare Kette ständiger Wiedergeburten, folgt einem archetypischen Muster. Und Archetypen sind zeitlos. Sie sterben ebenfalls nicht. Sie programmieren sozusagen die religiösen Glaubensvorstellungen des Bewußtseins. Und dies bei *allen* Völkern.

132

PYTHAGORAS war, wie gesagt, weit in der Welt um-
hergekommen. Er hatte sich auf den ägyptischen Tempel-
schulen und in den Ashrams (Schulen) der Brahmanen
Kenntnis der Psychopraktiken und aktiven Meditationstechniken verschafft und auf seinen Reisen hinreichend
psychologische Erfahrungen gesammelt. Er wußte, daß er
mit seinen Kenntnissen den Mitbürgern weit voraus war
und auf heftigen Widerstand stoßen würde, wenn er sein
Wissen öffentlich lehrte, und wäre bestenfalls als Magier
und Mystiker abgetan, wenn nicht gar der Gotteslästerung
bezichtigt worden. Denn geboren wurde PYTHAGORAS
als Bürger der Insel Samos, die damals unter der Herrschaft eines antiken Diktators, des POLYKRATES, stand.

Diktatoren pflegen bekanntlich nach dem Grundsatz
»Wissen ist Macht« geniale Wissenschaftler entweder für
eigene Dienste zu verpflichten oder aber als Ketzer wider
die staatliche Ideologie – stets mit dogmatischem Glau-
benszwang verbunden – ihrer Freiheit zu berauben. Ein
Wissen, das die Bewußtheit steigert, wurde seinerzeit übrigens auch von den Machthabern einer Demokratie nicht
sonderlich geschätzt, wie der »Fall SOKRATES« in Athen
beweist. Ihm trug seine kritische Dialektik sogar das To-
desurteil ein, unter dem Vorwand erwiesener Gotteslästerung. So wanderte PYTHAGORAS mit seinen Mitarbei-
tern nach dem in Süditalien gelegenen Kroton aus und begründete dort seine Forschungsakademie. Die Statuten
verpflichteten die Mitglieder zur strengsten Geheimhal-
tung, sie zeigen, daß der Bund der Pythagoreer alle Merkmale eines geheimen Wissenschaftsordens besitzt. Für die
Ordensbrüder galt die Erfahrung, daß Politiker als Tat-
menschen wissenschaftliche Erkenntnisse unter Mißachtung von Ethik und Moral nur zu gern zur Stützung der
eigenen Macht mißbrauchen. So diente die Geheimhal-
tung nicht nur dem eigenen Schutz, sondern vor allem
auch dem der Mitmenschen von einer bedenkenlosen An-
wendung neuer wissenschaftlicher Erkenntnisse.

Was nun die Vorstellungen vom »Jenseits« und den

Glauben an die Unsterblichkeit in der Religion des Buddhismus angeht, so steht hier am Anfang ein Traum.

»Ich sah«, so sprach der Königssohn SIDDHARTHA, als er eines Tages meditierend im Schatten eines Feigenbaumes saß, »mit himmlischer, klarer, übermenschlicher Einsicht, wie die lebenden Wesen vergehen und wieder entstehen... Ich wurde mir der Erlösung bewußt und erkannte, daß der Kreislauf der Geburten sich für mich erschöpft hatte. Das Ziel des heiligen Wandels, sprach ich zu mir, ist erreicht, getan ist, was zu tun war; nicht werde ich in neuer Geburt zu dieser Welt zurückkehren.«

Für uns ungewöhnlich ist die Tatsache, daß eine weltverändernde Lehre, wie es der *Buddhismus* für den Fernen Osten war, auf Einsichten und Erkenntnissen in der Art einer *mystischen Schau* beruht und nicht – wie es bei PYTHAGORAS und den griechischen Naturphilosophen der Fall war – auf Erkenntnissen als Ergebnis gedanklicher Überlegungen über eine zuvor gestellte Frage nach dem Warum. Was BUDDHA seinerzeit geschah, als er, in Schau versunken, unter dem Feigenbaum saß, geschah etwa zur gleichen Zeit, als PYTHAGORAS im Schatten einer Pyramide die Seiten eines rechtwinkligen Dreiecks maß. Für letzteren war dies Anlaß zu der Entdeckung, daß die Harmonie der Zahlenverhältnisse die göttliche Ordnung des Kosmos enthüllt. Mit der Entdeckung der irrationalen Zahlen kam ihm die Erkenntnis, daß das Leben mit einer Zahlenreihe vergleichbar ist, die in die Unendlichkeit führt und in aller Ewigkeit nie endet.

Das durch die Einweihung in die Mysterien der eleusinischen Religion vermittelte Erlebnis der Unsterblichkeit war für die Griechen Anlaß zur Freude. Ein Leben ohne die numinose Todesfurcht läßt die Menschen heiter sein und die unausweichlichen Mühen oder Schicksalsschläge mit Gelassenheit ertragen. Der Glaube an ein bewußtes Weiterleben nach dem Tode gar, also unter Erhaltung der Erinnerung an frühere Leben, wie ihn die Pythagoreer besaßen, wirkte wie ein alle Kräfte potenzierendes Lebenselixier. Daß auch Leid und Schmerz zu einem erfüllten Leben gehören – symbolisch angedeutet durch die Unterweltsreise des *Orpheus* –, wurde als selbstverständlich in Kauf genommen. So führt die Bewußtseinsentwicklung im Abendland seit dieser Zeit zu einer Weiterentwicklung des Geistes und der Naturwissenschaften mit der Tendenz, die Natur zu beherrschen und die Welt zu erobern.

In Indien dagegen erzeugt der Glaube an den Kreislauf der Wiedergeburten, wie sie BUDDHA in seinem visionären Wachtraum sieht, eine höchst pessimistische Lebenseinstellung. Bereits in der älteren, vor BUDDHA vorhandenen Veda-Religion ist dieser Pessimismus erkennbar. Analog zu den beiden Erscheinungsformen des Seelischen im alten Ägypten, *Ka* und *Ba,* kennen auch die *Veden* – das Wort bedeutet in der Ursprache des Sanskrit »Wissen« und ist die Bezeichnung für die heiligen Schriften – zwei Erscheinungsweisen der Seele: *Atman* und *Brahman.*

Atman ist die persönliche Seele eines jeden Menschen, *Brahman* ist die Weltseele. Doch: »Aham brahma asmi« – »Ich bin das Brahman«, sagt der Eingeweihte in einem *Upanishad*-Vers von sich. Für den Inder ist *Atman* gleich *Brahman,* das Absolute, das einzig in Wahrheit Existente. Die Welt, soweit sie der Mensch mit seinen Sinnen wahrnimmt, ist *Maya,* bloßer Schein. Gewiß kennt die vedische Religion einen reich bevölkerten Götterhimmel mit einer Vielzahl von Einzelgottheiten. Das sind die Nachfahren der Geister und Dämonen aus der Vorzeit des *Animismus.* Doch alles Wissen darüber ist *niederes Wissen* für die Massen des Volkes. Auch die Vorstellung von *Brahman* als einem obersten Gott als Person wird so gewertet.

Nach der Veda Religion ist der Mensch als Individuum sterblich, seine Seele aber infolge ihrer Identität mit der von Ewigkeit zu Ewigkeit existierenden Weltseele unvergänglich. Doch wird die Unsterblichkeit der Seele als eine mühselige Last und Pein empfunden. Die Seele ist dazu verurteilt, so heißt es, nach ihrem Tod weiterzuwandern und in anderen Lebewesen wiederzuerscheinen. Allerdings: diese Wiedergeburt kann nach vedischer Lehre in tausenderlei Gestalten erfolgen, zum Beispiel als Kettenhund oder als armselige Maus.

Jedenfalls ist das Welterlebnis der altindischen Brahmanen, die das in den *Veden* überlieferte religiöse Offenbarungswissen lehren, von außerordentlich pessimistischer Tendenz. Auch BUDDHA wird später verkünden: »Geburt ist Leiden, Tod ist Leiden, Trennung ist Leiden, Gewünschtes nicht zu erlangen ist Leiden.« Dem gesamten Leben liegt diese Leidensüberzeugung zugrunde. Doch auch das Weiterleben nach dem Tod in der Form ständiger Wiedergeburt wird als ein Leidensweg aufgefaßt. So kann das einzige Ziel nur die Überwindung der Welt und die Vermeidung von solcherart Unsterblichkeit sein. Jetzt verstehen wir auch den Entschluß BUDDHAs bei der Selbstansprache in seiner Traumvision. Das Lebensziel – ob für ein Leben vor oder nach dem Tod – ist die Erlösung im *Nirwana,* das heißt das *Verlöschen* oder *Verwehen* im All.

Warum der Jenseitsglaube im Fernen Osten einen so andersartigen Charakter annahm als im Westen, ist schwer zu sagen. Die gesamte Bewußtseinsentwicklung nimmt seit BUDDHA und PYTHAGORAS jeweils im Osten wie im Westen einen anderen Verlauf. Im Westen folgt eine Schulung der logisch schließenden Vernunft – sichtbar am Fortschritt der Mathematik als einer reinen Geisteswissenschaft von kühler, glasklarer, doch unpersönlicher Abstraktheit. Entsprechend sind die Auswirkungen auf Naturwissenschaften und Technik. Dies führt dann zu einer Überbetonung des Ich-Bewußtseins und des Materiellen bei entsprechender Abwertung des Seelischen und alles Immateriellen. Allerdings verläuft dieser Prozeß allmählich und in mehreren Etappen, um dann erst nach etwa zweitausend Jahren immer rascher zu eskalieren.

Der Weg des Ostens ist gekennzeichnet durch eine Schulung der *Innenschau,* eine Erforschung mehrdimensionaler Bewußtseinszustände, der Wirklichkeit der Seele und psychischer Techniken. Diese Entwicklung führt zu einer gewissen Überbewertung des Psychischen und zu einer Abwertung des Materiellen – der Äußerlichkeiten der Welt in ihren dinghaften, körperlichen Erscheinungen. Unter diesem Aspekt erhält die Trennung von Körper und Seele eine sehr andere Bedeutung als im Westen.

So entwickelten besonders die Tibetaner im Rahmen des bei ihnen gepflegten *Lamaismus* – einer Abart des Buddhismus, und zwar des *Tantrismus,* das ist die besondere, geheime Erkenntnislehre des Buddhismus – Künste, die uns Westeuropäern einfach unglaubhaft erscheinen. Doch sie sind belegt.

Die tibetanischen *Lamas* – so lautet der Name für die höheren Priester – unterscheiden im Gegensatz zu uns vier Bewußtseinszustände: ein Körper- oder Schlafbewußtsein, ein Traumbewußtsein, das uns bekannte Wach- oder Ich-Bewußtsein und einen vierten Bewußtseinszustand, den wir auch als *supramentales* oder *Überbewußtsein* bezeichnen können[23].

Gehören die drei ersten Bewußtseinszustände zu *Atman,* der persönlichen Seele und ihrer Erlebniswirklichkeit, so ist das *Überbewußtsein* eine Erscheinungsweise von *Brahman,* der Weltseele, die wie ein unsichtbares, schweigendes Energiefeld die drei übrigen Bewußtseinszustände des *Atman* umgibt – und auch durchdringt. Es ist in gewissem Sinn auch die Dimension des »Jenseits«.

Die Vorstellung eines *Überbewußtseins* war übrigens schon vor BUDDHA und auch im Westen vorhanden. Die Priestergelehrten Ägyptens kannten es unter dem Begriff des *All-Ba.* Und ebenso wußten PYTHAGORAS wie seine Schüler und in der Kette ihrer Nachfolger die *Gnostiker* des ersten christlichen Jahrtausends und dann die mittelalterlichen *Alchimisten* davon. Nur haben die tibetanischen Klosteräbte im Gebiet des Himalaja – sozusagen auf dem Dach der Welt und damit dem Kosmos näher – sich besonders um einen Zugang zu dieser »jenseitigen« kosmischen Dimension bemüht.

Um den *vierten Bewußtseinszustand* zu erreichen, so lauten die Anweisungen der *Tantra*-Lehre, muß der Yogi durch die drei üblichen Bewußtseinszustände – Wachen, Träumen, Schlafen – »hindurchdringen«, und zwar in vollkommener Klarheit und ohne Unterbrechung der Ich-Bewußtheit. Mittel dazu sind eine besondere Kontrolle des Atems, *pranayama* genannt, in Verbindung mit den *Mantras* und *Yantras*. Die *Mantras* sind schöpferische Tonlaute und Worte, die *Yantras* die symbolischen Bilder, die durch diese Ton- oder Wortlaute ausgelöst werden.

Der Tonlaut der bekannten Silbe AUM – ausgesprochen OM – beispielsweise, die der Yogi im Geist in sich weitertönen läßt, ist die Richtschnur, damit das Einatmen, das Zurückhalten der Luft in der Lunge und das Ausatmen in ihrer Dauer abgestimmt werden. Indem der Yogi nun seine Atmung immer mehr verlangsamt, bis der Schlafrhythmus erreicht wird, verfällt er in einen Zustand, der äußerlich wie ein tiefer Schlaf erscheint. Nur ist er sich dessen fortwährend *bewußt*, so daß eine – für uns schwer begreifliche – Art persönlicher Bewußtheit fortbesteht.

Es ist dies gewissermaßen ein *bewußtes Träumen,* doch in einem Zustand der inneren Leere, des völligen Nicht-Tuns. Nichts denken! Nichts wollen! Nichts wünschen! – so lauten die autosuggestiven Befehle. Ich habe derartige, mit der gebotenen Vorsicht zu unternehmende Übungen bereits eingehend in zwei kleinen im HEYNE-Verlag erschienenen Schriften beschrieben und erklärt (»PSI-Training« und »Intuitions-Training«). Hier will ich es mir aus Raumgründen ersparen, näher darauf einzugehen.

Durch diese Übungen und die Konzentration einzig auf die *Imagination* des durch die heiligen Laute des *Mantra* ausgelösten Bildes vermögen die Yogameister ihr Bewußtsein in die Vergangenheit, die weit vor der eigenen Geburt liegt, zurückzusenden, und ebensoweit in die Zukunft vorauszuschicken. Auf diesem Weg überwinden sie Zeit und Raum. Die *Imagination* ist Grundlage für eine Reihe weiterer und höherer Übungen zur *Meditation* und *Kontemplation.* Den wahren Meistern gelingt es, ihr Be-

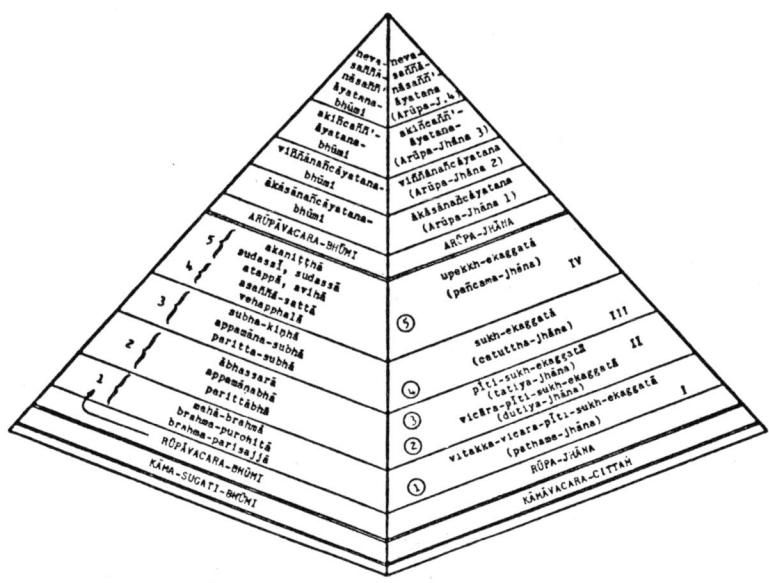

Die Beziehungen zwischen den Daseinsdimensionen und den vielfachen Bewußtseinsstufen nach der indisch-tantrischen Erkenntnislehre. Eine Darstellung nach dem bekannten Tiefenpsychologen und Lama Anagarika GOVINDA.

wußtsein gewissermaßen zu verselbständigen und vom Körper zu lösen. Sie bilden einen *Astral-* oder *Geistleib* aus, wie es in den tantrischen Büchern heißt.

So sind sie in der Lage, ihre Seele beliebig auf Reisen gehen zu lassen. Nach ihren geheimen Anweisungen ist durch eine Vervollkommnung des Bewußtseins sogar die Ablösung des Geistleibs im Augenblick des Todes möglich, so daß eine *Neugeburt* erfolgt, die ein Weiterleben

139

nach dem Tod auf einer anderen Daseinsebene ermöglicht.

Dies gilt übrigens nicht nur für die Meister der tibetanischen *Tantrik,* sondern auch für jene des chinesischen *Tao* und des japanischen *Zen.* Denn der Buddhismus – in seiner Geheimlehre sozusagen Religion und wissenschaftliche Erkenntnislehre zugleich – hat sich ja von Indien nach China und von dort nach Japan weiterverbreitet.

Was die wohl beste Kennerin Tibets, die französische Forscherin Alexandra DAVID-NEEL, die selbst vierzehn Jahre dort verbrachte, von ihren Erlebnissen berichtet, klingt geradezu phantastisch. Allein die Entfaltung der körperlichen Fähigkeiten von tibetanischen Lamas grenzt für uns an Wunder. So berichtet Frau DAVID-NEEL in ihrem Buch »Heilige und Hexer« von einer Art *Levitation,* also einer vermeintlichen Aufhebung der Schwerkraft, beim Laufen in einem meditativen, tranceähnlichen Zustand. Es sind die *Lung-gom-pa* genannten Mönche, die nicht etwa wie die heutigen *Jogger* zehn oder zwanzig Kilometer mit Leichtigkeit dahintraben, sondern ohne Aufenthalt und Nahrung Strecken von Hunderten von Kilometern zurücklegen, und das in einer geradezu wahnwitzigen Geschwindigkeit.

»Meine erste Begegnung mit einem Lung-gom-pa fand im Norden Tibets, in der Graswüste statt«, schreibt DAVID-NEEL, die im Fernglas einen Punkt ausmachte, der sich bewegte und unglaublich rasch auf sie zukam. Ein Lama. »Er war nicht mehr weit von uns entfernt. Ich konnte deutlich sein unbewegliches Gesicht und seine weit aufgerissenen Augen unterscheiden, mit denen er fest auf einen hoch in der leeren Luft befindlichen Punkt zu blicken schien. Der Lama lief nicht, er hob sich scheinbar bei jedem Schritt von der Erde und flog wie eine elastische Kugel sprungweise in die Höhe. Seine Kleidung bestand aus den üblichen, ziemlich abgetragenen Klostergewändern, aus Rock und Mantel. Seine linke Hand hielt eine Falte des Umhanges fest und blieb halb unter dem Stoff verborgen; in der rechten hatte er den Purba (den rituellen Dolch). Er bewegte beim Gehen leicht den rechten Arm, wobei er seine Schritte den Bewegungen des Purba, dessen Spitze weit vom Boden entfernt blieb, so anpaßte, als ob er sich auf einen Stock stützte, der die Erde berührte. Meine Diener waren abgestiegen und warfen sich, das Gesicht zur Erde gewendet, platt auf den Boden, als der Lama an uns vorbeikam, aber er setzte seinen Weg fort, anscheinend ganz ohne uns zu bemerken.«

Auch ein *Sich-Unsichtbarmachen,* ein Auftreten wie unter der aus der Siegfriedsage bekannten Tarnkappe, ist für Lamas lediglich ein psychoenergetisches Problem. Nötig ist dazu, wie sie erklären, durch Konzentration jegliche, also auch wirklich die allergeringste geistige Regung zu unterdrücken. Gelingt dies, so weckt man auch keine Empfindungen bei seiner Umgebung. Das Sehen allein erzeugt nach der Theorie der Lamas kein Erkenntnisbewußtsein und hinterläßt keine Erinnerung. Folglich wird, wer keinerlei Gedankenempfindungen ausstrahlt, nicht gesehen; er bleibt unsichtbar.

Geradezu unheimlich aber mutet an, was Frau DAVID-NEEL über die Erschaffung von Schemengestalten, regulären Gespenstern, berichtet. Sie selbst hatte über längere Zeit einen solchen, nur durch Konzentration geschaffenen Geist bei sich im Haus; einen kleinen, dicken, lustig aussehenden Lama, der ihr Tischgenosse wurde. Er kam und ging, wie es ihm paßte. Manchmal spürte die Forscherin auch nur den Druck seiner Hand auf der Schulter. Diese Verkörperungen sind deshalb so eigenartig, sagt sie, weil auch dritte Personen diesen nur durch Gedanken geschaffenen Geist sehen konnten.

Als ihr der Lama-Geist durch seine Anwesenheit immer mehr auf die Nerven fiel, benötigte Frau DAVID-NEEL immerhin sechs Monate, um diese gespenstische Person aufzulösen und zum Verschwinden zu bringen. Nach ihrem Tibet-Aufenthalt – in dessen Verlauf sie übrigens als eingeweihte Buddhistin dann auch zur Würde eines

Lama erhoben wurde – unterrichtete Alexandra DAVID-NEEL als Professorin an der berühmten *Sorbonne* in Paris.

Worauf es als das Wichtigste für die Ausbildung des eigenen *Geistleibes* ankommt, um diesen auf Reisen auszusenden – auch in die Dimension des »Jenseits« für ein Weiterleben nach dem Tod –, das erfahren wir aus dem uralten esoterischen Werk »Das Geheimnis der Goldenen Blüte«. Übersetzt hat es der bedeutendste Kenner des altchinesischen *Tao,* Richard WILHELM, der es auch zusammen mit C. G. JUNG veröffentlichte. Durch ein beständiges In-sich-selbst-Versenken, bis jede Regung zum Stillstand kommt, erscheint das innere Licht der Erleuchtung. Das *Tao,* dessen Symbol das zentrale weiße Licht ist, beginnt zu wirken. Das Licht wird belebt und beginnt zu kreisen, rechtsläufig wie das Sonnenrad. »Wenn man lange genug damit fortfährt, so entsteht ganz natürlich außer dem Leibe noch ein anderer Geistleib.«

Es geht letztlich darum, zum Herren über das Licht zu werden, wobei zu bemerken ist, daß die buddhistischen Tantriker nicht im westlichen Sinn nach Herrschaft streben, sondern nach der eigenen Vervollkommnung. Eine Parallele dazu findet sich in dem von den Römern übernommenen persisch-arischen Mithraskult. *Mithras* ist eine Erlöserfigur und ein Sonnenheld, der den Sonnenstier mit dem Schwerte besiegt. So wird er selbst zum Lichtgott. Das Schwert ist als Symbol ein Instrument des Geistes, im Sinne der scharfen und klaren Unterscheidung zwischen triebhafter Regung und Verstand.

»Das Schwert ist die Seele des Samurai«, so heißt es in den alten Erzählungen von dem edlen japanischen Ritter ohne Furcht und Tadel. Sein Leben war dem Kampf geweiht, seine Ehre war die Treue zu den Ahnen. Das Schwert war die eigentliche Waffe des japanischen Ritters, neben der Lanze und Bogen – trotz dessen bekannter Eigenschaft als Instrument für »Zen und die Kunst des Bogenschießens« – nur eine Nebenrolle spielten.

Ihre Nachfolger fanden die Samurai in den *Kamikaze-*

Fliegern des Zweiten Weltkriegs. So wie jene sich mit ihrem Schwert identifizierten, so identifizierten sich letztere mit ihrem Flugzeug und machten es zu einem unüberwindlichen Kampfinstrument. Diese modernen Sonnenhelden trugen das Fahnentuch mit der aufgehenden Sonne um den Kopf gebunden, bevor sie sich als lebende Bomben auf einen amerikanischen Kreuzer stürzten. Ihr Glaube an die Unsterblichkeit durch die Kraft des Lichts erklärt ihren Todesmut.

Aus einem Papyrus, der die sogenannte »Mithrasliturgie[24]« enthält, geht hervor, daß in der rituellen Ekstase eine Identifikation mit der Gottheit stattfindet. Wer die Kulthandlung vornimmt, wird selbst zum Stern oder zur Sonne. Der Sinn ist hier, durch die magische Reise in den Kosmos ein Wissen von den Bewegungsgesetzen der Gestirne und damit auch die Beherrschung der Kräfte der Planeten zu erlangen.

Die Psycho-Logik der Mithrasliturgie, die für die magischen Formeln den Zusatz enthält: »Wenn du das gesagt hast, wird sich sofort die Sonnenscheibe entfalten«, ist im Prinzip nicht sehr unterschiedlich von der Logik, mit der beispielsweise im heutigen Japan die »Soka-Gakkai-Bewegung« ihre Anhänger zu einer mystischen Vereinigung mit dem Kosmos gemäß den uralten buddhistischen Anweisungen von der »Goldenen Lotus-Blüte« auffordert.

Die »Soka-Gakkai« hat in den letzten zwei Jahrzehnten mehr als zwanzig Millionen Anhänger gewonnen. Und Japan ist in diesem Zeitraum als industrielle Großmacht an zweite Stelle neben die USA aufgerückt. Die Konzentration gilt jetzt der Arbeit. Auch hier steht der Glaube an ein Weiterleben nach dem Tod auf einer höheren Stufe dahinter.

Vergessen wir nicht, daß das japanische Kaiserhaus seine Abstammung von der Sonne herleitet. So wie vor Jahrtausenden der Pharao im alten Ägypten durch seinen *Ka* – seine Geist- und Lebenskraft – mit der Sonne verbunden und ein Sohn der göttlichen Sonne war.

Die unsterbliche Seele
und die Kultur des Abendlandes

Die Identifikation mit einem Gegenstand durch absolute Konzentration auf diesen vermag unglaubliche Leistungen zu vollbringen. Bei der von den Zen-Meistern ge-
übten »Kunst des Bogenschießens« ist es so, daß der Meister ohne hinzuschauen tatsächlich jedesmal ins Schwarze
trifft. Er konzentriert sich in vollkommener Weise einzig
auf das Ziel. Und er trifft es stets, weil er sich so mit dem
Pfeil identifiziert, daß er gleichsam selbst zum Pfeil wird.

Und der BUDDHA sprach: »Wenn du dein Herz auf
einen Punkt festlegst, dann ist dir kein Ding unmöglich.«
So lautet der entsprechende Grundsatz der tantrischen Erkenntnislehre. Doch wenn Sie sich an das erinnern, was
ich über den Schamanismus ausgeführt habe, dann werden
Sie mir beipflichten, daß diesem Identifikationsdenken –
trotz aller Bewußtseinssteigerung gegenüber dem primitiven Animismus der Naturvölker – nach wie vor ein *ma-
gisches* Verhaftetsein an die Dinge zugrunde liegt.

Der einzigartige Bewußtseinssprung, den ich als einen
Durchbruch vom *magischen* zum *logischen* Denken bezeichnet habe, fand auch tatsächlich nur im Griechenland
der Antike statt. Und er blieb auch mit allen seinen Auswirkungen und Folgen auf die Welt des Abendlandes beschränkt.

Was die Vorstellungen und Lehren vom Wesen der
Seele angeht, so führte die neugewonnene Fähigkeit, alle
Erscheinungen nach den Regeln der Logik zu untersuchen
und *rational,* das heißt durch Vernunftüberlegungen, zu
erklären, die Wissenschaft fatalerweise auf eine Art Ein-
bahnstraße. Die früher vorhandene Vorstellung von der
Einheit der Welt wurde aufgegeben; Körper und Seele,
Natur und Geist, irdische und himmlische Welt wurden
in unterschiedliche Bereiche aufgespalten und die Wissen-

schaften auf säuberlich getrennte und gegeneinander abgeblockte Fahrspuren der Forschung verwiesen.

Urheber dieser Schizogenie, der Entstehung einer Spaltung – des Bewußtseins, des Denkens, der Seele und auch der bis auf den heutigen Tag andauernden Spaltung der Wissenschaften in Natur- und Geisteswissenschaften –, ist der griechische Philosoph ARISTOTELES mit dem von ihm begründeten *Dualismus* oder, treffender gesagt, *Zwiedenken.*

Streng dualistisch trennt ARISTOTELES zwischen Seele und Geist. Die Seele gehört für ihn zum Körper und ist sterblich wie der Leib. Unsterblich ist für ihn allein der Geist, der dem Menschen die Fähigkeit des Denkens und Erkennens verleiht. Aber der Geist ist für ihn nichts Konkretes und Eigenständiges. Er ist für ihn gewissermaßen die göttliche Information. Er stammt aus dem Reich der »ewigen Ideen«, wie es sein Lehrer PLATO postulierte, und kehrt nach dem Tode wieder dorthin zurück. Doch ein unmittelbarer – sagen wir: bewußter – Zugang zu diesem Reich ist allein den Göttern vorbehalten und für den Menschen ewig unerreichbar. Es ist dies eine Dimension des *Transzendenten,* eine *Meta-Welt,* ein absolutes Anderswo.

Die Seele faßt ARISTOTELES rein biologistisch auf. Als Forschungsobjekt gehört sie für ihn in den Bereich der Physik. Untersuchungen über den Geist sind Anliegen der Meta-Physik, die zur Philosophie gehört. Gegen diese Trennung von Seele und Geist wäre nichts einzuwenden, wenn sie die Forschung erleichterte. Nur unterscheidet er auch streng zwischen dem wissenschaftlich geistigen Streben und dem Geist, der Wissen schafft. Der Geist als solcher ist demnach für ARISTOTELES quasi nur eine Leihgabe der Götter.

Auch den Eros spaltet ARISTOTELES in zwei Erscheinungsweisen auf: in den geistigen und den sexuellen Eros. Es ist die Idee von der »himmlischen« und der »irdischen« Liebe, die er ebenfalls von seinem Lehrer PLATO übernimmt und die dann später im Christentum eine besondere Rolle spielt. Ein Denkmodell für das »Jenseits« im Sinne eines persönlichen Weiterlebens nach dem Tod entwirft er nicht. Er ist ein ausgesprochener Rationalist. Seine große Leistung ist die Begründung der Logik als philosophische Wissenschaft. Um eine Erkenntnis der Zusammenhänge und um eine Entdeckung von Gesetzmäßigkeiten bemüht ARISTOTELES sich nicht. Er ist ein Methodenlehrer, der alles klassifiziert und in Schubkästchen einordnet, ein Wissenschaftsbeamter, emsig, doch nicht schöpferisch, im Gegensatz zu den Gelehrten des pythagoreischen Wissenschaftsordens, zu denen er auch nicht zählt.

Noch vor ARISTOTELES und PLATO hatte sich bereits der griechische Arzt HIPPOKRATES eingehend mit dem Studium der Seele beschäftigt. Die von ihm gelehrte Heilkunst gilt als Beginn einer naturwissenschaftlich forschenden Medizin. Für HIPPOKRATES und die von ihm begründete Ärzteschule existierte der *Dualismus* des ARISTOTELES noch nicht. Für sie war der Mensch nur durch ein Wechselspiel von Körper und Seele als lebender Mensch existent. Die Anhänger des HIPPOKRATES wußten aus praktischer Erfahrung, daß die Seele eine Wirklichkeit ist. So räumten sie den Wirkungen der Seele auf den Körper einen hohen Stellenwert in der Therapie ein.

Für heutige Begriffe erscheint freilich die damalige Diagnostik und Behandlungspraxis als reine Mantik und Magie. Zur Diagnose wurden die Träume herangezogen, die man als Informationen der Götter ansah. Die Behandlung bestand in einem Heilschlaf im Tempelbezirk des *Asklepios;* die Genesung wurde der Wunderwirkung des Gottes zugeschrieben.

Wenn wir die antiken Quellen etwas freier und zeitgemäß übersetzen, dann zeigt sich, daß HIPPOKRATES bereits eine *psychosomatische* Medizin betrieb. Die Tempel-Heilstätten, wie beispielsweise *Epidauros,* die berühmteste dieser Art, waren Kurorte. Der Patient mußte sich zuerst einer rituellen Reinigung unterziehen und ein Opfer darbringen. Dann wurde er in einen Schlafraum mit einer *klinä*, einem Ruhebett, geführt, um zu schlafen und zu träumen. Wenn er den *richtigen* Traum hatte, das heißt, wenn der Gott ihm im Traum erschien und den erkrankten Körperteil des Patienten berührte, so war dieser geheilt.

Ohne eine in der menschlichen Psyche einprogrammierte Selbstheilungstendenz wären die – nachweisbar – erstaunlichen Heilungserfolge der griechischen Ärzte nicht möglich gewesen. Die Seele, so stellt HIPPOKRATES fest, ist bei Tag durch die körperlichen Funktionen abgelenkt. Aber wenn der Körper schläft, hat die immer wache Seele die Möglichkeit, sich über alle körperlichen Vorgänge zu informieren. So kann sie auch die Krankheitsursachen in »Bildern« – den Traumbildern – erfassen. Darüber hinaus ist sie in der Lage, Botschaften zu empfangen, die sie vom Heilgott *Asklepios* erhält und die den Heilungsprozeß in Gang bringen.

Diese Erklärung ist natürlich eine Theorie. Den Heilgott *Asklepios* gibt es nicht mehr. Doch vergleichbare Heilungen, die für unsere Begriffe an Wunder grenzen, kommen immer noch vor. Die Berichte über »Wunderheilungen« in *Lourdes* und an anderen heiligen Orten bezeugen es. Was also steht wirklich dahinter?

Bedenken wir, daß die Menschen der Antike von einer tiefen und echten Religiosität durchdrungen waren, einer Religiosität, die uns verlorengegangen ist und die allenfalls noch die schlichte Bauersfrau auf dem Lande besitzt. Oder aber ein Mensch, der es noch nicht verlernt hat, sich zu wundern über die Wunder des Lebens, sei es nur beim Anblick der Rosen, die am Rosenstrauch aufblühen, oder der jungen Vögel, die soeben aus dem Ei geschlüpft sind in einem Gartenhöfchen mitten im Herzen der Großstadt. Für ihn wie für die Menschen der Antike ist der Gedanke absurd, die Natur und das Lebendige darin hätten keinen

Sinn und seien das pure Zufallsprodukt eines anfänglichen »Wasserstoffs«, wie in einem bekannten Bestseller behauptet wird.

Die Menschen der Antike glaubten an die Macht und an die Güte des Heilgottes *Asklepios,* so wie die Bauersfrau, die heutzutage eine Wallfahrt nach *Lourdes* unternimmt, an die Güte der Madonna glaubt. Dieser Glaube erzeugt bereits eine feierliche, gehobene Stimmung, modern: die für die Suggestion nötige *Erwartungsspannung.* Stellen wir uns die Lieblichkeit des Heilortes und die Harmonie des Tempelbezirks vor, mit mächtigen Platanen, blühenden Sträuchern und sprudelnden Quellen. Erschien nun – nach kürzerem oder längerem Aufenthalt – endlich das ersehnte Gottesbild im Traum, so löste die träumend erlebte göttliche Berührung des erkrankten Körperteils tatsächlich eine physiologische Reaktion aus, die Genesung bewirkte.

Jeder Heilerfolg bestärkte die noch wartenden Mitpatienten in ihrer religiösen Gläubigkeit und erhöhte das Ansehen dieser psychosomatischen Therapie. Mißerfolge dagegen konnten es nicht mindern. Wenn ein Patient starb, dann hatte es der Gott so beschlossen. Wer nach *Epidauros* kam, war auch in die Mysterien von *Eleusis* eingeweiht. Für ihn hatte der Tod keinen Schrecken. Er »wußte«, daß er nur das Übergangsstadium ist zu einer neuen Geburt.

Für die griechischen Ärzte bedeutete dies eine Erfahrung, die sich folgendermaßen formulieren läßt: Der Glaube heilt.

Als knapp hundert Jahre später ARISTOTELES seine Vernunftlehre verkündete, wurde es für die politische Elite der Wohlstandsrepublik Athen Mode, zu philosophieren. Einen nach Zweck und Nutzen ausgerichteten Materialismus und den Rationalismus übertrug der Philosoph auf seine Idealstaatslehre. Da der Mensch durch seine vernunftbegabte Eigenseele allen anderen Lebewesen mit einer animalischen Körperseele überlegen war – wobei zu

148

diesen anderen Lebewesen auch die Sklaven und Barbaren, das sind alle Nichtgriechen, zählten –, mußte der *Lebenssinn* des Menschen auch die Vernunft sein. Und da der Mensch, was keines weiteren Beweises bedarf, in einer Gemeinschaft lebt und ein Sozialleben führt, muß es auch im Sinne der Vernunft liegen, die für ein angenehmes und beschauliches Leben als Bürger nötigen Tugenden auszubilden. Wer also genügend Verstand und Gerechtigkeitssinn besaß, der sollte auch an den Regierungsgeschäften mitwirken und an der politischen Macht teilhaben. Dies sollte als Lebenssinn genügen.

Das hört sich schön an. Nur blieb es reine Theorie. Die barbarischen Makedonier unter ALEXANDER, dessen Lehrer ARISTOTELES für einige Zeit war, widerlegten sie. Sie eroberten Griechenland. Mochten sie nach Meinung der Griechen auch nur eine animalische Körperseele besitzen, die eine nach Tugenden strebende Vernunft als oberstes Weltprinzip nicht kannte, und mochte für sie ALEXANDER ein lebender Gott sein: ihre seelischen wie materiellen Bedürfnisse befriedigte er jedenfalls – konkret und real.

Die Soldaten des ALEXANDER dürften vorwiegend der bereits erwähnten Mithrasreligion angehangen haben. Mit seiner Ausrufung zum Sohn des ägyptischen Gottes *Amon* gewinnen die Mysterienreligionen, besonders der *Isis-Kult,* erneut an Bedeutung. ARISTOTELES wird in Athen der Gottlosigkeit angeklagt und muß auswandern. Seine Seelen- und Vernunftlehre wird von seinen Nachfolgern zu einer Art materialistischer Trostlehre ausgebaut. Die Seele ist sterblich wie der Körper. Ein Weiterleben nach dem Tod gibt es nicht. Doch sollte dies kein Grund zur Todesfurcht sein. Denn über allem waltet ja ein ewiger, mehr philosophisch als göttlich gedachter Weltgeist; der Weise lebt in seinen Werken fort, der einfache Mensch in seinen Kindern und Enkeln.

In der Folgezeit wurde Griechenland römische Kolonie. Die Römer übernahmen von den Griechen deren Kultur und Philosophie. Für die Massen der besitzlosen römischen Veteranen, für die rechtlosen Sklaven und für die – nach römischem Recht – praktisch zum Eigentum des Mannes degradierten Frauen waren derartige philosophische Ratschläge jedoch kein Trost. Überall im römischen Weltreich fanden Sklavenaufstände statt.

Die offizielle Staatsreligion – eine Weiterführung der griechischen Zeus-Religion und ihres Götterhimmels mit veränderten Namen – war zu einem inhaltsleeren Diesseitskult abgesunken. Sie bot den in Erregung geratenen Massen der Bevölkerung keine Leitmuster mehr für eine seelische Orientierung. Die römischen Kaiser und die nur auf ihren Eigennutz bedachte Ministerialbürokratie versuchten der Krise durch kostenlose Lebensmittellieferungen – eine Arbeitslosenunterstützung sozusagen – und durch öffentliche Zirkusspiele als Freizeitgestaltung zu begegnen.

Daß sich eine echte Kulturrevolution anbahnte, vergleichbar jener rund zweitausend Jahre zuvor beim Untergang des Alten Reiches in Ägypten, erkannten sie nicht. Dazu waren sie zu stark in ihrem materialistischen Denkschema gefangen. Die Seele war zu dieser Zeit kein Gegenstand ernsthafter Überlegungen. Auch über ein Weiterleben nach dem Tode wurde weder von Theologen noch von Philosophen sonderlich nachgedacht.

Da kamen nun die Apostel eines jüdischen Wanderpredigers mit Namen JESUS von Nazareth nach Rom und verkündeten eine neue Religion, die Lehre eines Mannes, der sich als Sohn Gottes bezeichnete und der die Nächstenliebe predigte. Und den seine Landsleute, die Juden, dafür einen brutalen Kreuzestod sterben ließen. Zunächst bildeten die ersten Christen nur unterschiedliche Sekten unter anderen. Doch ihre Lehre breitete sich rasch aus. Es dauerte knapp dreihundert Jahre, bis sie unter Kaiser KONSTANTIN zur Staatsreligion erhoben wurde.

Ist der Aufstieg des Christentums aus soziologischen Gründen erklärbar? Anfänglich breitete sich ja diese neue

Religion besonders unter den revoltierenden Sklaven aus. Aber derartige Erklärungen sind zu vordergründig. In der Gesamtschau zeigt es sich, daß damals erneut ein kollektiver Bewußtseinssprung stattfand. Für CHRISTUS hatte jeder Mensch eine Seele, auch die Sklaven und die Frauen, denen beiden zuvor im aristotelischen Sinn nur eine animalische Körperseele – eine Tierverhaltens-Seele sozusagen – zugestanden wurde.

Der Gedanke, daß jeder Mensch, ob Mann oder Frau, eine vernunftfähige Eigenseele besitzt, und zwar eine unsterbliche Seele – das war die zündende Idee, die den unaufhaltsamen Aufstieg des Christentums erklärt.

Wie sah es nun mit der Unsterblichkeitsvorstellung und der Vorstellung vom »Jenseits« zu Beginn des Christentums aus?

Die ersten Jünger CHRISTI waren ja Juden. So brachten sie vieles von den Jenseitsvorstellungen aus der jüdischen Religion mit. Diese hatte selbstverständlich einen Wandlungsprozeß erlebt. Nach der »babylonischen Gefangenschaft« – in der Zeit des PYTHAGORAS und BUDDHA – und vermutlich durch den Einfluß der babylonischen Sternenkunde verlegen jetzt auch die Juden den Wohnsitz *Jahwes* vom irdischen Berg *Sinai* in den Himmel, das heißt in den Kosmos. Nun wandeln sich auch ihre Jenseitsvorstellungen. War früher der Aufenthalt der Seelen nach dem Tod ein wüstes, ödes und leeres Schattenreich, der griechischen Unterwelt zur Zeit des HOMER vergleichbar, ein Ort der Nichtexistenz gleichsam, so erfährt das Jenseits durch den persisch-babylonischen Einfluß eine Trennung in zwei Bereiche: in das Paradies für die guten Menschen und in die Hölle als Strafort für die Bösen. Ebenso kommt der Gedanke des göttlichen Strafgerichts zur Verdammung der Bösen und zur Belohnung der Guten auf, wenn der Messias erscheint; ein letztes Gericht, vergleichbar dem Totengericht der alten Ägypter.

Die Hölle wird als ein unterirdischer See voll des Schwefels und des Feuers gedacht. Die Vulkane sind die

Pforten zu diesem höllischen See. Doch *Satan* oder gar *Luzifer* sind keineswegs Herrscher in diesem Höllenreich. *Satan* wird nur an wenigen Stellen im Alten Testament erwähnt, und zwar als Ankläger oder als Zorn Gottes. Er erscheint stets an der Seite Gottes und als Person des göttlichen Hofstaates im Himmel. Wie in Psalm 82, 6–7, nachzulesen, sind *Luzifer* und die gefallenen Engel selbst Götter, und zwar die Söhne des höchsten Gottes.

Die Ungerechtigkeit *Jahwes,* die darin besteht, daß er die Menschen und nicht seine widersetzlichen göttlichen Söhne für den »Sündenfall« bestraft, findet bekanntlich in Genesis 6, 1–4, einen gewissen Ausgleich. Demnach werden diese ursprünglich bestraft, indem sie von nun an »wie Menschen leben« und, nach Psalm 82, 6–7, wie Menschen sterblich sein sollen.

Wir erkennen hier den Einfluß eines alten babylonischen Mythos, wonach sich die Engel, die Sternengötter sind, mit den Töchtern der Menschen einlassen und zur Strafe dafür sterblich werden. In der modernen Version des Erich von DÄNIKEN entspricht dem die Hypothese, daß Raumfahrer, die von fernen Gestirnen die Erde besuchten, mit Menschenfrauen Kinder zeugten und so den *homo sapiens* schufen.

In der Jesaja-Apokalypse wird *Satan* mit dem Morgenstern verglichen. Das heißt, er ist der alte Sternengott der Babylonier, der mit seinem Licht gegen die aufgehende Sonne nicht standhalten kann und von dieser am Tag verdunkelt wird. Über die Wandlungen der Jenseitsvorstellungen, wie sie aus dem Wandel der Auffassungen über *Luzifer* ablesbar sind, verweise ich auf die überaus aufschlußreiche Untersuchung von Riwkah SCHÄRF, »Die Gestalt des Satans im Alten Testament«. Darin zeigt sich auch, daß die jüdische Religion in vorchristlicher Zeit keineswegs eine monotheistische war. Vielmehr finden sich die Einflüsse aller Nachbarreligionen darin.

Die Christen übernahmen die Aufteilung des »Jenseits« in Himmel und Hölle von den Juden und auch die Vorstellung von einem göttlichen Strafgericht, das ein Letztes oder Jüngstes Gericht sein sollte, wenn CHRISTUS – wie seinen Jüngern versprochen – auf die Erde zurückkehren würde. Verbunden damit war der Glaube an eine reale körperliche Auferstehung aus den Gräbern, so wie auch CHRISTUS nach seinem Tod am Kreuz wiederauferstanden ist – ein Grund, weshalb die Christen die im Altertum vielfach übliche Feuerbestattung ablehnten.

Die ersten Christen – so noch der Apostel PAULUS – glaubten allerdings, daß die tatsächliche körperliche Auferstehung ein Privileg der Gläubigen sei. Die Ungläubigen, die Heiden also, waren davon ausgeschlossen und ihre Seelen auf ewig zu einem Schattendasein an einem Ort der Nichtexistenz und der Leere – wie in der altjüdischen Jenseitsvorstellung – verdammt.

Später dann wurde die Auferstehung beim Jüngsten Gericht allen Menschen zuteil, da ja nach christlicher Lehre jeder Mensch eine unsterbliche Seele besitzt. Diese von JESUS CHRISTUS verkündete Gleichheit wird übrigens von den Kirchenvätern TERTULLIAN und ORIGINES wieder eingeschränkt. Daß auch die Frau eine Seele haben könne, bezweifeln diese beiden frühchristlichen Philosophen energisch. Doch sie setzen sich damit nicht durch.

Die unsterbliche Seele dachten sich die Kirchenväter in Anlehnung an DEMOKRIT als einen hauchartigen feinen Stoff in der Art eines Astralkörpers, vergleichbar dem *subtile-body* (Feinstoff-Körper), dem Geistleib der buddhistischen Tantriker. DEMOKRIT, der gern als Stammvater der modernen Atomtheorie angesehen wird – er ist ein Zeitgenosse des PYTHAGORAS-Schülers EMPEDOKLES –, erklärt das Seelische als ein energetisches Feld. Seine Lehre besagt, daß die materielle Welt aus einer unendlichen Anzahl von verschiedengestaltigen Atomen besteht, die in ihrer Summe das materielle Sein bilden. In ihrer Qualität jedoch bewirken ebenso unteilbar kleinste Teilchen von kugelförmiger Gestalt die Strukturen der Welt. Sie sind nicht stofflicher Natur, sondern seelische Energieteilchen, die die Materie erst beleben, und zwar die tote Materie ebenso wie Pflanze, Tier und Mensch.

Von DEMOKRIT stammt übrigens das Vorstellungsbild, der Mensch als Mikrokosmos stelle eine spiegelbildliche Entsprechung des gesamten Kosmos, des Makrokosmos, dar. Sein Vorgänger HERAKLIT vergleicht die Seele mit einem Sternenfunken. Dies erinnert an den ägyptischen *Ba*. Nur daß HERAKLIT und DEMOKRIT die Seele substantiell auffassen, wir würden heute sagen: als eine Art Manifestation kosmischer Strahlung.

Die Erkenntnis des DEMOKRIT finden wir zweitausendfünfhundert Jahre später in der berühmten Gleichung von EINSTEIN – $E = MC^2$ – wieder, die besagt, daß Materie nur verdichtete Energie ist und Energie noch freie, nicht in die Gestalt von Materie gezwungene Kraft. Darauf stützt sich auch, wie wir noch sehen werden, die Auffassung der großen Naturwissenschaftler unserer Zeit von der Unvergänglichkeit der menschlichen Seele. Auch die am Schluß meiner Einführung zitierte Erklärung des Weltraumforschers Wernher von BRAUN über ein Weiterleben nach dem Tode hat hier ihre Grundlage.

Doch zurück zu den Kirchenvätern. Die substantielle Vorstellung von der Seele als einem Hauch- oder Astralkörper erklärt deren Glauben an eine reale Auferstehung. Die Seelen würden, wenn zum Jüngsten Gericht gerufen, den Körper wieder aus Stoff in seiner früheren Gestalt bilden. Der Himmel würde als ein Messiasreich auf die Erde herabkommen und die Gläubigen in diesem wie in einem Paradies auf ewig weiterleben. Die Gottlosen aber, die Übeltäter und Bösen, würden in die Hölle verbannt. Auch sie wird ganz konkret als ein Ort in der Tiefe der Erde angesehen, ein Ort der schwärzesten Finsternis, wo ein nie erlöschendes gewaltiges Feuer brodelt.

Mit der Erhebung des Christentums zur Staatsreligion im 4. Jahrhundert wird der Glaube an die Unsterblichkeit der Seele und an ein späteres Leben – entweder im himmlischen Gottesreich oder aber in der Hölle – zu einem politischen Machtfaktor ersten Ranges. Zwar wird jetzt jede körperliche Vorstellung von der Seele aufgegeben, doch Himmel und Hölle behalten ihren materiellen Charakter. Die Höllenpein wird physisch erlebt. Nun setzt sich auch die Vorstellung durch, daß die zur Höllenstrafe Verurteilten bis in alle Ewigkeit im höllischen Feuer brennen müssen.

Zur Zeit des – ständig in innere wie äußere Kämpfe verwickelten – untergehenden Römischen Reiches ist die Sehnsucht nach einem Leben in Frieden besonders groß. Die Art, wie die Christen bereits während der lang andauernden blutigen Glaubensverfolgung gelassen den Tod auf sich nahmen, hatte die Bewunderung ihrer Mitmenschen erregt. Sie starben als Märtyrer, zerfleischt von wilden Tieren, getötet von Gladiatoren, ans Kreuz geschlagen oder als lebende Fackeln in den Arenen. Mit einem verzückten Glanz in den Augen und einem wissenden Lächeln auf den Lippen. Das irdische Leben galt ihnen nichts. Es wurde einzig als Prüfungszeit für das ewige Leben im Himmel angesehen, wo auch der ewige Friede war.

Diese Tendenz einer Weltflucht hielt an. Als sicherstes Mittel, an den Freuden des himmlischen Paradieses teilzuhaben, wird jetzt die *Askese* geübt. Der Afrikaner Aurelius AUGUSTINUS paßt die dualistische Lehre des ARISTOTELES von der animalischen Körperseele und der Geistseele und von der Spaltung der Liebe in eine irdische und in eine himmlische der christlichen Glaubenslehre an und formt dessen naturwissenschaftliche Begriffe in moraltheologische um.

Die *anima vegetativa,* die der natürlichen Biologie verhaftete Seele mit ihren Trieben, Begierden, körperlichen Bedürfnissen und Reaktionen – modern: das seelisch Unbewußte –, ist nach AUGUSTINUS *das* Hemmnis auf dem Weg zur ewigen Glückseligkeit. Sie gilt es durch Fasten, Unterdrückung der Sexualität und sonstige körperliche Kasteiungen zu überwinden. Bereits zu Beginn des 4. Jahr-

155

hunderts n. Chr. entstehen die ersten Klöster mit ihrer mönchischen Zucht.

Es folgt eine Epoche von fast fünfhundert Jahren, während der die wissenschaftliche Entwicklung durch asketische Weltabgewandtheit und übertriebene Ausrichtung auf das »Jenseits« praktisch zum Stillstand kommt. Die Vorstellungen von der Seele und vom Weiterleben nach dem Tod sind durch Glaubensdogmen festgelegt. Alles Wissenswerte darüber ist bei AUGUSTINUS zu erfahren. Diese Zeit wird in polemischer Abwertung vielfach als »finsteres Mittelalter« bezeichnet. Psychologisch gesehen, könnte man von einer kollektiv-psychischen *Introversion* sprechen, welche das Abendland durchmacht.

Dies ändert sich zur Zeit der Jahrtausendwende. Die Klöster werden jetzt zu den Horten und Forschungsstätten der Wissenschaft. Ein erneuter Bewußtseinssprung zeichnet sich ab.

Der Anstoß geht diesmal von den Sarazenen aus, die sich bereits im 8. Jahrhundert unter der grünen Fahne des Propheten aufgemacht hatten, von Nordafrika aus über Spanien das Abendland für den Islam zu erobern. Zuvor waren die Sarazenen auf den Spuren ALEXANDERs des Großen nach Osten vorgedrungen. Sie hatten Indien erobert und standen in China. Ihr Weltreich konnte sich durchaus mit dem einstigen Reich ALEXANDERs messen.

Es ist ein »Weltreich aus Glaube und Schwert«, das damals entsteht – so Rolf PALM in seinem Werk »Die Sarazenen«. Wie kann es sein, daß MOHAMMED-IBN-AB-DALLAH, ein vierzigjähriger friedlicher Kaufmann und Karawanenbesitzer in *Mekka*, plötzlich zum Begründer und Symbol einer neuen Weltanschauung wird? Daß er den rätselhaften schwarzen Stein, die *Kaaba*, Wallfahrtsort der Beduinen und umgeben von unzähligen Standbildern und Opferaltären ihrer Stammesgötter, zu einer psychischen Energiezentrale umgestaltet? Zum Brennpunkt kollektiv-psychischer Energie, die nomadisierende und untereinander zerstrittene Beduinenstämme befähigt, binnen weniger Jahrzehnte ein Weltreich zu errichten, das sich dann von den Pyrenäen bis zum Himalaja erstrecken sollte.

Begonnen hat es im Jahre 611, als MOHAMMED von einer seltsamen Krankheit befallen wurde, einem fieberhaften Erregungszustand, in der Art der zuvor beschriebenen Trancezustände der Schamanen. Er hatte eine Vision, eine Traumvision, in der ihm der Erzengel *Gabriel* erschien und ihn zum Botschafter Gottes ernannte.

»Dein Herr ist der Allbarmherzige; er, der den Gebrauch der Feder gelehrt hat, der die Menschen lehrte, was sie nicht wußten...!« hört MOHAMMED den Erzengel sagen. »Als ich erwachte und aufsprang, war mir, als hätte sich mir ein ganzes Buch ins Herz geprägt[25]«.

Dieses in einer visionären Schau gesehene Buch ist der *Koran*, die Bibel der Mohammedaner. Es enthüllt uns das Geheimnis, was der Religion des Islams ihre expansive Kraft verleiht: die Offenbarung von einem Weiterleben nach dem Tod in einem Jenseits, wie es die Beduinen und auch die orientalischen Völker in dieser Form nicht kannten. Es ist dies ein höchst verlockendes Paradies, von dem der Koran spricht. Die Freude, unablässig in der Nähe *Allahs* zu weilen, ähnlich wie bei den Christen, erwartet dort den Moslem. »Aber auch irdischer Genuß, selbstredend ohne Reue. Im Schatten duftender Bäume, an murmelnden Oasenbächen sind die Seligen auf immer der sengenden Sonne und der unfruchtbaren Wüstenei ihrer Erdenlandschaft enthoben, und liebreizende Huris, sanfte Gespielinnen mit dunklen Gazellenaugen, kredenzen würzigen Wein[26].«

Die Wonnen, die das Paradies des Propheten verspricht, sind ein Anreiz für ein gottgefälliges Leben – und Sterben. Denn wer für den Sieg der Religion des Islams fällt, kommt augenblicklich in den Himmel.

Gewiß kennt der Islam auch eine Hölle und einen Teufel, den *Iblis* oder *Saitan* – Namen, welche die Herkunft vom christlichen *Diabolus* und jüdischen Satan ver-

157

raten. Auch *Iblis* ist ein Engel, der aus dem Himmel vertrieben wird. Aber eigenartigerweise steht der aus Feuer geschaffene *Saitan/Iblis* in der Rangordnung unter den Menschen. Die Engel sollen *Adam* anbeten, heißt es im Koran (VII, 10–17). *Iblis* weigert sich. Das ist seine Widersetzlichkeit gegen *Allah.* Aus Rache für seine Vertreibung wird er den Menschen nachstellen, um Gott zu beweisen, daß diese seiner Wohltaten nicht würdig sind. *Allah* erwidert darauf lediglich, daß die Dämonen und ihr Gefolge die Hölle bevölkern werden. Das ist alles.

Wir sehen: der Islam kennt den Sündenfall von Adam und Eva nicht und auch nicht den Begriff der Erbsünde. Die Hölle spielt für den Jenseitsglauben keine so nennenswerte Rolle wie im Christentum. Die Übeltäter werden auf Erden bestraft. Diese Strafen sind drakonisch, wie wir aus den Bildberichten der Illustriertenpresse über die Verhältnisse in Saudi-Arabien oder Pakistan wissen.

Der Islam ist eine unkomplizierte Religion. Es gibt nur einen Gott, *Allah,* und vor *Allah* ist jeder gleich. Was der Mensch wissen muß, um ins Paradies zu kommen, ist im *Koran* enthalten. Die religiösen Gebote sind auch die weltlichen. Eine Trennung zwischen religiöser und staatlicher Autorität gibt es nicht. Dies läuft auf eine Theokratie hinaus. Doch dem Denken schlichter, einfacher Menschen kommt es entgegen.

Die Unkompliziertheit, die soziale Gleichheit und Gerechtigkeit und, wie gesagt, die verlockenden Jenseitsvorstellungen – all das verlieh der Religion des Propheten vor rund dreizehnhundert Jahren ihre psychische Expansivkraft. Hinzu kommt die Toleranz des mohammedanischen Glaubens. Zwar galten Christen, Buddhisten und Angehörige anderer Religionen als Ungläubige. Sie mit *Allahs* Hilfe im Heiligen Krieg zu unterwerfen, war für die Sarazenen eine Selbstverständlichkeit. Doch standen sie einmal unter der Herrschaft des Islams, durften sie ihre Religion ungestört ausüben, sofern sie eine – durchaus geringe – Sondersteuer zahlten.

Dem wissenschaftlichen Gedankenaustausch war diese Toleranz äußerst förderlich. Kaum waren die Sarazenenheere zu Beginn des 8. Jahrhunderts in Indien eingedrungen, ».. . saßen arabische Studenten zu Füßen brahmanischer und buddhistischer Mönche und lernten von ihnen Philosophie, Astronomie, Mathematik, Medizin und Chemie. Wie verzaubert waren die Invasoren von der Kunst der indischen Musiker, Maler und Architekten ... Orientalisten und Kulturhistoriker streiten heute, ob die Sarazenen in den eindruckswilligen Jahren ihrer geschichtlichen Jugend mehr von Griechenland oder mehr von Indien lernten, woher sie mehr an Philosophie und esoterischen Idealen bezogen, welcher Kulturkreis mehr zur Ausdruckskraft ihrer Literatur, Kunst und Architektur beisteuerte[27]«. Sie dachten jedenfalls an das, was MOHAMMED in seiner Vision vom Erzengel *Gabriel* über den Gebrauch der Feder gehört hatte, schrieben alles auf, was sie an neuem Wissen erlangten, und gaben es weiter.

Als die Sarazenen Spanien eroberten, folgten den Besatzungstruppen arabische Gelehrte. Sie brachten ihr Wissen und ihre Bücher mit und nahmen Kontakt mit den wissenschaftlich interessierten Äbten und Mönchen der Klöster auf. Damit war die Zeit des finsteren Mittelalters für Europa beendet. Die Bewußtseinsentwicklung erhielt neuen Auftrieb.

Nun erfuhr auch die christliche Jenseitsvorstellung eine Revision. Ob der mohammedanische Einfluß, die Vorstellung von Gott als dem Allbarmherzigen, den Ausschlag gab, sei dahingestellt. Jedenfalls wurde die krasse Schwarzweiß-Aufteilung vom Jenseits – hie Himmel, da Hölle, und beides auf ewig – aufgegeben. Man erinnerte sich, daß CHRISTUS nach seiner Auferstehung vom Kreuzestod als erstes in das Reich der Toten hinabsteigen wollte. Dieses Reich wird als eine Vorhölle beschrieben. Die Sorge CHRISTI galt den Seelen der Patriarchen und Gerechten wie auch ihres Stammesvaters *Adam,* die er holen und mit sich in den Himmel nehmen wollte.

Adam wurde also, obwohl er der erste und wohl auch der schwerste Sünder war, da ja erst durch ihn die Sünde in die Welt kam, auch als erster durch den Erlöser mit der Rückkehr ins Paradies belohnt. Bei den Theologen wie beim Volk setzt sich jetzt die Vorstellung von einem Zwischenreich des Jenseits durch, was auch von der Kirche anerkannt wird: das Fegefeuer, wie es DANTE in seiner »Göttlichen Komödie« beschreibt. Dies ist eine Art jenseitiger Wartesaal für die Zeit bis zum Jüngsten Gericht, ein zeitlich begrenzter Strafort für die einsichtigen und reuigen Sünder.

In der »Göttlichen Komödie« schildert DANTE ALIGHIERI, der als der größte Dichter Italiens gilt, seine Vision von der Großen Reise durch die drei Reiche des Jenseits: Hölle, Läuterungsberg (Fegefeuer) und Paradies. Anfangs befindet sich DANTE in einem finsteren Wald, Sinnbild des weltlichen, gottabgewandten Lebens. Psychologisch gesehen ist der Wald ein Symbol des Unbewußten. Dort begegnet DANTE dem Schatten des antiken römischen Dichters VERGIL, der ihn als Führer auf seiner Jenseitsreise begleitet.

Die Reise führt zuerst in die Hölle und das Fegefeuer, wo der Dichter höchst plastisch die Teufel bei ihrer Arbeit und die ewigen und zeitlichen Strafen der Sünder erlebt. Die Hölle hat sieben Stufen, was der Zahl der antiken Planetengötter entspricht, die nun ebenfalls in die Hölle verbannt sind. Von Stufe zu Stufe steigern sich die Torturen. Auf der untersten Stufe findet DANTE übrigens MOHAMMED. Es ist dies der Ort für die Glaubensspalter, die Schismatiker und Ketzer.

Danach gelangt DANTE auf seiner Reise durch die Dimensionen des Jenseits in das Paradies. Hier erwartet ihn *Beatrice,* die früh verstorbene reine Geliebte des Dichters, als Geleiterin. Sie ist – psychologisch interpretiert – die *Anima,* das Bild des Weiblichen im Mann, seine Seele im Sinne der Inspiration. *Beatrice* führt ihn nun durch neun Regionen des Paradieses. Darüber befindet sich in einer

160

obersten Region der Thron Gottes, dessen Anschauung DANTE zuteil wird.

In einer mittelalterlichen Handschrift aus dem 15. Jahrhundert findet sich übrigens ein Bild, auf dem die Himmelsregionen, durch die DANTE zu Gott geführt wird, als das Innere einer himmlischen Rose gemalt sind[28]. Erinnern Sie sich an das »Geheimnis der Goldenen Blüte« im altchinesischen *Tao*, deren Mittelpunkt BUDDHA ist? Im Fernen Osten ist der Lotos die magische kosmische Blüte wie im Westen die Rose.

Die Zehnzahl der Himmelsregionen deutet darauf hin, daß DANTE auf die Zahl der kosmischen Harmonie des PYTHAGORAS zurückgreift. Denken Sie sich ein Dreieck mit der Grundzahl 4, aus der übereinandergeschichtet die Zahlen 3, 2 und 1 hervorgehen. Dann haben Sie die Zahl 10 und ein Dreieck mit der Spitze nach oben; in der christlichen Symbolik – meist mit einem Auge darin – das Symbol des Heiligen Geistes.

Die »Göttliche Komödie« von DANTE in zehnjähriger Arbeit niedergeschrieben und 1321 vollendet, wurde in Abschriften verbreitet und nach Erfindung der Buchdruckerkunst in unzähligen Auflagen publiziert. Sie enthält mit ihren hundert Gesängen von insgesamt 14.233 Versen alles für die damaligen Menschen Wissenswerte über das Jenseits, sozusagen ein Standardwerk der spätmittelalterlichen Jenseitskunde.

Die Begegnung mit den arabischen Gelehrten wirkte sich für die europäischen Wissenschaftler äußerst fruchtbar aus. Jene mit den Sarazenen, die von Spanien aus nach Südfrankreich vordrangen, hatte aber noch andere Folgen. Es bildeten sich hier neue religiöse Bewegungen, darunter die Katharer und Albigenser, die mit dem Dogma von der Erbsünde und anderen dogmatisch festgelegten Interpretationen des Alten wie des Neuen Testaments nicht einverstanden waren. Auch die Verteufelung *Luzifers,* der doch der Lichtbringer ist, wurde abgelehnt. Diese Leute führten ein einfaches, sittenreines, doch keineswegs weltabgewandtes und sinnenfeindliches Leben. Sie wollten nach Möglichkeit bereits auf Erden im Sinne der Lehre CHRISTI »paradiesische« Zustände schaffen.

Vom Papst jedoch, der zum Kreuzzug gegen sie aufrief, wurden sie als Ketzer verdammt und von den französischen Königen LUDWIG VIII. und LUDWIG IX. in mehreren Kriegszügen blutig verfolgt. Die lieblichen Gegenden der Provence und des Languedoc wurden verwüstet. Dieser Kreuzzug hatte selbstverständlich politische Hintergründe, auf die hier nicht näher eingegangen werden soll. Die Albigenser und Katharer wurden praktisch ausgerottet, bis auf wenige, die sich in die Pyrenäen retten konnten.

Der Geist dieser religiösen Erneuerungsbewegung aber lebte auch nach der Vernichtung der Albigenser und Katharer und der Verwüstung der Provence fort. Wir finden ihn in anderen Bewegungen, vor allem in den *Heiligen-Geist*-Bewegungen des 13. Jahrhunderts wieder. Initiator ist der italienische Mönch Giacomo di FIORI. Nach FIORIs in seinem »Ewigen Evangelium« niedergelegter Lehre stand die Zeit des Alten Testaments unter der Herrschaft von *Gott Vater.* Mit der Menschwerdung und dem Erlösungsopfer seines Sohnes CHRISTUS geht die Glaubensherrschaft auf diesen über. Nun, im Jahre 1200, wird sich die Kirche erneuern und, durchdrungen vom *Heiligen Geist,* das *Dritte Reich* entstehen.

Als ein Archetyp des Geistes bleibt das Wunschbild vom *Dritten Reich* bis in die Gegenwart lebendig. Wir finden es bei den christlichen Mystikern, bei GOETHE in seiner Allegorie »Die Geheimnisse«, bei E. T. A. HOFFMANN im Märchen vom »Goldenen Topf«, wo es das Rittergut *Atlantis* ist. Auch das Feenreich *Avalun* des Heinrich HEINE ist ein symbolisches Drittes Reich.

Es wird bis ins 19. Jahrhundert als ein Symbol der Bewußtheit und der friedlichen Vereinigung aller Menschen verstanden, als die Verwirklichung der bis auf PLATO zurückgehenden Wunschvorstellung vom »Goldenen Zeitalter« in einem »Tausendjährigen Reich« als Gnadenreich der Liebe und humanen Vernunft. Ein auf die Erde geholtes himmlisches Paradies sozusagen.

Der Begriff des *Dritten Reichs* in unserem Jahrhundert ist, wie wir sehen, keine Erfindung der Nationalsozialisten oder von Adolf HITLER. Auch die Idee, dieses Reich konkret als Staat zu verwirklichen, hat ihre Vorläufer, so etwa MARX und ENGELS.

Der Lehrer von Karl MARX, der Philosoph Georg Friedrich HEGEL, entwirft in seiner grandiosen »Phänomenologie des Geistes« die Theorie vom *Weltgeist,* der im Menschen zur Bewußtwerdung und durch den Menschen zur Verwirklichung seiner Ziele strebt. So gesehen, findet das Weiterleben des Menschen nach dem Tod in der Geschichte statt.

Karl MARX kehrt die Theorie seines Lehrers HEGEL um. Wenn der Weltgeist im Geist des Menschen seine höchste Stufe der Verwirklichung finde und die menschliche Vernunft eine sich ihrer selbst bewußt gewordene Weltvernunft darstelle, dann sollte es dem Menschen auch möglich sein, den historischen Verlauf in Zukunft selbst zu gestalten. Es komme nicht darauf an, die Welt philosophisch zu interpretieren, erklärt MARX, es komme darauf an, sie zu verändern.

Friedrich ENGELS ist die Idee vom *Dritten Reich* ebenfalls nicht fremd. Bereits sein Großvater hatte als pietistischer Laienprediger dessen Heraufkunft angekündigt. Doch was ENGELS und MARX vorschwebt, ist die Übertragung der religiösen Idee in das Politische. Der Kommunismus soll den Menschen die Freiheit bringen und ein Paradies auf Erden bereiten. Das von ENGELS und MARX proklamierte *Reich der Freiheit* kommt zwar ohne die religiöse Kraft des Glaubens nicht aus, doch der Glaube soll sich auf ein irdisches Paradies richten. Die Hegelsche Lehre vom Weltgeist wird durch den materialistischen Rationalismus ersetzt, der Gottesstaat des Heiligen Geistes von de FIORI wird zum Staat ohne Gott.

Daß das Leben der Menschen im Arbeiter- und Bauernparadies der kommunistischen Ostblockländer nicht ganz den paradiesischen Wunschvorstellungen entspricht, muß nicht besonders erwähnt werden. Wie der Besuch des Papstes JOHANNES PAUL II. im Sommer 1979 in Polen beweist, findet die katholische Kirche mit ihrem unverbrüchlichen Jenseitsglauben im kommunistischen Machtbereich mehr Anklang denn je.

Es zeigt sich, daß der Glaube an ein Weiterleben nach dem Tod in einem himmlischen Jenseits für die Menschen hilfreicher ist als die Hoffnung auf ein in Zukunft einmal verwirklichtes Paradies auf Erden. Denn nach kommunistischer Ideologie ist allein die Partei unsterblich. Ganz allerdings sollen zumindest die Päpste der kommunistischen Weltanschauung nicht auf ein Weiterleben nach dem Tod verzichten müssen. Diesem Mythos von der Unsterblichkeit bedeutender Volkskönige wird in den östlichen Diktaturen sehr bewußt ein anschauliches Bild verliehen.

Auf dem Roten Platz in Moskau ist der einbalsamierte Leichnam LENINS in einem Glassarg aufgebahrt. Ebenso ruht der Große Vorsitzende MAO wie schlafend in einem Glassarg des Mausoleums auf dem Platz des Himmlischen Friedens in Peking. Tagtäglich ziehen Tausende von Chinesen in andächtigem Schweigen an ihrem unsterblichen großen Führer vorbei. Es ist dies eine archetypische Vorstellung, die einer unbewußten Sehnsucht der Volksseele entspricht, daß ein großer Geist unsterblich bleibt. Die Legenden vom schlafenden Heldenkaiser zeugen davon: Kaiser FRIEDRICH I. Barbarossa schlummert im Kyffhäuser, KARL der Große im Untersberg bei Salzburg, SIEGFRIED auf Geroldseck. Auch König ARTUS ruht schlafend in einem Berg.

Vorbild für die kommunistische Revolution von 1917 ist die Französische Revolution. Die Revolutionäre in Frankreich schafften nicht nur das traditionelle Gottesgnaden-Königtum ab. Mit der Erstürmung der Bastille brachten sie auch den Himmel zum Einsturz. Gott wurde amtlich für tot erklärt. Mit dem Glauben an das Jenseits im Himmel war es vorbei. Hatte doch bereits der Aufklärungsphilosoph und Materialist Julien Offray de LAMETTRIE einige Jahrzehnte zuvor in seinem aufsehenerregenden Buch »L'homme machine« (»Der Maschinenmensch«) verkündet, alles Seelische sei aus der Anatomie des menschlichen Gehirns zu erklären. Also konnte es auch kein Weiterleben nach dem Tod geben.

Ganz ohne Gottheit kamen jedoch auch die blutrünstigen Massen der Revolution nicht aus. Sie setzten auf den Altar der Kathedrale Notre-Dame de Paris eine nackte Frau und kürten sie zur *Göttin Vernunft.* Dieser höchst irdischen und leiblichen Gottheit opferte das Volk den Glauben an eine unsterbliche Seele. Allerdings nur für kurze Zeit. Sehr bald wählten sich die orientierungslos gewordenen Massen ein neues Vatersymbol als Ersatz für den mit dem König beseitigten christlichen Vatergott: den Diktator NAPOLEON BONAPARTE.

NAPOLEON wurde nicht nur ein neuer König, er wurde sogar Kaiser. Zwar empfing dieser Kaiser seine Krone nicht vom Papst als Stellvertreter Gottes, er setzte sie sich vielmehr selbst aufs Haupt. Doch an der Existenz Gottes zweifelte der Korse keineswegs. Er setzte Gott und die Kirche wieder in ihre Rechte ein. Zwar war die Kirche keine Staatskirche mehr, aber mit der Wiederaufnahme der Religion war auch der Glaube an die Unsterblichkeit der Seele wiederhergestellt.

Das *Dritte Reich,* das nach dem Wahlsieg der Nationalsozialisten und deren Aufstieg zur stärksten Partei im Deutschen Reichstag 1933 in Deutschland beginnt, sollte nach den Denkansätzen seiner Begründer, der Meister des *Thule-Ordens,* ebenfalls ein Reich der sozialen Gleichheit und Gerechtigkeit sein; ein Sonnenreich des Geistes und ein Tausendjähriges Reich des Friedens. So war es gedacht. Nur kam hier noch der Mythos von der Überlegenheit der arischen Rasse hinzu – ein Mythos, der auf die Geschichte vom sagenhaften *Atlantis* zurückgeht. Die Insel Atlantis, so heißt es, wurde durch einen gewaltigen Vulkanausbruch zerstört, was eine alles überschwemmende Sintflut zur Folge hatte. Die wenigen Überlebenden dieser hohen Kultur konnten sich in das Hochland von Tibet retten, die Heimat der Arier.

»Die Seele ist ein Lebensgeist und wohnt im Blut«, sagt der Verfasser eines uralten alchimistischen Textes[29]. Die Reinheit des Blutes garantiert das Überleben der Rasse, lautete ein Grundgedanke der NS-Rassenlehre. Das ist schamanistisch gedacht und läuft auf einen entpersonifizierten Ahnenkult hinaus.

HITLERs Unsterblichkeitsglaube aber war konkreter. Im Jahre 1919 war er mit den Mitgliedern der Thule-Gesellschaft bekannt geworden, deren geheimer Meister, der General Karl HAUSHOFER, ehemaliger Militärattaché in Japan, auf seinen ausgedehnten Reisen den Himalaja durchforscht und sich in Tibet aufgehalten hatte. Dort war HAUSHOFER dem Lama und Kenner tibetischer Geheimlehren Georg Iwanowitsch GURDJEW – einem gebürtigen Russen – begegnet, der ihn in das Geheimnis des »Zustandes der Erweckung« mit allen magischen Kräften, die dieses Geheimnis mit sich bringt, eingeweiht haben soll. Sein Assistent an der Universität, wo HAUSHOFER nach Kriegsende als Professor für Geopolitik tätig wird, ist Rudolf HESS, der spätere Stellvertreter des Führers. Auch HITLER wird in die »Geheimdoktrinen« des Thule-Ordens eingeweiht, wobei zu bemerken ist, daß die Insel *Thule* die nordische Entsprechung von *Atlantis* darstellt.

HITLER glaubt, nach Äußerungen aus seiner Umgebung zu schließen, an die Macht der Unsichtbaren, vermutlich in dem Sinn, daß sich die Atlanter in den tibetanischen Äbten wiederverkörperten und ihn durch ihre Fähigkeit, einen Geistleib auszubilden, besuchten. So mag er wohl auch geglaubt haben, daß ein Weiterleben auf »astraler Ebene« für ihn möglich sei, als er 1945 in seinem Bunkergrab unter der Reichskanzlei in Berlin in den Tod ging.

Teil II
Das Jenseits und die Wissenschaft

KAPITEL 1

Botschaften aus dem Jenseits

Unser Streifzug durch die Etappen der Bewußtseinsentwicklung und die unterschiedlichen Vorstellungen von der menschlichen Seele hat uns gezeigt, daß die Menschen seit Urzeiten an die Unsterblichkeit der Seele und an ein »Jenseits« – welcher Art auch immer – glauben. Dies ist praktisch der Fall, seit die Menschen Menschen sind, das heißt seit es auf unserer Erde Lebewesen gibt, die sich einer eigenen oder Ich-Persönlichkeit bewußt sind. Denn mit der Ich-Bewußtheit ist die Erfahrung der Sterblichkeit verbunden. Das Tier stirbt ja nicht, es verendet. Der Mensch jedoch, der weiß, daß sein Leben früher oder später ausläuft, kann sich nicht ohne weiteres vorstellen, daß der Tod das absolute Ende seiner Existenz sein soll.

Die Vorstellungen vom Jenseits sind, wie wir gesehen haben, im einzelnen recht unterschiedlich und durch die jeweiligen Lebensumstände – volksmäßig, geographisch und zeitlich – bedingt. Wunschvorstellungen also? Ja und nein! Die Art der bildhaften Ausmalung des »Jenseits« mag sicher von Wunschvorstellungen geprägt sein. Was sich – psychologisch gesehen – hier bemerkbar macht, ist ein in der menschlichen Seele vorhandenes Ausgleichsstreben. Doch den Glauben an ein Weiterleben nach dem Tode – wie auch immer – aus einer Wunschvorstellung etwa im Sinn von FREUD zu erklären, geht nicht an. Dazu ist diese bei allen Völkern und zu allen Zeiten nachweisbare Vorstellung zu stark.

Selbst bei den ausgesprochen materialistisch und atheistisch orientierten Ideologen des Marxismus gibt es diesen Jenseitsglauben. Das Paradies ist zwar als Diesseitsparadies

auf Erden gedacht, doch der Glaube daran als ein Partei-
dogma ist nichts Materielles. Vielmehr handelt es sich um
eine Idee, die als solche den Tod jedes Funktionärs über-
dauert. Sie gilt als unsterblich. Auch der Stammvater der
Materialisten und Rationalisten, ARISTOTELES, glaubte
an die Unsterblichkeit der Ideen.

Doch uns geht es nicht um die Unsterblichkeit von
Ideen oder Archetypen, wie C. G. JUNG sagt, sondern um
das Weiterleben der Seele nach dem Tod. Die überwiegende Mehrzahl der Menschen glaubten und glauben
daran. Wenn es aber ein »Jenseits« gibt, in dem die Seelen
der Verstorbenen weiterexistieren, dann muß es auch eine
Kommunikationsmöglichkeit mit ihnen geben. Das ist
eine logische Folgerung. Die Konsequenz daraus: Es
müssen nachweisbare Botschaften aus dem Jenseits vorhanden sein.

Berichte über Jenseitsbotschaften gibt es in Fülle. Auf
meinem Schreibtisch stapeln sich Bücher mit derartigen
Berichten aus früherer und aus allerjüngster Zeit. Darin
finden sich häufig die Behauptungen, den Geistern von
Verstorbenen konkret begegnet zu sein. Was ist davon zu
halten? Um es vorwegzunehmen: Trotz vieler eigener
seltsamer Erlebnisse in dieser Richtung, die ohne ein wissenschaftliches Um- und Neudenken schlicht gesagt unerklärlich sind, dem Geist oder der Seele eines Verstorbenen
bin ich noch nie begegnet. Jedenfalls nicht in einer irgendwie sichtbaren Gestalt oder in einer direkten persönlichen Ansprache. Es sei denn im Traum, doch das ist
etwas anderes. Was es bedeutet, wenn Tote in den
Träumen erscheinen, darauf werde ich noch eingehend zu
sprechen kommen.

Andererseits erlebe ich es öfters, daß Patienten von mir
über den Besuch von Verstorbenen berichten. Das sind in
der Regel nahe Angehörige, die als Geister bei ihnen wie-
derauftauchen. Der verstorbene Ehegatte, der Vater, die
Mutter oder ein Freund, zu dem eine besonders innige seelische Beziehung bestand.

Frau Annetraut R., Mitte Vierzig, kultiviert, liebenswürdig und von sozialem Verantwortungsgefühl im Sinne echter Weiblichkeit, ist die Witwe eines Unternehmers, die den Betrieb weiterführt. Ihr Ehemann ist vor zwei Jahren gestorben. Seit über einem Jahr leidet sie an massiven Herz- und Kreislaufbeschwerden. Sie fühlt sich ständig müde und wie zerschlagen und von einer zunehmenden Inaktivität bedroht. Sie kommt auf Rat ihres Hausarztes zu mir, da organische Krankheitsursachen nicht feststellbar sind.

Seit dieser Zeit taucht auch der verstorbene Ehemann fast täglich bei ihr auf. Er kündigt sich durch Klingeln oder Klopfen an, erscheint dann in diffuser Gestalt, manchmal nur als Stimme oder in der Art, daß sich sein Bild an der Wand gleichsam belebt und zu Frau Annetraut spricht.

Vorauszuschicken ist, daß die beiden eine Idealehe geführt hatten, obwohl der Ehemann über zwei Jahrzehnte älter war als seine Frau. Es bestand wohl eine ganzheitliche Beziehung, eine Liebe, die das Körperliche und Seelische gleichermaßen umfaßte. Als dann der Ehemann unheilbar erkrankte und abzusehen war, daß er die Klinik nicht mehr verlassen würde, zog seine Frau zu ihm ins Krankenhaus. Sein Sterben dauerte viele Monate.

Eine Freundin von Frau Annetraut R. bezeugte übrigens das ankündigende Klopfen und auch Klingeln, ohne daß jemand vor der Tür stand. Den Geist selbst hat sie allerdings nicht gesehen.

Frau R. ist fest davon überzeugt, daß ihr verstorbener Mann sie besucht. Für sie ist dies eine Realität. Trotzdem muß ich annehmen, daß es sich hier um wachtraumartige, visionäre Erscheinungen handelt, allerdings bei vollem Bewußtsein, um eine Projektion psychischer Inhalte nach außen. Denken Sie dabei an den Bericht von Frau DAVID-NEEL über die Schemengestalten, die tibetische Lamas zu schaffen imstande sind, an den gespenstischen Lama, den sie selbst über sechs Monate bei sich täglich zu Gast hatte.

Überlegen wir. Frau Annetraut hat eine Idealehe geführt, auf der Basis einer echten Gleichwertigkeit beider Partner. Das ist etwas anderes als die vieldiskutierte Gleichberechtigung. In einer solchen Ehe ergänzen einander die Partner und wachsen zu einer Einheit zusammen, die weit mehr darstellt als das bloße Zusammenleben von Mann und Frau. »Wir kannten auch ohne Worte die Gedanken des anderen«, sagte mir Frau R. Wenn sich ein Mann und eine Frau so aufeinander konzentrieren, weil sie ihr Lebensziel nicht in einer egozentrischen »Selbstverwirklichung« auf Kosten des Partners, sondern in einer gemeinsamen Persönlichkeitsentfaltung für, mit und durch den Partner sehen, dann verschmelzen sie auch seelisch sozusagen zu einer ganzheitlichen Wir-Psyche. Den Beweis dafür liefert die Analyse von Partnerträumen. Nur zu oft erlebe ich, daß Ehepartner füreinander träumen, daß der Traum des einen wichtige und hilfreiche Informationen für den anderen Ehepartner enthält. Besonders bei schweren Krankheiten ist dies der Fall, und wenn das Traumbewußtsein über das Nahen des Todes informiert[30].

Nun, der Ehemann von Frau Annetraut ist gestorben. Sie hat nicht nur ihren Mann verloren, sondern auch einen »Seelenverlust« erlitten. Dies erklärt ihre Herz-Kreislaufbeschwerden und ihre zunehmende Inaktivität. Das Sterben am »gebrochenen Herzen« bei Liebenden ist keine bloße Redensart. Der Arzt stellt dann als Todesursache »Herzinfarkt« fest – und das bei kurz zuvor noch kerngesunden Personen.

Mit der Projektion der Geisterscheinungen des Verstorbenen versucht das Unbewußte von Frau R. den erlittenen Seelenverlust auszugleichen und die ursprüngliche seelische Ganzheit wiederherzustellen. Frau Annetraut ist intelligent und geistig aufgeschlossen. Würde ich ihr den psychischen Mechanismus der Projektionstätigkeit ihres Unbewußten im Sinne der FREUDschen Psychoanalyse »bewußt«machen und rational erklären, würde sie dies sicher annehmen. Mit dem Verstand. Doch gerade eine derartige Deutung wäre nach meiner Erfahrung ein schwerer Fehler. Zwar würde das Unbewußte auf weitere Geist-Projektionen nach außen verzichten, doch die Gefahr, daß es unter Umständen eine bösartige Geschwulst ausbildet, um so gewissermaßen den verlorenen Seelenanteil einzufangen und einzukapseln, ist viel zu groß.

So belasse ich Frau Annetraut in ihrem Glauben. Zum Glück zeigen mir ihre Träume, daß ihr Lebenswille noch stark genug ist. Ich bin also in erster Linie um die Deutung der Träume bemüht, die ihr zeigen wollen, daß das Leben weitergeht und der Sinn ihres Daseins noch nicht erfüllt ist. Sie begreift, daß sie dem Verstorbenen mehr dient, wenn sie dessen Lebenswerk weiterführt. Sie löst sich allmählich aus ihrer Isolation und gewinnt wieder Anschluß an ihre Freunde und Bekannten.

Die Besuche des Verstorbenen werden seltener. Sie hat jetzt das Gefühl, er sei schon »weit weg«. Zum Schluß erscheint der Ehemann nur noch in einem Traum. In diesem öffnet sich in dem Raum, in dem Frau R. mit dem Toten zusammen ist, eine Tür, die in eine grüne, sonnenbeschienene Gartenlandschaft führt. Der Ehemann zeigt sich jetzt nur noch als Auge, das sich in den Sonnenschein hinein zurückzieht und darin auflöst. »Nun ist er endgültig auf der ›anderen Seite‹ angelangt«, ist der Kommentar von Frau Annetraut dazu, und sie wirkt wie befreit.

Wir sehen, daß sich die der Psyche innewohnende Selbstheilungstendenz durchgesetzt hat und mit dem Verlust, den Frau Annetraut durch den Tod ihres Ehemannes erlitt, fertiggeworden ist. So stellte die Psyche auch die Projektionstätigkeit ein. Interessant ist der Traum deshalb, weil er das uralte Muster zeigt, das »Jenseits« als ein Sonnenreich des Lichtes anzusehen und dies, obwohl sich Frau A. R. nie mit den religiösen Vorstellungen antiker Völker beschäftigt hat. Archetypen und Symbole sind eben eigenständige seelische Vorstellungs- oder Bildmuster, die in der Dimension eines Kollektiven Unbewußten existieren und auf dem Wege des Traums sichtbar werden. Sie informieren und helfen – wie in diesem Fall – zu einer seelischen Neuorientierung.

Ein anderer Fall vom Besuch eines Verstorbenen, der mir erst kürzlich geschildert wurde:

Frau Stephanie T., eine siebzigjährige pensionierte Beamtin, hat nach dem Tod des Vaters fast zwanzig Jahre mit ihrer Mutter zusammengelebt. Vor einem halben Jahr ist nun die Mutter gestorben.

Am Nachmittag schläft Frau Stephanie im Sessel sitzend ein. Plötzlich spürt sie eine Hand auf ihrem Arm, eine Berührung, durch die sie erwacht. Neben dem Sessel steht ihre Mutter in einem eleganten, sommerlichen Kleid. Sie wirkt viel jünger, so etwa wie mit Vierzig. »Sie sah unglaublich schön aus«, berichtet Frau T. »Irgendwie ging ein Strahlen von ihrer Gestalt aus. Als ich mich von meiner Verblüffung erholte und meine Mutter ansprach, lächelte sie mir zu und verschwand.«

Die Erscheinung dauerte etwa eine Minute. Auch hier muß ich eine Projektion annehmen, in Form einer wachtraumartigen Vision. In den ersten Monaten nach dem Tod ihrer Mutter war Frau Stephanie hinreichend mit der Regelung von Erbschaftsangelegenheiten, der Auflösung der Wohnung und einem Umzug beschäftigt. Doch nun spürt sie das Alleinsein. Sie ist eine fromme Christin. So beginnt sie zu grübeln, wie es wohl der Mutter im Jenseits ergeht. Die visionäre Erscheinung zeigt ihr, daß sie sich keine Sorgen machen soll.

Ähnliche Beispiele finden sich in der Literatur in Fülle. Am bekanntesten sind die visionären Erscheinungen besonders frommer Menschen im Zustand einer religiösen Ekstase. Ob es dabei um die Erscheinung von Heiligen geht oder um Visionen der Madonna – auch das sind Besuche aus dem »Jenseits«. Denn es handelt sich um Personen, die auf Erden gelebt haben, die gestorben sind und sich nun für die Gläubigen im Himmel befinden. Ich will hier nicht auf alle diese in der Öffentlichkeit allgemein bekannten Fälle nochmals eingehen, sondern nur zwei von ihnen herausgreifen: die Visionen der Bernadette SOUBIROUS und der Kinder von *Fatima.*

In beiden Fällen sind nach der visionären Erscheinung der *Madonna* bedeutende und weltbekannte Wallfahrtsorte entstanden, an denen noch heute – vom Standpunkt der klassischen Medizin aus gesehen – unerklärliche und wunderbare Heilungen stattfinden.

Die kleine Bernadette SOUBIROUS lebte mit ihren Eltern und Geschwistern in ärmlichsten Verhältnissen. Sie wird als ein von Asthmaanfällen geplagtes und körperlich zurückgebliebenes Kind geschildert. Eines Tages im Februar 1858 wird sie, wie üblich, von den Eltern mit anderen Mädchen zum Holzsammeln in den Wald geschickt. Dabei kommt sie an eine Grotte, die nahe bei *Lourdes* befindliche Grotte von Massabielle. Als sie sich in die Höhle hineinwagt, steht plötzlich, von einem strahlenden Lichtglanz umgeben, die Mutter Gottes vor ihr. Bernadette fürchtet zuerst, es handle sich um Teufelsspuk, und nimmt Reißaus.

Doch in den nächsten Tagen zieht es sie immer wieder zu der Grotte, und stets ist auch die Madonna da. Die anfängliche Furcht ist geschwunden, und Bernadette faßt in demütiger Gläubigkeit volles Vertrauen zu dieser leibhaftigen Erscheinung. Die Madonna spricht zu ihr und trägt ihr eine Botschaft auf: Die Grotte sei ein heiliger Ort. Man möge hier eine Kirche bauen, und die Gläubigen sollten in Prozessionen hierherkommen.

Natürlich glaubt der Vierzehnjährigen niemand. Weder die Eltern noch die Nachbarn und auch der Pfarrer nicht. Sie gilt als Lügnerin, die sich wichtig machen will. Das meinen die einen. Die anderen, die Mitleid haben mit dem Kind, begnügen sich mit der Feststellung, daß sie »spinnt«. Doch die Madonna tröstet sie und erklärt ihr, wie sie einen Wahrheitsbeweis liefern kann. Auf ihren Rat hin scharrt Bernadette mit den bloßen Händen in der trockenen Erde eine kleine Senke aus, in die trübes Wasser sickert. Vierundzwanzig Stunden später aber ist hier eine Quelle aufgebrochen, aus der Tag für Tag 120.000 Liter Wasser strömen.

Bernadette ist rehabilitiert. Die Kirche wird gebaut. Inzwischen ist über der ersten Kirche eine imposante dreitürmige Basilika entstanden, mit gewaltigen Aufgangsstraßen im Halbrund davor. Allabendlich zieht hier eine Lichterprozession von 40.000 bis 50.000 Gläubigen und Heilung Suchenden vorüber.

Etwa siebzig Jahre später, im Mai 1917, erhalten in *Fatima*, einem Dorf in der portugiesischen Provinz Estremadura, drei Hirtenkinder den Besuch der *Madonna*. Diesmal schwebt sie auf einer weißen Wolke zu den Kindern herunter. Auch hier trägt die Madonna den Kindern die Botschaft auf, es möge ein Kirchlein gebaut werden.

So wie in Lourdes erscheint auch in Fatima die Madonna mehrmals. Sie kündigt ein letztes Kommen für den 13. Oktober an. An diesem Tag wird sie ein Zeichen für alle setzen. Sie trägt den Kindern auf, dies weiterzuerzählen. Die Nachricht muß sich wie ein Lauffeuer herumgesprochen haben. Als die Kinder auf das Feld kommen, warten dort bereits über 50.000 Menschen, und das im strömenden Regen. Die Madonna erscheint. Sie wird aber nur für die drei Kinder sichtbar. Manche glauben über ihnen eine weiße Wolke zu sehen. Doch da ereignet sich plötzlich etwas, was später als das »Sonnenwunder von Fatima« bezeichnet wird.

Auf den Ruf der kleinen Lucia: »Seht, die Sonne!« reißen die dunklen Regenwolken auf. Eine silbrigweiße, mondfarbene Sonnenscheibe ist zu sehen, die zu kreisen beginnt, sich schneller und schneller dreht und Lichtbündel in allen Farben des Regenbogens und in alle Richtungen schleudert. Wie ein riesenhaftes Feuerwerk gießt dieses farbige Sonnenrad seine Lichtströme über die Landschaft aus. In Spiralen stürzt das Feuerrad auf die Erde zu. Eine Wärmewelle begleitet den Sturz. Es wird immer heißer. Plötzlich stoppt die Sonne und kehrt an ihren Ursprungsort zurück.

Alle sehen dieses »Wunder«. Handelte es sich um eine Massensuggestion? Dagegen spricht, daß diese Erscheinung auch an weiter entfernten Orten beobachtet wurde. Und die vom stundenlangen Warten im Regen durchnäßten Kleider sind danach klappertrocken.

174

Ist MARIA, die Mutter von CHRISTUS, tatsächlich aus der Jenseitsdimension des »Himmels« hier in Fatima auf die Erde zurückgekehrt? Gesehen haben sie nur die Kinder. So wie auch in Lourdes nur die kleine Bernadette die Madonna sah. Handelt es sich bei diesen visionären Erscheinungen auch nur um eine psychische Projektion in ekstatischem Zustand? Das ist mit hoher Wahrscheinlichkeit anzunehmen. Als einen Jenseitsbeweis können wir diese Erscheinungen nicht werten. Denn die Kinder haben eine Person gesehen, die ihren religiösen Vorstellungen entsprach. Wären sie in einer anderen Religion aufgewachsen, hätten sie erfahrungsgemäß die Erscheinung einer anderen heiligen Person gehabt.

Und das »Sonnenwunder«? Allem Anschein nach ist es nicht als eine Massensuggestion zu erklären. Nun, es kann sich um einen besonders starken Sonnenausbruch gehandelt haben, bei denen unvorstellbar heißes Plasma Millionen von Kilometern in den Raum geschleudert wird. Diese Sonneneruptionen sind inzwischen bekannt und erforscht. Doch im Herbst 1917 befand sich Europa im Ersten Weltkrieg, und selbst wenn Astronomen dieses Ereignis beobachtet haben, gab es keine Schlagzeilen ab.

Ekstase, von griechisch *ekstasis,* bedeutet Verzückung. Es ıst dies ein Zustand »geistiger Entrücktheit mit Verdichtung auf bestimmte gehobene, meist religiöse Vorstellungskreise, verbunden oft mit körperlicher Empfindungs- und Regungslosigkeit«. So steht es im »Klinischen Wörterbuch«. Ekstaseerlebnisse können durch bestimmte Meditationstechniken erzielt werden oder durch den Genuß von sogenannten »bewußtseinssteigernden« – richtiger *Phantastika* genannten – Drogen. Sie gehören auch zum religiösen Wahn. Psychiatrisch sind die Ekstasezustände weitgehend erforscht. Doch was besagt das, wenn Kinder plötzlich ohne äußeres Zutun durch Psychotechniken oder Drogen derartige visionäre Erscheinungen haben, die sogar Massenbewegungen auslösen? Restlos geklärt ist das *Zustandekommen* von Ekstaseerlebnissen eben noch nicht, wie auch die genaue Wirkungsweise der Psychopharmaka bislang noch unbekannt ist.

Fest steht aber, daß es auf unserer Erde Orte gibt, an denen sich sozusagen psychische Energie in verdichteter Form konzentriert. Es handelt sich gewissermaßen um psychische Kernkraftspeicher. Diese Orte gelten seit Urzeiten als heilig, ob es sich um die Tempelstätten der antiken griechischen Ärzte handelt oder, zu unserer Zeit, um Wallfahrtsorte wie *Lourdes*. Selbst der nüchternste Beobachter, der an einem ganz normalen Tag nach Lourdes kommt und am Abend der Lichterprozession von Zehntausenden von Menschen aus aller Welt zusieht oder am Morgen an der Messe unter freiem Himmel teilnimmt – alles übrigens hervorragend organisiert –, kann sich der Wirkung nicht entziehen. Er spürt dieses psychische Kraftfeld.

Gewiß läßt sich diese Wirkung mit den Begriffen der Massenpsychologie erklären, und die Heilungen kann man auf die Aktivierung einer psychischen Selbstheilungstendenz zurückführen. Das Wort »Wunder« hört auch die Kirche nicht gern. Für die Anerkennung von Heilungswundern gelten überaus strenge Prüfungsvorschriften und fast unerfüllbare Bedingungen. Doch warum so bürokratisch? Ob Wunder oder medizinisch gerade noch möglich – was den Heilungsprozeß aktiviert, ist der Glaube. Ergo: Der Glaube heilt. An dieser Tatsache ist nicht zu zweifeln. Und auch, wenn wir von einer Selbstheilungstendenz sprechen: ist nicht bereits das etwas ganz Wunderbares? Mag sein, daß die Quelle von Lourdes bestimmte Mineralien, Spurenelemente oder eine gewisse Radioaktivität enthält. Ich habe es nicht nachgeprüft. Doch unzählige andere Heilquellen enthalten das auch. Warum aber ist gerade *dieses* Wasser so aktivierend? Warum wirkt *hier* der Glaube so stark? Die Besonderheit des Ortes als ein Kraftzentrum eigener Art kommt eben hinzu.

Die eingehende Beschreibung einer wunderbaren Heilung findet sich in dem Roman »Lourdes« des bekannten französischen Schriftstellers Emile ZOLA. Der Autor, ein erklärter Materialist und Atheist, fuhr 1891 nach Lourdes, um dort zu recherchieren und die angeblichen Wunder zu widerlegen. Doch gerade er wurde Zeuge einer Heilung, die nach ärztlichem Ermessen schlicht gesagt unmöglich war. Marie LEMARCHAND, ein junges Mädchen, war an *Lupus* erkrankt, einem bösartigen Hautgeschwür, das ihr bereits das Gesicht zerfressen hatte. ZOLA erlebte, wie sich nach den Waschungen mit dem wundertätigen Wasser das Geschwür zurückzubilden begann und allmählich eintrocknete.

Auch ZOLA weist darauf hin, daß der Ort Lourdes ein zusammengeballtes Kraftzentrum darstellt. Er spricht von einem »heilkräftigen Odium«, der »unbekannten Kraft, die eine so riesige Menschenmenge in ihrer Glaubensekstase ausströmt«. Doch geradezu rührend, wenn nicht gar komisch, wirkt es heute auf uns, wie sehr ZOLA bemüht ist, die Heilung der Marie LEMARCHAND und anderer hoffnungslos Erkrankter auf natürliche Ursachen zurückzuführen und sich gegen die Anerkennung einer »überirdischen Macht« zu wehren.

Für einen Atheisten und Materialisten wie ZOLA darf es nichts Übernatürliches geben. So schreibt er an den Vorstand der Ärzteschaft in Lourdes: »Aber ich glaube nicht an Wunder. Ich könnte sämtliche Kranke in einem Augenblick geheilt sehen, und ich würde doch nicht daran glauben.« Dabei merkt ZOLA nicht, daß er lediglich in einen Streit um Worte verfallen ist. So wie er fanatisch an die Allmacht der Natur – sprich: der Materie – glaubt, so glauben eben die verzweifelten Kranken an die Wunderwirkung Gottes. Und wer wirkt die Wunder der Natur?

ZOLA glaubte noch, daß durch den Materialismus alle Welträtsel gelöst seien und daß die seinerzeit bekannten Naturgesetze hundertprozentige Wahrheiten darstellten. Daß dies ein Irrtum ist, wußte er nicht, denn die Entdeckungen von PLANCK und EINSTEIN, denen zufolge die

Materie letztlich verdichtete Energie ist und diese Energie aus dem Kosmos stammt, werden erst später gemacht. Wer die Natur geschaffen hat, weiß auch ZOLA nicht zu sagen. Er nimmt, wie alle Materialisten, an, die Welt und die Natur seien von selbst – sozusagen aus dem absoluten Nichts heraus – entstanden. Ein törichter Aberglaube, wie die großen Gelehrten unserer Zeit inzwischen nachgewiesen haben. Immerhin hätte es für ZOLA aufgrund seiner Erlebnisse in Lourdes nahegelegen, zu erkennen, daß in der Natur eine den Menschen unendlich überlegene geistige Kraft am Werke ist. Welche Namen wir dieser Kraft oder Macht geben, ist unwesentlich.

Was immer wir auch an Hypothesen aufstellen, um die vielen nach dem Erkenntnisstand der heutigen Medizin unerklärlichen Heilungen in Lourdes zu verstehen: es läßt sich nicht leugnen, daß hier geistige Kräfte im Spiel sind. Um Zufälle kann es sich nicht handeln, dazu sind die Heilungsprozesse zu zielgerichtet und zu sinnvoll. Doch über ihre Herkunft und Natur läßt sich eine wissenschaftlich exakte und jederzeit beweisbare Aussage noch nicht machen. Die Forschung mit modernsten wissenschaftlichen Methoden hat ja eben erst begonnen. Trotzdem: die Existenz geistiger Kräfte hier zu vermuten, besitzt höchsten Wahrscheinlichkeitsgrad.

Andererseits – warum wollen wir die visionären Erscheinungen der Kinder von Lourdes und Fatima nicht als Jenseitsbeweis gelten lassen? Weil nur sie die Madonna gesehen haben und sonst niemand? Nicht deshalb. Sondern weil visionäre Erscheinungen im Ekstasezustand – ob mit oder ohne Drogeneinfluß – seit mehr als zwei Jahrzehnten exakt erforscht sind, sogar in langjährigen Versuchsreihen, wie beispielsweise von Professor Hanscarl LEUNER, dem Direktor der Tiefenpsychologischen Klinik an der Universität Göttingen, für seine Erforschung der »Experimentellen Psychose«. Dabei hat sich stets gezeigt, daß die Erscheinungen, welche die Versuchspersonen haben, Bildgestaltungen des Unbewußten sind.

Ein unvoreingenommener Wissenschaftler, der kritisch und frei von dogmatischen Glaubenszwängen an dieses Gebiet herangeht, wird jedoch zugeben, daß die Erklärung von Visionen als Gestaltungen des Unbewußten keinesfalls ein Beweis für die Nichtexistenz von Geister-Erscheinungen ist. Hören wir dazu C. G. JUNG: »Wenn schon einerseits unsere kritischen Argumente jeden einzelnen Fall in Zweifel ziehen, so gibt es doch andererseits kein einziges, welches die Nichtexistenz der Geister beweisen könnte. Die Phänomene bestehen, abgesehen von aller Deutung, zu Recht, und es ist über allen Zweifel sicher, daß es sich um genuine Manifestationen des Unbewußten handelt.« Einschränkend fährt er dann fort: »Mitteilungen der ›Geister‹ sind auf alle Fälle *Aussagen über die unbewußte Psyche,* vorausgesetzt, daß sie wirklich spontan und nicht von einem betrügerischen Bewußtsein zusammengeschwindelt sind[31].«

Der letzte Satz ist klar. Doch wichtiger ist das von JUNG gebrauchte Wort *genuin* in dem Satz davor. *Genuin* heißt sowohl *angeboren,* aber auch soviel wie *echt* und *selbständig.* Das Letztere ist hier gemeint. Zwar verweist auch JUNG auf das Unbewußte, doch unter Betonung der Echtheit und Selbständigkeit von Geister-Erscheinungen. Das ist etwas anderes als die irrige Auffassung von FREUD, der hinter jeglicher aus dem Unbewußten stammenden Bilderscheinung einen verdrängten Sexualwunsch sah.

Wir können noch einen Schritt weitergehen. Das *Unbewußte* ist doch nur ein Hilfsbegriff für eine gedankliche Vorstellung. Wenn wir vom *Unbewußten* sprechen, verstehen wir darunter das Denkmodell für ein seelisch/geistiges Feld, das außerhalb unseres denkenden und wachen Bewußtseins liegt. Wir wissen, daß das Unbewußte eine konkrete Wirklichkeit ist, die wir indirekt anhand der Wirkungen jederzeit im Experiment nachweisen können. Wir wissen auch, daß zwischen dem persönlichen Unbewußten und dem sogenannten *Kollektiven Unbewußten* Kanäle vorhanden sind, über die ein ständiger Informationsaustausch stattfindet. Die Kollektive Unbewußte ist sozusagen die Kollektiv-Seele der Menschheit, ein überpersönliches und überzeitliches seelisches Feld, in dem das Erfahrungswissen der gesamten Menschheit gespeichert ist. Jedoch ob persönliches oder Kollektives Unbewußtes: es handelt sich um etwas, das wir weder sehen, hören, fühlen noch irgendwie örtlich lokalisieren können. Kurzum: Das Unbewußte ist ein Bereich, der »jenseits« unserer sinnlichen Erfaßbarkeit und Erfahrung liegt.

Die Wissensinhalte oder Informationen des Unbewußten, die JUNG Archetypen nennt, sind etwas rein Geistiges. Sie werden für uns in der Regel nur als innerseelische Symbolbilder sichtbar, in den Träumen, den Wachtraumphantasien, in spontanen Intuitionen und bei Visionen. Doch hier projiziert die Psyche diese innerseelischen Bilder fast immer in die Umgebung nach außen.

Wir könnten durchaus den Begriff des »Kollektiven Unbewußten« durch den Begriff »Jenseits« ersetzen. Ebenso könnten wir die archetypischen Bilderscheinungen bei Visionen als Geister bezeichnen. Prinzipiell besteht kein Unterschied. Das Problem dabei hat eine andere Ursache. Es liegt in den vorgefaßten Meinungen begründet, die unser gewohntes Denken programmieren und von denen wir uns nur schwer befreien können. Wenn wir von Geister-Erscheinungen sprechen, meinen wir nicht die Erscheinung eines bestimmten geistigen Bedeutungsinhalts in unserem Bewußtsein – und sei es auch symbolisiert durch eine Person –, sondern eine individuelle Persönlichkeit. Wir sagen Geist, meinen damit aber die *Seele* einer bestimmten Person. Wir sind zu sehr an die materiellen und körperlichen Erscheinungen des Lebens gewöhnt, als daß wir uns etwas abstrakt Geistiges als eine existierende Realität vorstellen könnten. Ebenso verhält es sich mit dem »Jenseits«, das in unserer Vorstellung stets eine bildhafte und irgendwie materielle Gestaltung annimmt. Doch ich will nicht vorgreifen.

Die christlichen Mystiker haben in der *Ekstase* den Weg

180

gesehen, um einen Zugang zu diesem jenseitigen Reich des Geistes, des Kollektiven Unbewußten im Sinne von C. G. JUNG, zu erlangen. Sie unterzogen sich allerlei Selbstkasteiungen, übten strenges Fasten u. a. m., um den Zustand der Ekstase zu erreichen. Doch ging es ihnen dabei weniger um das Erscheinen von Seelen Verstorbener, sondern um eine innere Erleuchtung und damit um ein erweitertes Wissen über die Welt des Unsichtbaren. Darum war es den Jüngern des zu Beginn der sechziger Jahre aufgekommenen Drogenkults ebenfalls zu tun, nur daß diese den Ekstasezustand durch den Gebrauch psychotroper Drogen zu erreichen hofften, für eine Bewußtseinserweiterung und zur Potenzierung des psychischen Lebens. Oder, wie es der amerikanische LSD-Mystiker Allen GINSBERG ausdrückte, als Weg für eine »magisch-mythische-sinnlich-halluzinatorische Erfahrung«.

Dazu ist zu sagen, daß LSD, wie alle Drogen, die die Hirnaktivität fördern, bekanntlich auch *bionegative* Eigenschaften hat. »Nur wenn es gelingt, die halluzinatorischen Bilder in das alltägliche Bewußtsein einzuordnen und den Symbolcharakter für das eigene Dasein zu verstehen, löst der Rausch auch schöpferische Kräfte aus«, bemerkt Valentin KLUGE dazu in seinem Buch »Potenzsteigernde Mittel[32]«. Die Anhänger des Drogenkults haben dies inzwischen auch festgestellt, wenn nur zu oft die ersehnte Reise in die Welt des Unsichtbaren sich als *Horrortrip* erwies. Sie wandten sich mittlerweile den fernöstlichen Meditationstechniken zu.

Der Weg der fernöstlichen Yoga-Meister in das unsichtbare Reich des Geistes und der Archetypen – das zutreffender nicht als Kollektives Unbewußtes, sondern als ein Feld des *Überbewußtseins* verzeichnet werden sollte – ist ein anderer als der der christlichen Mystiker. Die Anzapfung dieser Überbewußtseins-Dimension erfolgt in einem Zustand der *Enstase,* ein Begriff, den Mircea ELIADE eingeführt hat, der bedeutendste Religionshistoriker und Symbolforscher unserer Zeit. Das ist ein meditativer Versenkungszustand einer gesteigerten Wachheit, der Zustand der »Yoga des Großen Symbols«, wie ihn EVANS-WENTZ in seinem Werk »Yoga und die Geheimlehren Tibets« beschreibt.

Die *Enstase* ist jener Zustand, den die Meister des Zen-Buddhismus in Japan *Satori* nennen. (Das Wort kommt von jap. *satoru,* begreifen, sich bewußt sein, und bedeutet Zen-Erleuchtung.) Die Gnostiker der *Sufis,* einer islamischen Sekte, nennen diesen Zustand *ma'rifat.* Als *hénosis* (= griech. »Erschüttertsein«, durch eine plötzliche Erleuchtung) ist er bereits PLOTIN bekannt, dem Großmeister des pythagoreischen Wissenschaftsordens im 3. Jahrhundert n. Chr.

Allen diesen *Enstase*-Techniken ist gemeinsam, »auf intuitivem Wege dem *sûnyata,* dem Wesen aller Dinge, den *wirklichen* Dingen zu begegnen«, wie es der an der Jesuiten-Universität in Tokio lehrende spanische Philosophieprofessor Alfonso VERDU ausdrückt. Er vergleicht sie in seinem Werk »Abstraktion und Intuition als Wege zur Wahrheit in Yoga und Zen« mit den indischen, tibetanischen und sufitischen Intuitionspraktiken[33] und stellt als Ziel einen Bewußtseinszustand fest, »den wir – per analogiam – kosmisches Bewußtsein nennen können«.

Die Nachfolger von PLOTIN sind die mittelalterlichen Alchimisten. Sie kennen die fernöstlichen Psychotechniken ebenfalls. Die Meister des Yoga, Zen und Tao begnügen sich aber bei der konzentrierten Verinnerlichung, die in den Zustand der *Enstase* führt, nicht allein damit, sich auf diese Weise einen Informationskanal zum kosmischen oder Überbewußtsein zu erschließen. In den höheren Erkenntnisgraden bilden sie einen Geist- oder Astralleib aus, mit dem sie sozusagen selbst diese kosmische Dimension aufsuchen. Sie sind in der Lage – wie bereits in Teil I, Kapitel 3 angedeutet –, sich damit zurück in die Vergangenheit wie voraus in die Zukunft zu bewegen. Angeblich gelingt es ihnen sogar, sich ihren Geistleib über den leiblichen Tod hinaus zu erhalten.

»Durch Sammlung der Gedanken kann man fliegen und wird im Himmel geboren. Der Himmel ist nicht der weite blaue Himmel, sondern der Ort, wo die Leiblichkeit im Haus des Schöpferischen erzeugt wird. Wenn man lange damit fortfährt, so entsteht ganz natürlich außer dem Leibe noch ein anderer Geistleib.« So heißt es in dem von dem bedeutendsten Kenner des chinesischen *Tao*, Richard WILHELM, übersetzten und gemeinsam mit C. G. JUNG veröffentlichten Buch »Das Geheimnis der Goldenen Blüte«.

»Nur durch Kontemplation und Ruhe entsteht die wahre Intuition. – Die Auslösung ist im Auge. – Wenn ihr einen Tag nicht der Meditation pflegt, so strömt das Licht aus. Wenn ihr nur eine Viertelstunde der Meditation pflegt, so könnt ihr dadurch die zehntausend Äonen und tausend Geburten erledigen. Alle Methoden münden in der Ruhe. Man kann es nicht ausdenken, dieses wunderbare Zaubermittel.« So lautet es weiter in diesem uralten Buch fernöstlicher Esoterik.

In der abendländischen Literatur des Okkultismus wird diese Fähigkeit, durch Konzentrationsübungen einen Geistleib zu schaffen – das heißt das Bewußtsein vom Körper zu lösen und damit andere Orte aufzusuchen –, oft erwähnt. Nur wissen sich hier die Autoren dieses Phänomen nicht zu erklären, es kommt ihnen unheimlich vor. Vor allem die Berichte über die sogenannten *Doppelgänger-*Erscheinungen, auf die ich hinweisen will.

Bereits von dem Universalgelehrten Hieronymus CARDANUS wird erzählt, daß er oft an zwei entfernten Orten zugleich gesehen wurde. CARDANUS war Arzt, Philosoph und Mathematiker und lebte im 16. Jahrhundert. Das Kardangelenk in unseren Autos erinnert an ihn, und die Schüler der Höheren Schulen kennen ihn durch die Cardanische Formel zur Lösung von Gleichungen dritten Grades. Doch CARDANUS war auch Alchimist und gehörte zu den Geistes-Noblen des bereits erwähnten Geheimen Wissenschaftsordens. Er verfaßte eine Reihe von höchst interessanten naturkundlichen Werken und erfand die *Metoposkopie,* die Kunst, aus den Gesichtsbildungen und den Stirnlinien eines Menschen die Entsprechung zu den Einflüssen bestimmter Gestirne aufzufinden (also eine Art astrologischer Physiognomie). Es handelt sich hier um eine Charakterlehre, welche die Eigenschaften einer Per-

Der mittelalterliche Gelehrte und Alchimist Hieronymus CARDANUS. (Nach einem zeitgenössischen Holzschnitt.)

sönlichkeit aus Gesichtsschnitt und Kopfform herleitet, nur daß diese wiederum – so CARDANUS – als Folge der Verbundenheit von Makrokosmos (Universum) und Mikrokosmos (Mensch) anzusehen sind.

In seinem Buch »De somniis – Wahrhafftige Unterweisung, wie allerhand Träume, Erscheinungen und nächtliche Gesichte ausgelegt werden sollen« (Basel 1563) berichtet CARDANUS, daß ihn seine Träume über alles, was sich für ihn im Leben ereignet, rechtzeitig informieren. Fast alle seine Träume hätten Zukunftsereignisse vorweggenommen. Er deutet auch an, daß sich seine Seele im Schlaf vom Körper löse und selbständig auf Reisen gehe. So erlange er Kenntnis über Geschehnisse an weit entfernten Orten wie auch über deren landschaftliches Aussehen und Beschaffenheit.

CARDANUS spricht in seinen Werken auch von seinem *Spiritus familiaris*. Das ist ein – für die in die magischen Künste Eingeweihten – zur persönlichen Verfügung geschaffener, dienstbarer Geist. Daß dieser »Familiaris« für ihn als sein Doppelgänger unterwegs ist und ihm die gewünschten Auskünfte verschafft, sagt er so allerdings nicht. CARDANUS hat allen Grund zur Vorsicht. Seine Werke tragen ihm eine Anklage wegen Ketzerei ein. Das Inquisitionsgericht der Kirche verfügt kurzerhand die Einkerkerung des berühmten Gelehrten, bis er seine »Irrlehren« widerruft. So schreibt er in seinem Buch »Über die Träume« seine besonderen Fähigkeiten zwar einem Geist zu, erklärt aber diesen als einen persönlichen Schutzengel. Womit sich die Kirche zufrieden gibt.

Die Vorstellung von der Ausbildung eines Astral- oder Geistleibes, der es nach fernöstlicher Lehre ermöglicht, den Tod zu überwinden und der ein Weiterleben nach dem Tod garantiert, findet sich auch im Westen schon sehr viel früher. Sie ist bereits im Urchristentum nachweisbar, und zwar als Vorstellung von der Geburt des *pneumatischen* Menschen, also einer Luft- oder Hauch-Person. Daraus entwickelt sich später die christliche Lehre von der Unsterblichkeit der Seele. Diese Vorstellung stützt sich auf die natürliche Erfahrung, daß der Mensch ohne Atem nicht leben kann. Damit verbindet sich der Gedanke, daß der Mensch aus der Luft, die er einatmet, auch seine Lebenskraft – und seinen Geist – bezieht. Die Antike kennt ja nur vier Elemente: Feuer, Wasser, Erde und Luft. Und die Luft ist gleichzeitig jene Dimension, die bis an den Himmel reicht und nach damaliger Ansicht die Verbindung zwischen dem gestirnten Universum und der Erde herstellt.

Die kindliche Vorstellung von Gott als einer menschlich gedachten Vaterperson, einem allgewaltigen Über-Vater, und einem Himmel, der sich nicht nur über den Wolken, sondern irgendwo jenseits der Gestirne befindet, hatten die frühchristlichen Gelehrten längst überwunden. Diese Vorstellung hatten die Apostel und Jünger aus dem jüdischen Alten Testament in das Christentum mitgebracht.

Für PLOTIN beispielsweise wäre es fast blasphemisch gewesen, sich Gott in der Art eines Menschen, wenn auch eines Übermenschen vorzustellen. Für ihn ist Gott der *Weltgeist,* der das Universum durchwaltet und erhält. Damit ist er auch die universale Wissensquelle, und das Wissen liegt nicht außerhalb der Dinge, sondern in ihnen und potentiell in jedem Menschen. Es ist verblüffend, wie modern seine Anschauungen sind und daß er Erkenntnisse besitzt, die wir den wissenschaftlichen Entdeckungen unseres Jahrhunderts zuschreiben.

Nach der Lehre von PLOTIN sind die seelischen Kräfte nicht etwa schwächer als die sinnlichen, materiellen. Sie sind die wahre Wirklichkeit, weil sie aus dem Urgrund des Seins stammen. Die *Zeit* ist – wie erst von EINSTEIN wiederentdeckt – etwas *Relatives.* Einen Anfang und ein Ende der Welt gibt es nicht. Der Schöpfungsprozeß hat keinen Zeitverlauf. Er geschieht ständig. Die Zeit ist nur ein *Symbol* für die Rangordnung der Stufen des Schöpfungsprozesses. Auch den Begriff des *Unbewußten* und sogar des *Kollektiven Unbewußten* kennt PLOTIN bereits – siebzehnhundert Jahre vor FREUD und JUNG. Die *Bindungsenergie,* die die Materieteilchen – und damit die Welt im Innersten – zusammenhält, ist für ihn geistiger Natur; in der Bedeutung des *Geistes,* der Dinge aus Materie schafft. Auch das deckt sich mit der Auffassung von HEISENBERG, SCHRÖDINGER und anderen großen Physikern unserer Zeit, wenn wir uns über ihre weltanschaulichen Aussagen informieren. Das *Muster* schließlich, nach dem sich die Materieteilchen formen, ist etwas Psychi-

186

sches. Dies entspricht dem von Norbert WIENER für die Kybernetik entdeckten Wesen und Begriff der *Information*.

Sie können als Leser jetzt mit Recht die Frage aufwerfen: Woher bezogen PLOTIN und dessen Schüler alle diese Kenntnisse? Und das eintausendsiebenhundert Jahre vor unserer Zeit und ohne die heute üblichen aufwendigen Laborexperimente? PLOTIN selbst gibt die Antwort auf diese Frage. Sie lautet: *Meditation*. Er beschreibt Möglichkeiten der *Meditation* als Erkenntnisweg in das eigene seelische Innere, um so an die Wurzeln des Bewußtseins zu gelangen, die für ihn bis in den Urgrund des Daseins – und das ist der Weltgeist – reichen. Wir sehen, daß dies der gleiche Erkenntnisweg ist, der auch von den Naturforschern Indiens beschritten und später in den Klöstern Tibets zu höchster Vollendung ausgebaut wurde.

Dem bekannten Arzt PARACELSUS verdankt die Medizin bis heute eine Unzahl von wissenschaftlichen Anregungen. Seine Heilerfolge waren überdurchschnittlich und grenzten für seine Zeitgenossen an Wunder. Seine Entdeckungen und Praktiken waren ihnen größtenteils unverständlich. Sie sind auch erst heute erklärbar. PARACELSUS verdankt seine Erkenntnisse nachweisbar einer Forschung, die heute unter dem Namen PSI-Forschung bekannt ist.

Das gilt auch für AGRIPPA von Nettesheim, einen Zeitgenossen des PARACELSUS. Er war ebenfalls Arzt und Naturforscher und leitete eine wissenschaftliche Geheimgesellschaft in Paris. Sein Hauptwerk ist die 1533 veröffentlichte Schrift »De occulta philosophia«. Hierin beschreibt er das Wesen der Seele und ihre geheimen Kräfte, seine Studien über die Technik der Gedankenübertragung, seine Experimente über *Telekinese* und andere PSI-Erscheinungen.

Beide, PARACELSUS wie AGRIPPA, sprechen von *siderischen Geistern*, deren sie sich sozusagen als Mitarbeiter bedienten. Es sind dies aus dem Kosmos stammende Geister,

187

gewissermaßen personifizierte Sternkräfte – *sidus* ist das lateinische Wort für Sternbild, Gestirn –, wie sie als wirkungsträchtige und den Lebenslauf des Menschen beeinflussende Ausstrahlungen der Gestirne auch die Astrologen unserer Zeit vermuten. Beschrieben werden diese kosmischen oder siderischen Geister stets als *Lichtgeister.* Das ist aber auch bei Berichten über Visionen der Fall, daß hier stets eigentümliche Lichterscheinungen erwähnt werden.

Gehen wir den vielfältigen Legenden und persönlichen Berichten über Ahnengeister und Gespenster nach, die in alten Häusern und besonders in alten Schlössern Englands ihr Spukwesen treiben, so stoßen wir unweigerlich auf eine weibliche Geistgestalt, bekannt unter dem Namen *Weiße Frau* oder *Die Weiße Dame.* Es heißt von ihr, daß sie zumeist als Unglücks- oder Todesbotin erscheint und das nahe Ableben eines Familienmitglieds oder Schloßbewohners ankündigt. Hier hat dieser weiße oder Lichtgeist demnach eine für unsere Begriffe negative Funktion.

Für den Tiefenpsychologen verbirgt sich hinter der Geistererscheinung der *Weißen Frau* der Archetyp der Liebesgöttin *Aphrodite* oder *Venus,* wie sie bei den alten Römern genannt wurde. *Aphrodite,* am Himmel sichtbar als der hellglänzende Abendstern – der Planet Venus – ist nicht nur die klassische Liebesgöttin. Sie besitzt in der religiösen Vorstellung der Antike als weibliche Gottheit einen Doppelaspekt, den der Liebesgöttin und den einer Todesmutter zugleich. Denken wir nur daran, daß beispielsweise die Franzosen das Erlebnis der körperlichen Liebe als »*petite mort*«, als kleinen Tod, bezeichnen. Die Vorstellung, das rauschhafte Erlebnis des Orgasmus beim Liebesakt – einem Ersterben in der Woge des Gefühls – dem Todeserlebnis gleichzusetzen, ist uralt.

So weist Karl KERENYI in seinem Buch »Die Töchter der Sonne« nach, daß *Aphrodite* auch die aus der eleusinischen Religion bekannte *Persephone* ist, die der Großen Muttergottheit *Demeter* von *Hades,* dem Herrscher der Unterwelt, geraubte Tochter. Sie ist als archetypische Symbolfigur ebenso die dem *Orpheus* in die Unterwelt entführte Gattin. Auch nach der Lehre des PYTHAGORAS zeigt sich die Liebesgöttin in dieser Doppelnatur: als helle und himmlische *Aphrodite* wie als dunkle Herrin der Unterwelt oder des »Jenseits«.

Doch ob es sich um die Beschreibung der antiken Liebesgöttin handelt – und dies gilt auch für die vergleichbaren Gottheiten der Inder wie für die Göttin *Freyja* der alten Germanen – oder um die als Spukgespenst erscheinende *Weiße Frau:* charakteristisch sind die damit verbundenen Lichterlebnisse. Als Lichterscheinung wird aber auch das Erlebnis des Todes von Patienten geschildert, die dank der ärztlichen Kunst und den Möglichkeiten der heutigen Medizin als bereits »klinisch Tote« in das Leben zurückgeholt werden.

Bei der zuvor erwähnten Vision der Kinder von Fatima erscheint ihnen die Madonna als eine *Weiße Dame.* »Ihr Kleid war weiß wie Schnee; es war am Halse mit einer goldenen Schnur geschlossen und reichte bis zu den Füßen ... Ein weißer, goldbestickter Mantel umhüllte den Kopf und die ganze Gestalt ...[34]« gaben die Kinder an. Auch, daß sie die beiden jüngeren von ihnen »bald heimholen« würde. Tatsächlich starben diese zwei der drei Fatima-Kinder kurze Zeit nach dem »Sonnenwunder«, dieser imposanten Lichterscheinung, die von der versammelten Masse von über fünfzigtausend Gläubigen erlebt wurde.

»Es muß das Schlußbild meines Traumes gewesen sein«, berichtete mir eine ältere Dame vor einiger Zeit. »Doch im Übergangszustand zum Erwachen. Ich war auch bereits wach und habe das ganz deutlich gesehen. Die Tür zum Badezimmer öffnete sich, und meine verstorbene Mutter trat heraus. Sie sah sehr viel jünger aus, als ich sie in Erinnerung habe, und hatte ein schneeweißes, wunderschönes Kleid an. So wie ich es von ihrem Hochzeitsfoto her kenne. An der Hand hielt sie meinen Mann. Auch er sah jung aus, wie zur Zeit unserer Heirat. Ich war so er-

189

schüttert von dieser Erscheinung, daß ich mich nicht rühren konnte. Als ich mich soweit gefaßt hatte, um die beiden anzusprechen, brach die Morgensonne durch mein Schlafzimmerfenster, und die Erscheinung löste sich spurlos auf.

Mein Mann lag damals in der Klinik. Er hatte einen Schlaganfall erlitten und war teilweise gelähmt. Auch das Sprachzentrum war gelähmt. Nach Auffassung der Ärzte befand er sich aber auf dem Wege der Besserung. Doch ich wurde das beklemmende Gefühl nicht los, daß dieser Traum eine Todesbotschaft darstelle. Und tatsächlich, drei Tage später war mein Mann gestorben.«

Die Tatsache, daß Träume echte Todesankündigungen enthalten, ist durch die Traumanalyse in der psychotherapeutischen Praxis einwandfrei belegt. Verblüffend ist aber, daß Träume mit der Information über den Tod eines nahestehenden Menschen oft weit in der Zukunft liegende Ereignisse über Jahre vorwegnehmen.

Das beeindruckendste Beispiel dieser Art stammt aus dem gesammelten Traummaterial eines meiner Patienten. Er hatte sich bereits zwanzig Jahre, bevor er zu mir kam, einer Psychoanalyse unterzogen und auch danach alle ihm besonders wichtig erscheinenden Träume aufgezeichnet.

Mein Patient hatte sich damals in eine jüngere Studienkollegin verliebt. Seine Gefühle wurden aufrichtig erwidert. Kurzum, es war in etwa das, was man Liebe auf den ersten Blick nennt. Die Eltern des jungen Mädchens sträubten sich jedoch, wohl aus materiellen Gründen, gegen eine Verlobung. Die Tochter wird auf eine andere Universität geschickt. Zehn Jahre später treffen die beiden einander in einer anderen Stadt wieder. Spontan erwacht auch ihre unerfüllte Liebe aufs neue. Doch jetzt ist die junge Dame bereits mit einem Mann nach der Wahl ihrer Eltern verlobt. Sie entzieht sich dieser lästigen Pflicht, wie sie es nennt, und folgt einem Studienauftrag nach den USA.

Sieben Jahre später finden sich die beiden ein drittes Mal, doch diesmal ist er an eine andere Frau gebunden.

Trotz des beiderseitigen Gefühls, füreinander bestimmt zu sein, kommt es zu keiner engeren Bindung.

Soviel zur Vorgeschichte dieses Falles. Die Traumsammlung meines Patienten beginnt mit folgendem Traum, den ich auszugsweise wiedergebe.

».. . komme in einen Berg, in dem eine Schlange liegt. Da sitzen drei Könige. Sie fragen mich nach der Zeit. Ich sage ihnen, die Zeit sei noch nicht reif.

Ich folge der Schlange durch einen langen Gang auf eine blumige Wiese. . . ein breiter Fluß. . . auf der anderen Seite eine junge Frau im weißen Kleid mit goldenen Haaren.

Am Fluß ein Fährmann mit Boot. Er weigert sich, mich überzusetzen. Das dürfe er nur nachts. Da legt sich die Schlange als Brücke über den Fluß. Die Frau weist mich zurück. Sagt: ›Rühr mich nicht an, sonst mußt du sterben!‹

Es ist Nacht. Doch der Fährmann verweigert mir zum zweitenmal seinen Dienst. Er könne eine Person nur hin-, nie aber zurückfahren. Suche verzweifelt nach einem Ausweg. . .

Die junge Frau im weißen Kleid und mit den goldenen Haaren ist die Geliebte des Träumers. Der Traum endet damit, daß an ihrer Stelle ein alter Mann mit einer Lampe erscheint, der dem Träumer schweigend einen Weg durchs Gebirge leuchtet. Über den Gipfel erscheint das Morgenrot und kündigt die aufgehende Sonne an.

Ohne im einzelnen auf die Deutung einzugehen, die meinem Patienten seinerzeit von seinem Psychoanalytiker gegeben wurde: die Ähnlichkeit der Traumbilder mit dem »Weg zum Jenseits« in der Vorstellung der griechischen Antike wurde nicht gesehen. Dabei ist es naheliegend, in dem Fährmann, der eine Person nur hinüber-, nie aber zurückfahren darf, *Charon*, den Unterweltsfährmann, zu erkennen, der die Seelen der Verstorbenen über den Fluß *Styx* ins Jenseits geleitet. Die Geliebte des Träumers ist in diesem Traum bereits auf der »anderen Seite«. Die Lichthinweise, das weiße Kleid und die goldenen Haare wie auch ihr abwehrendes »Rühr mich nicht an, sonst mußt du sterben!« zeigen zusätzlich, was gemeint ist.

Als mir der Patient seine Traumsammlung überreicht, legt er sichtlich erschüttert einen Zeitungsausschnitt dazu. »Schon wieder Sturz vom . . .-Hochhaus. Unerklärlicher Selbstmord einer Akademikerin«, lautet die Schlagzeile. Es handelt sich um seine Jugendgeliebte, die Frau im Traum. Und noch etwas: das Datum ihres selbstgewählten Todes ist auf den Tag und den Monat das gleiche wie das Datum des Traumes. Nur die Jahreszahl zeigt, daß der Traum zwanzig Jahre zuvor geträumt wurde.

Im Volksglauben wird die Geister-Erscheinung der *Weißen Frau* häufig mit einem unentdeckten und ungesühnten Verbrechen in Zusammenhang gebracht. Man sieht die weißen Geister als *unerlöste Seelen* an, die nach dem Tod keine Ruhe finden. Sie müssen solange spuken, bis die verbrecherische Tat, die Jahrhunderte zurückliegen kann, endlich aufgedeckt ist. In der einschlägigen Literatur gibt es eine Fülle von Berichten darüber, daß an der Stelle, wo Schloßgespenster erschienen sind, auch tatsächlich zugemauerte Kammern oder Wandnischen mit dem mumifizierten Leichnam oder dem Skelett eines Ermordeten gefunden wurden. Auch das Nachgraben in den Kellern alter Spukhäuser hat öfters ein Skelett zutage gefördert.

Eigenartigerweise sind es aber nicht die Seelen der Verbrecher, die etwa zur Strafe für ihre ungesühnte Tat nun nächtens ruhelos durch Korridore und Kellergänge wandern müssen oder am Bett eines über Nacht gebliebenen Gastes erscheinen, sondern meist ihre Opfer, die als Geister spukend der Erlösung harren. Wie ist diese allgemeine Volksmeinung erklärbar? Einmal steht der Gedanke dahinter, daß dem Opfer ein christliches Begräbnis und das Grab an geweihter Stätte versagt blieben. Dann die Überlegung, daß durch die Ermordung nicht nur das körperliche Leben des Opfers vorzeitig beendet, sondern ihm auch die Erfüllung seiner Lebensaufgaben, eine seelische Selbstverwirklichung, unmöglich gemacht wurde. Auf den Mörder, auch den unentdeckten, wartet dagegen die Höllenstrafe. So kann er schwerlich als Geist erscheinen.

Um die Mitte des vorigen Jahrhunderts entstand in den USA die Bewegung des *Spiritismus*. Angefangen hatte es mit der Methodistenfamilie FOX im Bundesstaat Maine, bei denen einige Jahre zuvor plötzlich in der Nacht Klopfgeister erschienen und die Bewohner weckten. Die Kinder der Familie klopften höchst unbefangen zurück. Sie einigten sich mit einem Geist, der vorgab, *Charles Ryap* zu heißen, auf ein Klopfalphabet. Auch Charles war eine unerlöste Seele. Er stellte sich als Vorbesitzer des Hauses vor, in dem er angeblich ermordet worden war. Zwar förderten die Nachgrabungen im Keller nur den Unterkiefer eines Menschen zutage, aber die Angelegenheit zog immer weitere Kreise.

Im Jahre 1854 wandten sich die Spiritisten mit einer Denkschrift an das Parlament, der sie immerhin einige Zehntausende von Unterschriften beifügen konnten. Es war dasselbe Jahr, in dem es auf einer Naturforschertagung in Göttingen zum sogenannten Materialismus-Streit kam. Hier wurde die Existenz der Seele von den materialistischen Gelehrten endgültig bestritten und Gedanken als chemische Ausscheidungsprodukte des Gehirns erklärt. So die These des Tübinger Dozenten Karl VOGT.

Psychologisch betrachtet zeigt diese Gleichzeitigkeit, daß mit dem Materialismus in der Kollektiv-Psyche automatisch eine Gegentendenz entsteht, der Spiritismus. Ich will auf den Fall FOX und die dann in England wie in den übrigen Ländern Europas auftauchenden Klopfgeister nicht weiter eingehen. Diese Fälle werden auch heute noch immer wieder zitiert. Die FOX-Schwestern Margaret und Catherine gaben übrigens rund vier Jahrzehnte später zu, einen Schwindel inszeniert zu haben. Zwar hätten sie anfangs bei diesen unerklärlichen Klopftönen an einen Geist geglaubt, dann aber – um ihre Gemeinde nicht zu enttäuschen – selbst nachgeholfen. Dieses Eingeständnis wurde von ihnen allerdings einige Zeit darauf widerrufen.

So verhält es sich bei fast allen Fällen, wo Medien in spiritistischen Sitzungen die Geister von Verstorbenen beschwören und erscheinen lassen. Es ist nun einmal ein Betätigungsfeld für Scharlatane und Betrüger. Ihre betrügerischen Manipulationen werden erleichtert durch den in der menschlichen Seele verwurzelten Glauben an ein Weiterleben nach dem Tode, für das sich die Anhänger dieser Leute einen Beweis erhoffen. Wie bereits von Professor Max DESSOIR festgestellt, kommt es im Umkreis von Medien durchaus zu teilweise äußerst seltsamen PSI-Erscheinungen. Doch da die Medien diese nicht willkürlich – sozusagen auf Kommando – produzieren können, sind sie genötigt, zu Tricks zu greifen. Berufsmedien lassen sich bekanntlich gut bezahlen.

Andererseits sind die Betrügereien von Berufsmedien kein Gegenbeweis für Geister-Erscheinungen, auch nicht für diese seltsamen Klopftöne, mit denen sie sich anzukündigen pflegen. Besonders hübsch ist in diesem Zusammenhang die Geschichte, wie der ungläubige Sigmund FREUD einen Klopfgeist erlebte. Für ihn als erklärten Atheisten war die Religion lediglich eine »kindliche Illusion«. So fühlte er sich auch als Vorkämpfer »gegen die schwarze Schlammflut des Okkultismus«, wie er einmal zu JUNG bemerkte.

JUNG hatte FREUD in Wien besucht und das Gespräch auf die Parapsychologie im allgemeinen und im besonderen auf die *Praekognition* gelenkt. Er wollte FREUDs Ansicht über die merkwürdige Tatsache des *Vorherwissens* hören, wie es immer wieder in den Träumen mancher Patienten auftaucht und sich im nachhinein als zutreffend erweist. »Aus seinem materialistischen Vorurteil heraus lehnte er diesen ganzen Fragenkomplex als Unsinn ab und berief sich dabei auf einen dermaßen oberflächlichen Positivismus, daß ich Mühe hatte, ihm nicht allzu scharf zu entgegnen«, erzählt JUNG dazu in seiner Autobiographie, die posthum unter dem Titel »Erinnerungen – Träume – Gedanken« erschien.

»Während Freud seine Argumente vorbrachte, hatte ich eine merkwürdige Empfindung. Es schien mir, als ob mein

Zwerchfell aus Eisen bestünde und glühend würde – ein glühendes Zwerchfellgewölbe. Und in diesem Augenblick ertönte ein solcher Krach im Bücherschrank, der unmittelbar neben uns stand, daß wir beide furchtbar erschraken. Wir dachten, der Schrank fiele über uns zusammen. Genauso hatte es getönt. Ich sagte zu Freud: ›Das ist jetzt ein sogenanntes katalytisches Exteriorisationsphänomen.‹

›Ach‹, sagte er, ›daß ist ja ein leibhaftiger Unsinn!‹

›Aber nein‹, erwiderte ich, ›Sie irren. Und zum Beweis, daß ich recht habe, sage ich nun voraus, daß es gleich nochmals so einen Krach geben wird!‹ – Und tatsächlich: kaum hatte ich die Worte ausgesprochen, begann der gleiche Krach im Schrank!

Ich weiß heute noch nicht, woher ich diese Sicherheit nahm. Aber ich wußte mit Bestimmtheit, daß das Krachen sich wiederholen würde. Freud hat mich nur entsetzt angeschaut ...[35]«

Seltsam ist dieses Ereignis schon. Jedenfalls hat FREUD dann im Alter seine ablehnende Haltung gegenüber der Parapsychologie aufgegeben und die Wirklichkeit »okkulter Phänomene« anerkannt.

In meiner täglichen Post finden sich oft genug Briefe, in denen mir das Erscheinen von Verstorbenen mitgeteilt wird; sei es im Traum, sei es in einem wachtraumartigen Zustand. Dabei wird häufig darauf hingewiesen, daß sich die Seelen der Toten offensichtlich meldeten, um Angaben zu einem ungelösten Problem zu machen, das sie bedrückt, oder um einen alten Familienstreit beizulegen.

So schreibt mir beispielsweise eine Frau Hannegret H., die unter starkem beruflichen Streß steht, daß sie seit dem Tod ihrer Mutter nachts häufig durch merkwürdige Geräusche geweckt werde. Dann erscheint die Mutter entweder vor dem großen Wandspiegel, oder sie tritt durch die geschlossene Tür aus dem Schrank vor ihr Bett. Dabei geht es stets um einen bestimmten Brief, zu dem die Mutter Angaben machen will. Dieser an den Ehemann gerichtete Brief wurde angeblich von der Schwester der

Frau unbefugterweise geöffnet, weshalb seit dieser Zeit zwischen ihm und seiner Schwägerin ein unversöhnlicher Streit aufgekommen ist.

In einem anderen Brief bittet mich eine Frau Gudrun E., ihre Träume zu deuten.

»Mein Vater ist mir neulich nachts erschienen«, schreibt sie dazu. »Er glaubte sich unheilbar an Krebs erkrankt und hat im Vorjahr freiwillig den Tod als Ausweg gewählt. Jedenfalls ist er beim Baden zu weit ins Meer hinausgeschwommen und ohne erkennbaren Anlaß ertrunken. Er erschien mir nachts in einem langen, weißen Gewand, so wie der Burnus der Araber, und ging am Bett meines fest schlafenden Mannes vorbei. Dicht vor mir, links neben meinem Kopfkissen, blieb er stehen und schaute mich traurig an. Ich konnte mich nicht rühren und mußte ihn nur wie gebannt ansehen.

Nach etwa einer Minute löste sich die Erscheinung wie in nichts auf. Mit aller Deutlichkeit konnte ich wieder die Gegenstände im Zimmer sehen, die die Gestalt verdeckt hatte. Ich weiß genau, daß ich wach war.«

»Was mich beunruhigt«, schreibt Frau Gudrun E. weiter, »ist, warum ich in meinen Träumen über den Vater seither das Gefühl habe, daß man ihn lebendig beerdigt hat. Ich habe ihn doch selbst tot gesehen. Doch immer habe ich das Gefühl, er will mir in den Träumen noch etwas sagen. Vielleicht ist es auch deshalb, weil ich glaube, daß ich die einzige bin, die gefühlsmäßig weiß, warum mein Vater keinen Lebenswillen mehr hatte.«

Es muß also ein Geheimnis zwischen Vater und Tochter bestanden haben, das mit der angegebenen Furcht vor dem Krebs nichts zu tun hatte. Doch darüber erwähnt Frau E. auch mir gegenüber nichts.

Alle diese Erscheinungen der Seelen von Verstorbenen, die etwas zu sagen haben – sei es das Nachholen von etwas, was im Leben versäumt wurde, das Einlösen eines gegebenen Versprechens, das Bemühen um Versöhnung u. a. m. –, sind für die Betroffenen eine unbezweifelbare Realität. All dies einschließlich der Klopflaute oder sonstiger gehörter Geräusche als pure Sinnestäuschung abzutun, ist zu wenig. Doch ebensowenig können wir sie als exakten Beweis für ein Weiterleben nach dem Tod gelten lassen. Die Annahme, daß es sich dabei um Manifestationen des Unbewußten handelt, ist wahrscheinlicher. Dies gilt auch für die Geräusche. Daß psychische Energie imstande ist, materielle Wirkungen hervorzubringen, ist belegt.

Auch für die Doppelgängererscheinung gibt es Beweise in der Psychotherapie, die dafür sprechen, daß es sich um eine Informationsmöglichkeit des Unbewußten der betreffenden Personen handelt. Dieses Phänomen ist unter dem psychologischen Fachausdruck *poröses Ich* bekannt. Dabei kommt es zu einer Ablösung des Bewußtseins vom körperlichen Organismus und zu dessen Aussendung an einen anderen Ort. In einem kleinen Büchlein »Traum und Traumdeutung« habe ich den Fall eines *porösen Ich* angeführt, den ich hier nochmals wiedergebe:

Ines P., 28 Jahre alt, verheiratet, ein Kind, Beruf: Assessorin. Protokoll vom: 7. 6. 19 ... P. berichtet bis in Einzelheiten meinen (des Psychotherapeuten) gestrigen Tagesverlauf ab etwa 16 Uhr. Sie beschreibt die Personen, die in der Praxis erschienen sind. Sie schildert richtig Theaterbesuch und anschließendes Abendessen bei ... mit meiner Frau. Nennt die Zeit der Rückkehr nach Hause. Erwähnt intime Schlafzimmerdetails, als sei sie dabeigewesen.

Auf die Frage, was sie selbst gestern zwischen 16 und 24 Uhr gemacht habe und wo sie gewesen sei, weiß sie keine Antwort. Sie kann sich nicht erinnern.

Telefonische Rückfrage bei Ehemann ergibt, daß P. am 6. 6. ab mittags die Wohnung nicht verlassen hat.

Frau Ines P. hatte übrigens auch *visionäre* Erscheinungen. Dabei handelte es sich aber nicht um den Besuch eines Verstorbenen, sondern einer Person, die sich sozusagen an der Schwelle des Todes befand, nämlich ihrer Schwester. Der Bericht über diesen Vorfall liest sich folgendermaßen:

Protokoll vom 12. 3. 19... Durch ein Geräusch im Bad

wacht P. – 9. 3. – gegen Mitternacht auf. Sie glaubt, es sei ihr Mann, früher als sonst vom wöchentlichen Stammtisch heimgekehrt. Sie macht die Nachttischlampe an. Doch in der offenen Badezimmertür steht ihre Schwester Miriam. Diese schaut sie flehend an und streckt ihr die Hände entgegen. Aus beiden Handgelenken quillt Blut. P. springt aus dem Bett. Bevor sie die Tür erreicht, ist diese – mit einem Klagelaut, wie sie zu hören meint – ins Schloß gefallen. Die Schwester ist verschwunden.

P. kleidet sich hastig an, holt ihren Wagen aus der Garage und fährt gegen 0 Uhr 30 die 120 km nach Stadt B., wo ihre Schwester wohnt. Dort angekommen, weckt sie den Hausmeister, der ihr mit einem Zweitschlüssel die Wohnung öffnet. Im Bad findet sie die Schwester mit durchschnittenen Pulsadern vor. P. bemüht sich, die Blutung durch Abbinden aufzuhalten. Der vom Hausmeister herbeitelefonierte Arzt veranlaßt die Einlieferung in das Städtische Krankenhaus. Miriam wird gerettet. Der Suizidversuch wurde – laut anschließendem klinischem Befund – erst kurz vor Eintreffen von P. gegen 2 Uhr verübt[36].

Was ging hier vor sich? Ist die Erscheinung, durch die Frau Ines P. geweckt wurde, von ihrer Schwester ausgegangen? Sagen wir, daß Miriam P. bei ihrem Entschluß zum Suizid an ihre Schwester Ines dachte. Diese Gedanken erreichten Ines und verdichteten sich zum Bild. Nur daß sie die Szene nicht, wie bei den Träumen, auf ihrem innerseelischen Bildschirm sah, sondern – der Dringlichkeit halber? – unmittelbar nach außen auf die Tür des Badezimmers projiziert.

Oder hat sich auch hier das Bewußtsein von Frau Ines im Schlaf vom Körper gelöst und ist als seelischer Doppelgänger in die entfernte Stadt B. zu ihrer Schwester gewandert? Hat sie also den Selbstmordversuch von Miriam mit einem unbewußt abgelösten Teil ihrer psychischen Persönlichkeit in B. gesehen? Doch wie ist die Zeitverschiebung zu erklären? Die televisionäre Bilderscheinung ging ja dem Suizidversuch als deren Ursache um etwa zwei Stunden voraus. Außerdem kommt in diesem Fall die Doppelgängerrolle der Schwester Miriam zu.

Meine Akten enthalten noch weitere Fälle ähnlicher Art. Dazu ist anzumerken, daß es sich bei den Patienten stets um Personen mit schweren neurotischen Störungen handelt. Sie leiden auch unter ihrem *porösen Ich,* im Gegensatz zu den Berufsmedien. Für die Angehörigen ist es durchaus nicht angenehm, von einem Familienmitglied zu wissen, daß dieses gleichsam durch die Wände sehen kann und Zugang zu den persönlichen Geheimnissen der anderen hat. Oft halten sich diese Personen für geistig anormal, oder sie fürchten, *verrückt* zu werden.

Das Doppelgängererlebnis ist auch als Symptom der *Schizophrenie* bekannt, dieser durch eine Bewußtseinsspaltung gekennzeichneten Geisteskrankheit. So geben auch Schizophrene an, sie hätten Doppelgänger. »Ich stieß plötzlich in einem Fremden auf mich selbst, konnte mich immer weniger von der mich umgebenden Welt unterscheiden«, heißt es in dem 1979 erschienenen Buch »Uhren und Meere« von Harald KAAS, der darin die zehn Jahre seines Lebens schildert, die er »im Wahnsinn« verbrachte. »Es war, als könnte ich in den Gedanken der Menschen lesen, alles lag offen zutage ... Wären alle wie ich gewesen, hätten wir auf die Sprache verzichten können; wir hätten uns schweigend verständigt.«

Darüber hinaus beschreibt der Autor einen Zustand, welcher der fernöstlichen Vorstellung von der *Wiedergeburt* entspricht. »Manchmal war mir zumute, als lebte ich schon seit Anbeginn der Welt. Dann wieder fühlte ich mich als Tier, als Pflanze, als Stein ... Ich war mir völlig darüber im klaren, daß ich wahnsinnig war, und war zugleich davon überzeugt, daß ich eine der ältesten Möglichkeiten des Menschseins wiederentdeckt hatte.«

Zwischen diesen Erlebnissen und den Vorfällen bei Frau Ines P. besteht allerdings ein erheblicher Unterschied. Was KAAS erlebte, spielte sich ausschließlich in seiner eigenen Psyche ab. Es hatte keinen Bezug zur Realität. Wenn er glaubte, in einem Fremden sich selbst als Doppelgänger zu begegnen, so änderte dies nichts daran, daß

199

der andere ein Fremder blieb, der nichts davon wußte. Wenn er glaubte, er könne in den Gedanken der Menschen lesen und eine wortlose Verständigung durch Gedankenübertragung müsse dadurch möglich sein, so war dies in Wirklichkeit jedoch nicht der Fall.

Bei der Erscheinung, die Frau Ines P. sah, trat aber tatsächlich ihre Schwester als Doppelgänger auf, wie immer das auch zustande gekommen sein mag. Und ebenso entspricht das, was sie und auch andere Patientinnen im Zustand des *porösen Ich* an anderem Ort und bei anderen Personen erlebt haben, realen Tatsachen. Alles wurde nachgeprüft und protokollarisch festgehalten. Begnügen wir uns vorerst mit der Feststellung, daß es sich um eine Art *nichtapparativer* Television handelt, bei der der Übertragungskanal noch ungeklärt ist.

KAPITEL 2

Die Jenseitsfrage als Gegenwartsproblem

Zehn Jahre sind es jetzt her. Ein neues Zeitalter in der Geschichte der Menschheit schien angebrochen. Am 20. Juli 1969 betrat Neil ARMSTRONG als erster Mensch einen fremden Himmelskörper, den Mond. Das Raumschiff 11, getauft auf den Namen des Lichtgotts *Apollo,* hatte ihn und seine beiden Ko-Astronauten präzise zu unserem Nachbarn im Weltraum getragen, zum Nachtgestirn, das bis vor kaum hundert Jahren noch für viele Menschen als göttliche Schwester der Sonne entsprechende Verehrung genoß.

Ein uralter Menschheitstraum hatte sich erfüllt. Erstmals war es gelungen, die dem Menschen von der Natur gesetzten Schranken zu überwinden und die durch die Körperlichkeit gegebenen Grenzen zu sprengen. Die

200

Technik hatte das Sauerstoffproblem gelöst und die Kälte des Weltraums gemeistert.

Auch der Traum vom *Homunkulus*, der Erschaffung von Leben in der Retorte, schien der Verwirklichung nahe. Etwa eineinhalb Jahre zuvor war es in den USA einem Team von Mikrobiologen unter Führung von Artur KORNBERG gelungen, erstmals aus toter Materie ein vermehrungsfähiges Virus zusammenzubauen und so künstliches Leben zu schaffen. Was früher den Göttern oder Gott vorbehalten war, schien nun dem Menschen möglich geworden zu sein.

Und heute, zehn Jahre danach? Weltweite Resignation! Energiekrise, Ende der Ölzeit, Ausbreitung des Terrorismus einerseits sowie die Gefahr eines im unsichtbaren Netz von Super-Computern gefangenen und zwangsverwalteten Daseins andererseits. Von der Aussicht auf kriegerische Verwicklungen im Nahen und Mittleren Osten ganz zu schweigen. Vor kurzem noch unverbrüchlicher Fortschrittsglaube mit dem Ziel, den Weltraum zu erobern und durch wissenschaftliche und technische Großtaten die Erde in ein Konsum- und Freizeitparadies umzugestalten. Und nun die plötzliche Erkenntnis, daß sich die Natur nicht ungestraft vergewaltigen läßt und der Mensch weit entfernt davon ist, gottgleich zu sein.

Ist der Mensch plötzlich an die Grenzen seiner Bewußtseinsentwicklung gestoßen? Und was hat dies mit dem Glauben an das »Jenseits« zu tun? Mehr, als die meisten von uns denken.

Vor rund acht- bis sechstausend Jahren fand der erste *psychische* Aufbruch in den Kosmos statt. Eine *magische* Raumfahrt der Kollektiv-Seele war es damals gewesen. Das »Jenseits« und damit die Herkunft der Seele wurden von der Erde in den Kosmos verlegt. In den Himmelskörpern der Gestirne hatten die Menschen jener Zeit ihre Götter gefunden; in der Gestalt der Gottkönige waren diese dann auf die Erde herabgestiegen.

Hatte man sich zuvor die Erde als die lebenspendende

und nährende, aber ebenso im Tode als die grausam ver-
schlingende Allmutter gedacht, so war jetzt die Mondgöttin zur Großen Mutter geworden. Als *Ischtar* ließ sie
sich in den alles menschliche Maß übersteigenden Tem-
peln von Ur, Assur und Babylon nieder. In den berghohen
Stufenpyramiden der Maya nahm die grausame Mondgöttin als *Ixchel* ihre Wohnung, um die Erde zu befruchten
und dafür das Opfer Tausender zuckender Herzen zu fordern, die ihre Priester den besiegten Kriegern mit dem aus
kosmischem Meteorgestein gefertigten Obsidianmesser aus
der Brust schnitten. Als krötengesichtige *Gorgo* bewohnte
die Mondgöttin die aus zyklopischen Felsblöcken aufge-
türmten Riesenbauten auf den Andenhochplateaus von
Peru.

Die Sonne, ihr göttlicher Gegenspieler – in Ägypten
war es *Rê* –, schuf sich in der Inkarnation als Pharao in den
Pyramiden eine irdische Entsprechung des Kosmos. Und
stets ging es im Mythos um die Vereinigung der beiden
Himmelsgötter, um die himmlische Hochzeit von Sonne
und Mond. Um die Vereinigung der Gegensätze von
Licht und Dunkel, von Tag und Nacht oder – psychologisch gesehen – um die Integration des Unbewußten in
das Bewußtsein.

Dieser als Bewußtwerdung und Bewußtseinserweiterung zu denkende Prozeß ist stets mit schmerzlichen Erfahrungen und Opfern verbunden. Dies ist auch heute
noch so. Die Menschen der Antike sahen darin einen
Kampf göttlicher Mächte. So vollbringt im späteren
Mythos der Azteken der Sonnengott *Huitzilopochtli* die
Heldentat, die grausame Mond-Schwester-Göttin zu
köpfen. Das heißt, es gelingt ihm, das dem Männlichen
zugeordnete Bewußtsein – weil aktiv und zeugend – aus
der Gewalt der Dunkelseite des Unbewußten zu befreien.
Auch der ägyptische Sonnengott *Rê,* der allabendlich vom
Schoß der kalten Nachtmutter verschlungen wird, besiegt
die Mondgöttin und kehrt am Morgen in seinem feurigen
Wagen an den Tageshimmel zurück.

Vier Äonen, vier Zeitabschnitte von rund zweitausend Jahren, in denen sich jeweils der Frühlingspunkt – die Lebenswiederkehr in der Natur – von einem Sternbild in ein anderes verschiebt, benötigte die Menschheit, um diese *Idee* einer kosmischen Gegensatzvereinigung konkret und materiell zu verwirklichen. Eine *Idee* im Sinne eines in der gesamten Menschheit schlummernden Gedanken-Bildes, ein archetypisches Vorstellungsmuster besitzt, wie die kulturgeschichtliche Erfahrung lehrt, eine ungeheure Ladung an psychischer Energie. Die *Idee* ist immateriell, ist etwas rein Geistiges, etwas, das nur in unseren Köpfen existiert, wie wir im Gegensatz zu den Menschen früherer Zeiten annehmen, für die die Archetypen noch Götter waren. Und doch vermag sich die Idee jederzeit in der Form von materiellen Ereignissen zu realisieren.

Diese psychische Energie war es, die Hunderttausende von Wissenschaftlern, Technikern und Arbeitern unter der beispiellosen Organisation der NASA zu einer kollektiv-psychischen Einheit zusammenschweißte. Das archetypische Vorstellungsmuster der Vereinigung von *Apollo* mit *Luna* fand seine Materialisierung in der Gestalt eines Raumschiffes, das die ersten drei Menschen auf einem Feuerschweif zu einem anderen Himmelskörper trug. Was sich unbewußt hinter der Verwirklichung des Aufbruchs in den Weltraum verbirgt, ist von der Warte des Tiefenpsychologen aus gesehen noch mehr: die in der menschlichen Seele schlummernde Sehnsucht nach einer Rückkehr zu den göttlichen Ureltern, die fast allen kosmogonischen Mythen zufolge auf den Sternen wohnen. Es steht auch – wenn wir uns als Christen an die Erzählung vom Himmelssturz der gefallenen Engel erinnern – der Gedanke der Erlösung *Luzifers* dahinter, die Überwindung der Materie durch den Geist, die Vervollständigung der Bewußtheit durch eine Bewältigung der Schwerkraft des Unbewußten.

Sollte mit der Materialisierung der Idee vom Aufbruch ins All, als sich der menschliche Geist ein Vehikel zur

Überwindung der irdischen Naturgesetze und zu einer Rückkehr in die Dimension seiner Ursprünge schuf, nicht umgekehrt auch eine Befreiung der Seele aus ihrer materiellen Verhaftung möglich geworden sein? Zumindest wären ein Ansteigen von Bewußtheit, ein Zuwachs an Vernunft, eine erweiterte Humanisierung der zwischenmenschlichen Beziehungen zu erwarten gewesen angesichts der gigantischen Aufgabe, die sich die Menschheit mit dem Aufbruch in den Kosmos gestellt hatte.

Das Gegenteil ist der Fall. Fast scheint es, als ob mit der Eroberung des Mondes durch den Geist – symbolisiert durch die wie der Sonnenwagen *Apolls* auf Feuerstrahlen fahrende Raumrakete – dieser dort zurückgeblieben sei. Nicht der Mond wurde vom menschlichen Geist besiegt, sondern der Geist vom beherrschenden Gestirn der Nacht und des Dunkels verschlungen. Und mit ihm verblieben, versunken und verweht im Staub seiner Krater, die mühsam errungene Bewußtheit und der Rest von Vernunft. Was zurückgekehrt ist in die vom Geist und von der Vernunft verlassenen Seelen der Menschen, scheint ein Ungeist zu sein, ein Dämon der Unbewußtheit und der Anti-Vernunft.

Waren die Opfer zweier Weltkriege und der Kriege danach noch zu wenig, um einen allgemeinen Lernprozeß auszulösen? Wer eine illustrierte Zeitung aufschlägt und die in den schwarzen Schador gehüllten und vermummten Frauengestalten im heutigen Iran betrachtet – bei einer Demonstration, die Maschinenpistole umgehängt, die Hand am Abzug, maskenhaft glatte, eiskalte Gesichter –, der kann sich eines Schauderns nicht erwehren. Man könnte meinen, Erinnyen zu begegnen, den Töchtern der Unterweltsgöttin, die einem archaischen Hades entstiegen sind[37]. Es sind stets die gleichen Gesichter; Gesichter von Studentinnen, die noch vor kurzem an unseren westlichen Universitäten studierten. Sie sind angetreten zur Verwirklichung eines Diesseits-Paradieses, eines Paradieses, das mit Terror beginnt, mit Mord und Manie.

Das ist *schizophren.* Doch dies gilt für die Zeitsituation allgemein. Der Zustand des heute so widersinnigen Nebeneinanders von naturwissenschaftlichem Fortschritt einerseits und einer Abnahme der Erkenntnisfähigkeit für die Gesamtzusammenhänge andererseits stellt in der Tat eine kollektive *Bewußtseinsspaltung* dar. Vor der Gefährlichkeit dieser Zeitproblematik die Augen zu verschließen, grenzt aber bereits an Schwachsinn.

Die hervorstechendsten Symptome dieser Zeitkrankheit heißen Aggression und Depression. Sie sind zum Gegenwartsproblem Nummer eins geworden. Die psychische Energie kollektiver Aggressionen hat die Tendenz, in einer Art Kettenreaktion zu eskalieren. Wir haben dies vor vier Jahrzehnten nach dem Ausbruch des letzten Weltkriegs erlebt. Wir erlebten es ferner beim Krieg in Vietnam und dessen Auswirkungen bis in die Gegenwart. Und wir können es, im kleineren Maßstab, bei oder nach fast jedem Fußballwettkampf erleben.

Ebenso steht es mit der Depression. Sie ist zu einer Volkskrankheit von Millionen und aber Millionen Betroffenen geworden. Warum fühlen sich so viele Berufstätige häufig niedergedrückt, müde, pessimistisch, unlustig, antriebsgestört, überanstrengt? Was verursacht ihre Ängste, Schlafstörungen, Nervenzusammenbrüche, Potenzschwächen und mannigfachen depressiven Zustände? Warum gibt es trotz moderner Schulen und fortschrittlicher Pädagogik sowie trotz erstklassiger Universitäten Schüler- und Studentenselbstmorde? Wie kommt es, daß sich Pensionäre selbst in gut ausgestatteten Seniorenheimen einsam, trostlos, hoffnungslos, verbittert fühlen? So fragt der Arzt und Psychotherapeut Raphael LENNÉ in seinem Buch »Zeitkrankheit Depression«. Seine Antwort: »Das moderne Leben vergiftet nicht nur die Umwelt, sondern auch – und ebenso folgenreich – unsere Psyche[38].«

Das moderne Leben? Die äußeren – materiellen – Umstände also und ebenso die gesellschaftlichen Verhältnisse? Das ist für eine Erklärung zuwenig. So ausgezeichnet die Darstellung und die Aufdeckung der vordergründigen Ursachen in diesem Buch auch sind, es fehlt das entscheidende Stichwort vom *Lebens-Sinn.*

Aggression und Depression haben die gleiche Wurzel: unbewältigte Emotionen, die einen Affektstau bewirken. Die Depression ist eine nach innen, gegen die eigene Persönlichkeit gerichtete Aggression. Und die Aggression ist letztlich die Abreaktion von Unlust und unbewußter Angst nach außen. Was so oder so zum Ausdruck kommt, wird als Folge einer Verdrängung erklärt, einer kollektiven Verdrängung als Ergebnis der modernen Gesellschaft, in der – wie einst die Arbeitskraft – nun die Triebbedürfnisse manipuliert und ausgebeutet werden. Daraus ergibt sich »Die Unfähigkeit zu trauern«, wie Alexander und Margarete MITSCHERLICH in ihrem gleichnamigen Essay festgestellt haben.

Doch was in unserer modernen Gesellschaft zutiefst verdrängt wird, ist die Beschäftigung mit dem Problem des *Todes.* Die Tatsache, daß der Tod für die Existenz eines jeden Menschen von ebenso einschneidender Bedeutung ist wie die Geburt, kam dem Bewußtsein der heutigen Menschen fast völlig abhanden. Schuld daran sind die materialistisch orientierte Wissenschaft unserer Zeit und die sich auf den Wissenschaftsmaterialismus stützenden Ideologien, welche das Gesellschaftsleben beherrschen. Seit Naturwissenschaftler, Soziologen und Polit-Ideologen die Möglichkeit eines Weiterlebens nach dem Tod entweder strikt verneinen oder aber eine Beschäftigung mit diesem Thema für unwissenschaftlich erklären, ist auch die Frage nach dem *Sinn* des Lebens zu einem *Tabu* geworden.

Ein *Tabu* (von polynesisch *tapu* = verboten) aber gehört zu den Glaubensvorstellungen der Primitiven und zu deren noch bewußtseinsfernem magischem Denken. Das Tabu ist ein Verbot, an gewissen Dingen zu rühren, weil nach der Vorstellung der Primitiven sonst gefährliche Seelenkräfte entfesselt würden. Es hat den Charakter einer Schutzfunktion, um die Bewußtseinsentwicklung des

206

Stammes auf anderen Gebieten abzusichern, die für die soziale Entwicklung erforderlich sind.

Der Materialismus und die Ausschließung der Frage nach dem Lebenssinn im vorigen Jahrhundert haben die Naturwissenschaften von religiösen Tabus befreit. So war der rasante wissenschaftliche Fortschritt auf dem Gebiet der Physik möglich. Er hat bewirkt, daß der Mensch entgegen allen biologischen Naturgesetzlichkeiten seine natürliche Umwelt – die Erde – verlassen und in den Weltraum vordringen kann.

Das ist die eine Seite des Charakters von Tabus. Werden sie aber nicht immer wieder im Verlauf der Zeit durchbrochen, so führen sie zu einem Stillstand der Entwicklung. Wie aus der Völkerpsychologie hinreichend bekannt ist, zeigt die Wirkung der Tabus dann alle Merkmale, wie sie als Symptome bei einer Zwangsneurose in Erscheinung treten. Inzwischen ist auch offenkundig, daß dieser Mechanismus nicht nur für die Welt der Primitiven gilt, sondern für uns ebenso. Was infolge des einseitigen technischen Fortschritts bis vor kurzem praktisch zum Stillstand gekommen war, ist die Erforschung des psychischen Weltraums, der Dimension von Seele und Geist.

Wie wichtig es ist, das Versäumte nachzuholen, geht aus zwei psychologischen Gesetzmäßigkeiten hervor, die der bedeutende Schüler von C. G. JUNG, der Tiefenpsychologe Erich NEUMANN, formuliert hat. Es handelt sich um das »Kompensationsgesetz« und als zweites um das »Gesetz von der transzendenten Funktion«.

Das *Kompensationsgesetz* besagt in knapper Formulierung, daß das Unbewußte der Seele kompensierend und regulierend in das Verhaltensstreben des Bewußtseins eingreift, um einen Ausgleich im Sinne der Ganzheit herzustellen.

Das *Gesetz von der transzendenten Funktion* meint folgendes: Entsteht durch das Erlebnis von bestimmten Ereignissen eine Erfahrung von Tatsachen, die für das Bewußtsein sinnlich nicht erfaßbar, für den Verstand also unerklärlich sind, entsteht also eine im Bewußtsein nicht ausgleichbare Gegensatzspannung, so wird diese durch die Gestaltung einer *übersinnlichen* Vorstellungswelt ausgeglichen[39].

Auch wenn diese psychologischen Gesetzmäßigkeiten durch wissenschaftliche oder gesellschaftliche Tabus aus dem Bewußtsein verbannt werden, so ändert dies nichts an ihrer Wirksamkeit. Nur daß sich die Kompensationstendenz des Unbewußten dann eben äußerst drastischer Mittel bedient – der zuvor erwähnten Übel von Aggression und Depression. Die Gestaltung *übersinnlicher* Vorstellungen entzieht sich dem kritischen Bewußtsein. Es kommt zu kritikloser Annahme von allerlei modischen Glaubenslehren oder zumeist unverstandener Meditationspraktiken. Und als Extremerscheinung zu dem, was inzwischen durchaus zutreffend als Sektenwahn bezeichnet wird.

Der Mensch ist, wie bereits erwähnt, mehr als nur ein körperlicher Organismus. Er besitzt Körper und Seele. Oder, besser gesagt, der Mensch *ist* Körper *und* Seele. Kurzum: Werden die psychischen Funktionen in ihrer Tätigkeit behindert, so kommt es zur Störung des seelischen Gleichgewichts. Die Seele wird krank. Und nur zu oft – als unmittelbare Folge – erkrankt auch der Leib. Mit anderen Worten: Die Beschäftigung mit dem Sinn des Lebens und damit automatisch die Beschäftigung mit dem Tode sowie die Prüfung der Jenseitsfrage sind inzwischen zu einem ernsten Anliegen der seelischen Gesundheit geworden.

Fortschrittliche Ärzte haben dies längst erkannt. Doch von *der* Wissenschaft, die es eigentlich anginge, von der Psychologie, ist eine Lösung dieses Problems kaum zu erwarten. Denn die Psychologie, wie sie an unseren Universitäten gelehrt wird, befaßt sich paradoxerweise nicht mit der Seele, obwohl Psychologie wörtlich übersetzt »Seelenkunde« bedeutet. Das klingt verwirrend, werden Sie als Leser jetzt sagen, daß eine Wissenschaft ihren Namen von einem Gegenstand ableitet, den sie nicht untersucht, ja dessen Existenz sie sogar bestreitet. Wenn Sie einen diplomierten Psychologen um eine diesbezügliche Auskunft bitten, wird er Ihnen vermutlich antworten: »Psychologie ist die Wissenschaft vom menschlichen und tierischen Verhalten.« Und wenn Sie nun einwenden, dies sei doch der Forschungsbereich der Verhaltensforschung, so wird die Antwort lauten: »Im Prinzip ja.« Denn »objektiv« könne man – ob beim Tier oder bei einer menschlichen Versuchsperson – nur das Verhalten exakt beobachten.

Zwar befaßt sich die deutsche Psychologie teilweise auch noch mit dem *Erleben,* doch im wesentlichen ist sie nach dem Krieg zu einem Ableger des amerikanischen Behaviorismus geworden. Die Behavioristen – das ist die englische Version für den Begriff »Verhaltensforscher« – leugnen die Existenz einer menschlichen Seele strikte. Übrigens auch die des Bewußtseins. Sie vertreten die Auffassung, daß sich das Verhalten des Menschen von dessen Säugetierabkunft her erklären lasse. Dabei stützen sie sich vorwiegend – so ihr bedeutendster Vertreter in den USA, Burrhus Frederic SKINNER – auf die *Konditionierungsexperimente* mit Albinoratten. (Wobei wir für »Konditionierung« das altbekannte Wort »Dressur« setzen können.) Ebenfalls beliebte Versuchstiere sind Rhesusaffen und Plattwürmer. SKINNER glaubt nun, seine Rattenexperimente reichten aus, um mittels Analogieschlüssen das psychische Verhalten des Menschen gegenüber religiösen, ethischen und politischen Problemen zu ergründen.

Seelische Störungen existieren für die Verhaltensforschung und die auf SKINNERS Rattenexperimente gegründete Verhaltenstherapie nicht. Da die Existenz des Seelischen einschließlich des Bewußtseins wie des Unbewußten bestritten wird, werden Neurosen und Psychosen schlicht als Verhaltensstörungen bezeichnet, nach dem Motto: Das Symptom ist die Neurose. Daß mit dem Vordringen der Verhaltenstherapie die Gefahr einer Manipulation des Menschen wächst, muß ausdrücklich festgestellt werden.

An warnenden Stimmen gegenüber dem Beharren auf einer Psychologie ohne Seele, die sich auf das veraltete materialistisch-mechanistische Denkmodell des verflossenen Jahrhunderts gründet, fehlt es nicht. Gewiß, man kann wie SKINNER ein neues Weltbild und ein Bild des Menschen aus der Plattwurm-Ratten-Affen-Perspektive zeichnen. Doch die Folgen? Darauf hat Professor Max HORKHEIMER, der inzwischen verstorbene Nestor der deutschen Sozialwissenschaft, hingewiesen: Eine Rückentwicklung des Bewußtseins zu einem reflexhaften Instinktmechanismus und der Verlust der Freiheit in einer von Super-Computern verwalteten und vollautomatisierten Zukunftswelt.

HORKHEIMER, früher überzeugter Anhänger von MARX, verwarf daher zuletzt den Materialismus und forderte eine Erneuerung der Theologie mit der Bemerkung, daß ohne den Gedanken an das *Transzendente* eine moralisch integre Politik nicht möglich ist. Nur was die Verwirklichung seiner Forderung und die Überwindung des materialistischen Denkens angeht, so fürchtete HORKHEIMER voll pessimistischer Sorge noch kurz vor seinem Tod, daß sie vermutlich zu spät kämen.

Dabei hatte alles so vielversprechend begonnen. »Gott ist tot! Ich lehre Euch den Übermenschen«, hatte Friedrich NIETZSCHE, den Thomas MANN den letzten großen europäischen Denker nennt, vor hundert Jahren in seinem »Zarathustra« verkündet. Von den Vertretern des Materialismus und des Wissenschaftspositivismus ist dieser Satz gern zitiert worden. Auch sie sahen im Übermenschen ein Ziel der Entwicklung, allerdings in biologischem Sinn. Und wie wir wissen, wollten auch die Nationalsozialisten einen arischen Übermenschen züchten, durch Rassenauslese und Rassenhygiene. Doch selten ist der Ausspruch eines Philosophen so mißverstanden worden wie dieser.

Daß die Menschen ihre Götter stürzten und durch neue ersetzten, kam ja schon öfters vor. Praktisch war dies – historisch gesehen – vor jedem neuen Bewußtseinssprung

210

der Fall. »Zerbrecht die alten Tafeln der Werte!« Was NIETZSCHE damit meinte, war die Zerstörung des allzu menschlich vorgestellten und fragwürdig gewordenen Gottes*bildes* der christlichen Konfessionen. »Ein jeder trägt eine produktive Einzigkeit in sich, als den Kern seines Wesens; und wenn er sich dieser Einzigkeit bewußt wird, erscheint um ihn ein fremdartiger Glanz, der des Ungewöhnlichen.« Was NIETZSCHE unter dieser Einzigartigkeit versteht, sagt er in dem lapidaren Satz: »Es gibt keine Institution, welche Du höher zu achten hättest, als Deine Seele.« NIETZSCHE war weder ein Materialist noch Atheist, wie allgemein geglaubt wird.

»Ich lehre Euch den Übermenschen. Der Mensch ist etwas, was überwunden werden soll. Was ist der Affe für den Menschen? Ein Gelächter oder eine schmerzliche Scham. Und eben das soll der Mensch für den Übermenschen sein: ein Gelächter oder eine schmerzliche Scham.« Das ist NIETZSCHEs Antwort auf die »Psychologie ohne Seele«, wie sie der Bonner Philosoph und Psychologe F. A. LANGE damals als Konsequenz des Materialismus forderte. Und ebenso seine Antwort auf DARWINs Abstammungstheorie, derzufolge der Mensch als Wunderkind einer schmalnäsigen Äffin geboren worden und in seinem Wesen als »nackter Affe« zu verstehen sei.

Worum es NIETZSCHE mit seinem Postulat vom Übermenschen ging, ist – modern formuliert – das Bemühen um *Bewußtseinserweiterung.* Doch dies nicht im Sinne einer Vermehrung des akademischen und technischen Wissens. Was er anstrebte, ist das Aufgeben der kindlichen Vorstellung von Gott als eine Art Übervater und die Besinnung darauf, daß die Menschheit entwicklungsmäßig beim Zustand des Erwachsenseins angelangt und jetzt für ihr Tun und Verhalten selbst verantwortlich sei. Anders gesagt: Der Übermensch ist – als Ziel der Entwicklung und nach Überwindung der tierischen Natur – der Aufstieg des Menschen auf die Stufe einer höheren, reiferen und damit humanen *Bewußtheit.*

»Ich komme wieder ... ich komme ewig wieder ...«, so spricht Zarathustra bei NIETZSCHE an anderer Stelle. Er glaubte an eine ewige Wiederkehr, gewissermaßen an einen Kreislauf der Zeit.

Waren wir also schon einmal da? Nicht in einem Jenseits, sondern im Diesseits? Wandern nur die Seelen oder auch die Körper der Menschen in diesem ewigen Kreislauf? NIETZSCHE läßt diese Fragen offen. Doch selbst wenn auch die Seele ebenso sterblich wäre wie der Leib – nach seiner Auffassung müßten beide eines Tages wiedergeboren werden.

Das Fazit seiner Gedanken über die Möglichkeit einer dereinstigen Wiedergeburt läßt sich etwa wie folgt zusammenfassen: Lebe so, daß es sich lohnt, wiederzukehren und noch einmal zu leben! Wachse über dich selbst hinaus zu wahrer Menschlichkeit! Dies ist der Sinn deines Lebens wie der jedes Lebens.

Doch, wie gesagt, die Lehren von NIETZSCHE wurden gründlich mißverstanden. Das materialistische Denken trat seinen Siegeszug an. Auch das und die Folgen hat NIETZSCHE vorausgesehen. Er war in der Tat ein Seher. So hat er rund fünfzig Jahre zuvor ziemlich präzise den Zweiten Weltkrieg für die Mitte unseres Jahrhunderts prophezeit und die Aufteilung der Weltherrschaft zwischen den beiden Mächten UdSSR und USA.

So heißt es in der Vorrede seines 1887 erschienenen Werkes »Wille zur Macht«:

»Die Geschichte kann jetzt schon erzählt werden, denn die Notwendigkeit ist hier am Werk. Unsere ganz europäische Kultur bewegt sich mit einer Tortur der Spannung, die von Jahrzehnt zu Jahrzehnt wächst, wie auf eine Katastrophe los ... Es wird Kriege geben, wie es noch keine auf Erden gegeben hat ... Die Gewalt geteilt zwischen Slawen und Angelsachsen und Europa als Griechenland unter der Herrschaft Roms.«

Auch die Diktatur HITLERs sah NIETZSCHE kommen – ein halbes Jahrhundert zuvor –, wenn er an anderer Stelle den »großen Gewalt-Herrn« prophezeit. »Ein gewitzter Unhold, der mit seiner Gnade und Ungnade alles Vergangene zwänge und zwängte, bis es ihm Brücke würde und Vorzeichen und Herold und Hahnenschrei[40].«

Für ein materialistisches und rationalistisches Denken ist allerdings der Sinn der Philosophie NIETZSCHEs unverständlich. Seine Voraussagen beweisen, daß er die Grenzen der Zeit übersprang und entgegen den Grundsätzen der logischen Vernunft prophetisch die Gestaltungsmuster der Zukunft erfaßte. So sind auch sein »Wille zur Macht« nicht der Wille im Sinn der Nützlichkeitsmoral seiner Zeit und die Macht nicht als materielle Macht zu verstehen. Für ihn ist es »Wille zur Höhe«, zur Bewußtheit. Und wenn er »Macht« sagt, dann meint er damit »psychische Kraft«; eine Kraft, die den Menschen unter anderem auch dazu befähigt, die Muster zu sehen und das Programm zu erkennen, nach dem das Zeitgeschehen verläuft.

Seine Nachfolger unter den Philosophen jedoch verstanden NIETZSCHE wörtlich. Sie glaubten tatsächlich, er habe beweisen wollen, es existiere nichts Göttliches in der Welt. Das Universum, ob ohne Anfang und Ende oder irgendwie durch einen Urknall entstanden, schnurre eben ab wie ein Perpetuum mobile. Einfach so. Durch blinde Zufälle gesteuert und ohne Sinn. So ist auch das Dasein des Menschen ohne Sinn. »Existenz ist ins Nichts Geworfensein.« – »Das Dasein des Menschen ist Sein im Scheitern, ein Sein zum Tode.« So lauten die Thesen der Vertreter der nach dem Kriege maßgeblichen Existenzphilosophie, von HEIDEGGER, JASPERS und des besonders durch seine Theaterstücke bekannten Franzosen Jean Paul SARTRE.

Zwar ist die Natur von einem Rausch des Werdens erfaßt, doch es gibt kein Werden ohne Vergehen, kein Leben ohne Tod. Alle materiellen und körperlichen Dinge, von den Steinen über Tiere und Menschen bis zu den Sonnen, sind ohne Bestand. Kaum hervorgegangen, beginnt schon das Werk der Zerstörung. Insofern ist das Dasein ein Sein, das zum Scheitern verurteilt ist, meint JASPERS. Vor dem Anfang, vor der Geburt: das Nichts! Und ebenso lauert am Ende, nach dem Tod, das nichtende Nichts. Dasein ist ein Hineingehaltensein ins Nichts, erklärt Martin HEIDEGGER. Und konsequenterweise folgert SARTRE: »Der Mensch ist eine unnütze Passion.«

Mag sein, daß der für Europa in der Art eines Weltuntergangs endende letzte Weltkrieg und der Schock der Atombombe, die mit einem »kleinen« Völkermord der Bewohner von Hiroshima und Nagasaki den Frieden mit bislang ungekannter Lautstärke »einläutete«, zu dieser pessimistischen Weltauffassung beigetragen haben. Als die Menschheit aus ihrem psychotischen Dämmerzustand allmählich erwachte, in dem sie sich während des Krieges – durchaus dem Zustand einer Schizophrenie vergleichbar – befunden hatte, schien es allerdings tatsächlich, als sei Gott tot und als hätten diejenigen recht, die den Ausspruch von NIETZSCHE wörtlich verstanden. Von Gott im Sinne eines barmherzigen, gütigen und gerechten himmlischen Vaters konnte keine Rede sein. Denken Sie nur an das Schicksal der osteuropäischen Völker, die von ROOSEVELT mit einem Federstrich auf Jalta STALIN überlassen wurden.

Doch ich will mir weitere Beispiele ersparen. Der tägliche Blick auf den Bildschirm besagt in dieser Hinsicht genug. Der Glaube an Gott im Sinne eines Über-Vaters, der die Guten belohnt und die Bösen bestraft – im Sinne einer ausgleichenden Gerechtigkeit für jeden einzelnen –, ist allzu menschlich, wenn nicht gar kindlich. Dieser Glaube war durch die Ereignisse während und nach dem Kriege fragwürdig geworden und in den meisten Menschen erstorben. Denn von einem *Tod* Gottes zu sprechen ist unsinnig, weil dies ein Widerspruch gegen den Begriff von Gott ist.

Die nach dem Krieg aufgekommene und sich bis in die Gegenwart auswirkende Lehre des *Existentialismus* als eine

214

Philosophie des Nichts – wenn wir HEIDEGGER folgen, ist nämlich nur das Nichts das einzig Reale – ist verständlich, handelt es sich doch um die logische Fortsetzung der »Psychologie ohne Seele«. Allerdings stellt der Existentialismus eine höchst makabre Weltanschauungslehre dar. Eine entgottete, entseelte und von Geist und Bewußtsein (so SKINNER) entleerte Welt, eine durch blinden Zufall entstandene Welt ohne Zweck und Ziel, ein Universum in der Art einer gigantischen, von einem sich selbst versorgenden Super-Computer in Gang gehaltenen Maschine, die beständig nutzlose Dinge produziert, um sie anschließend als Abfall zu beseitigen – eine solche Welt ist sinnlos. In ihr hat auch das Dasein des Menschen keinen Sinn.

Ist das Nichts die einzige dauerhafte Realität, wie HEIDEGGER glaubt, so ist folgerichtig auch seine Theorie nicht real und – bei allem Respekt vor dem Denker Martin HEIDEGGER – seine Existenz ohne Sinn und Wert gewesen. Wir sehen, wohin das führt. Diese von Gott, Geist und Seele entleerte Welt, wie sie uns die Vertreter des Existentialismus entwerfen, ist schlicht gesagt unsinnig. Gäbe es diese Welt, wäre es auch unsinnig, über das Jenseits nachzudenken und die Möglichkeit eines Weiterlebens nach dem Tod in Betracht zu ziehen. Doch von der Leere und vom Nichts allein – auch wenn dies hier nicht materiell zu verstehen ist – kann der Mensch nicht leben. Das ist nun tatsächlich ein echtes Problem der menschlichen Existenz, und zwar des seelischen wie des leiblichen Lebens.

So hat SARTRE wenigstens etwas an geistigen Wertvorstellungen übriggelassen für das »Hineingeworfen-Sein« in dieses Nichts-Welt-Feld, auch wenn es sich um eine äußerst unangenehme und von den meisten negativ bewertete Sache handelt: die Hölle. Die Existenz der Hölle ist für ihn Realität. Wie, das schildert er in seinem bekannten und brillanten Theaterstück »Die geschlossene Gesellschaft«. Da es kein Jenseits gibt, findet die Hölle im Diesseits statt, und zwar in den Seelen der Menschen. Und da für SARTRE kein Gott existiert, gibt es auch keine Teufel. Die Teufel sind die Menschen selbst.

Unrecht hat SARTRE damit nicht. Denn kein Tier kann zu einem Artgenossen so grausam sein und ihm so sehr eine Hölle auf Erden bereiten wie der Mensch dem Mitmenschen. Trotzdem läßt sich diesem philosophischen Existenz-Pessimismus mit dem Grundsatz »Alles Dasein ist Sein zum Tode« das Wort GOETHEs entgegenhalten: »Der Sinn des Lebens ist das Leben selbst.«

Wenn sich das Leben auf unserem Planeten aus anorganischen Bausteinen zum Lebendigen entwickelt hat und dann zu immer höher organisierten Lebensformen – und an diesem von der Evolutionstheorie erkannten Prinzip ist kaum zu zweifeln –, dann beweist dies, daß selbst die »tote« Natur nach Verlebendigung drängt. Wozu sonst auch der in allem Lebendigen vorhandene Selbsterhaltungs- und Zeugungstrieb?

Was die Existenz angeht, ob die des einzelnen Menschen oder des Universums insgesamt, so können wir getrost die Ansicht »Alles Dasein ist Sein zum Tode« für falsch erklären. Das Gegenteil trifft zu: Alles Dasein ist beherrscht vom Willen zum Leben.

Doch diese positive Erkenntnis und die Feststellung, daß sich der Sinn des Lebens im Selbstzweck erschöpft, sind für eine Erklärung des menschlichen Daseins noch zu wenig. Für eine Aufrechterhaltung des seelischen Gleichgewichts und damit der seelischen Gesundheit reicht dies nicht aus. Zwar haben die »Neuen Philosophen« der Gegenwart, so Bernard-Henri LÉVY und André GLUCKS-MANN in Frankreich, bereits die Notwendigkeit einer Wiedererneuerung der Religion erkannt, als einzige Möglichkeit für eine Rückkehr zur Humanität und für die Durchsetzung der Menschenrechte. Denn: »Es gibt keinen Aufschub mehr für den Widerstand gegen die Barbarei, wie immer sie auch aussehen mag und wer immer ihre Opfer sein mögen«, sagt LÉVY[41]. Doch bis sich diese Auf-

216

fassung in der öffentlichen Meinung durchsetzen wird, dürfte noch geraume Zeit vergehen. Noch ist der Nihilismus, wie er nach dem Krieg im Existentialismus seine philosophische Lehre fand, nicht überwunden.

Auch Martin HEIDEGGER kam übrigens am Ende zu dem Ergebnis: »Nur noch ein Gott kann uns retten[42].« Und Karl JASPERS versuchte der Trostlosigkeit und Hoffnungslosigkeit, welche die Weltanschauung des Existentialismus in sich birgt, wenn sie den Menschen auf die Nichtigkeit seines Daseins verweist und ihm als Erfüllung seines Lebens nur das Nichts anzubieten hat, zu begegnen, indem er auf den Trost der Philosophie verweist. Zwar ist der Mensch ein Nichts, aber er kann sich ja zu etwas machen – auch wenn er wieder zu einem Nichts wird. Das bedeute Tapferkeit und erfordere Selbstüberwindung. Gewiß! Daher sei es auch der Zweck seiner Philosophie, sagt JASPERS, sterben zu lernen.

Diese Argumentation ist übrigens nicht neu. Den Trost der Philosophie bot bereits vor rund fünfzehnhundert Jahren der oströmische Philosoph Anicius BOETHIUS seinen Zeitgenossen an. Zu einer Zeit, da das Römische Reich endgültig zerfiel, die Hunnen ganze Völkerwanderungen auslösten, kurzum die damalige Welt aus den Fugen geriet. BOETHIUS wiederum knüpft bei den Stoikern und Epikureern an, die die Seelenlehre des ARISTOTELES zu einer Trostlehre ausgebaut hatten, als das antike Griechenland unterging und zu einer römischen Kolonie wurde.

Eigenartig, daß Zeiten des Verfalls und der großen Kulturumbrüche stets von einer pessimistischen und nihilistischen Weltanschauung begleitet sind. Sie erinnern sich an diese aristotelische Seelentrostlehre? Die Seele ist sterblich wie der Körper, doch die Furcht vor dem Tod ist unbegründet. Denn über allem waltet ein ewiger, mehr philosophischer als göttlicher Weltgeist; der Weise aber lebt in seinen Werken fort.

Wir wollen nicht darüber nachgrübeln, ob der durch

einen Seelen- und Glaubensverlust gekennzeichnete Nihilismus die kulturellen und politischen Verfallserscheinungen verursacht oder ob es sich umgekehrt verhält. Begnügen wir uns mit der Einsicht, daß die geschichtlichen Ereignisse stets die gleichen Muster erkennen lassen. Sie unterscheiden sich nur in den zeitentsprechenden Äußerlichkeiten.

Was die philosophischen Ratschläge angeht, so waren diese allerdings schon zu Zeiten der Antike für die breite Masse der Menschen kein Trost. Es mag ja sein, daß ein Philosophieprofessor aufgrund seiner Beschäftigung zu der nötigen Selbstüberwindung gelangt und die völlig natürliche Todesfurcht überwindet. Und daß er sterben lernt, gelassen und heiter, angesichts des absoluten Nichts. Denn immerhin: Für die Existentialisten existiert ja nicht einmal der von ihren Vorgängern noch angenommene Weltgeist, zu dem sie – wenn auch nur unbewußt – vielleicht heimfinden könnten. Selbst diese vage Hoffnung ist verbaut, ist – Nichts.

Die absolute Hoffnungslosigkeit aber kann bewußt kein normaler Mensch ertragen. Abgesehen von den genannten Philosophen, deren Zahl viel zu gering ist, als daß sie maßgeblich wäre, kann dies allenfalls ein Debiler, ein Schwachsinniger. Dem wiederum mangelt es an der nötigen Bewußtheit, um zu erfassen, was gemeint ist. So wurde nach dem Krieg und wird auch heute noch der Gedanke an den Tod von einer Unzahl von Menschen verdrängt. In besonderem Maße ist dies in den USA der Fall.

Vor einigen Jahren wurde im Deutschen Fernsehen ein amerikanischer Film mit dem Titel »Tod in Hollywood« gezeigt, in dem das besonders klar zum Ausdruck kommt. Das Wort »Tod« wird darin überhaupt nicht erwähnt, jeder Gedanke daran peinlich vermieden. Es wird nur von Entschlafenen gesprochen, von Heimgegangenen oder vom »großen Ausruhen«. Die Toten werden so zurechtgeschminkt oder durch Chemikalien präpariert, daß sie den Eindruck erwecken, als schliefen sie nur.

Makabrerweise wird auch bei uns der Tod viel zu sehr verdrängt. Das Sterben in der Familie, wie früher, findet nicht mehr statt. Der Zerfall der Großfamilien, die Zusammenballung der Menschen in den Großstädten tragen Schuld daran. In einer Leistungsgesellschaft ist für ein würdevolles Sterben kein Platz. Der Tod gilt irgendwie als unerwünscht. Naht er, werden die alten Menschen in Kliniken abgeschoben, bestenfalls schon vorher in Seniorenheime. Um ein Sterben in Würde ist es dort arg bestellt. Das Pflegepersonal steht den Sterbenden entweder verständnislos gegenüber, oder es werden ihm – auch das kommt vor – Beistand und Aufenthalt am Bett eines Sterbenden verboten. Unnütze Vergeudung von Arbeitskraft. Die Kassen kommen dafür nicht auf.

Inzwischen ist dieses Thema von Ärzten und Psychologen aufgegriffen worden, die das Recht auf ein humanes Sterben fordern. In England sind Sterbekliniken entstanden, und in Schweden werden sogar nach neuesten Meldungen »Freitodkliniken« errichtet, in denen jeder sterben darf, wenn er es will. Doch allgemein hat sich die von Alexander MITSCHERLICH festgestellte »Unfähigkeit zu trauern« mittlerweile mit einer »Unfähigkeit zum Trost« verbunden.

Verdrängung löst, wie ich zuvor erwähnte, entweder Aggressionen oder Depressionen aus. Wie sehr der Glaubensverlust und damit der Verlust der Hoffnung auf ein Weiterleben nach dem Tod zur Depression führen, beweisen die Selbstmordstatistiken. Die Selbstmordquote ist bei Leuten über 65 um ein Mehrfaches höher als im Durchschnitt. Und noch etwas: Während es bei jüngeren Menschen etwa in sieben von acht Fällen beim Selbstmordversuch bleibt und die Betreffenden gerettet werden, bringen sich alte Menschen konsequent um. Bei ihnen sind weder Liebeskummer noch finanzielle oder berufliche Sorgen der Anlaß und nur in seltenen Fällen eine unheilbare Krankheit. Der nach Erreichung der beruflichen Altersgrenze fehlende Lebenszweck und die Einsamkeit, so heißt es, treiben diese Menschen in den Tod. Doch mehr noch die Hoffnungslosigkeit, zu welcher der materialistische Glaube an den Tod als ein absolutes Ende führt.

Besonders auffällig als Todesart von Selbstmördern sind in jüngster Zeit die *Selbstverbrennungen.* Es begann mit dem Protest buddhistischer Mönche in Vietnam, die sich wegen der Behinderung ihres Glaubens mit Benzin übergossen und in lebende Fackeln verwandelten. Das war in den sechziger Jahren. Seither hat diese grausige Art des Selbstmords in aller Welt unzählige Nachahmer gefunden, auch bei uns, und die Berichte darüber in den Zeitungen enden nicht. Wie ist das zu erklären?

Sie wissen inzwischen aus der Darstellung der *eleusinischen* Religion in Teil I, daß für die Griechen der Antike die lodernde Flamme die Symbolbedeutung der reinigenden Kraft zur Wandlung und zur Wiedergeburt im Feuer hatte. Auch bei den Buddhisten spielt die Flamme diese Rolle. In der buddhistischen Religion wird der Lebensweg BUDDHAs stets in acht Stufen dargestellt. Die letzte und achte Stufe ist seine Verbrennung im Feuerofen, im *Stupa.* Das letzte Stupa, die Verbrennung, gilt der Erkenntnis, daß der Tod nur ein Wandlungsvorgang ist zur Wiedergeburt. Bewirkt wird diese Wandlung durch die *geistige* Kraft, die dem Feuer innewohnt und für die das Feuer ein archetypisches Symbol ist.

Für den buddhistischen Mönch, der sich als erster in Vietnam verbrannte, war der Tod so gesehen kein Selbstmord. Er wollte ein Sinnbild setzen dafür, daß die Seele des Menschen unsterblich ist. Doch wenn Menschen der westlichen Welt, die von dieser Bedeutung nichts wissen, zur Todesart der Selbstverbrennung greifen, dann ist dies als das Zeichen einer allgemeinen Bewußtseinsabsenkung zu verstehen. Einer Bewußtseinsrückentwicklung, wie sie der Soziologe Max HORKHEIMER noch vor seinem Tod für die nächste Zukunft prophezeite. Als Folge des Glaubensverlusts und der Verdrängung brechen dann aus den

Tiefen des Unbewußten archaische Verhaltensweisen wieder durch und werden lebendig.

Das von Erich NEUMANN formulierte »Gesetz von der transzendenten Funktion« beweist hier seine Gültigkeit. Dies gilt auch für den zunehmenden Drang der jungen Generation, sich einer der in den letzten Jahren entstandenen Sekten anzuschließen. Sie alle sind bemüht, die durch die Popularisierung der FREUDschen Sexuallehre im Zuge der sogenannten *Sexwelle* zum Sex-Konsum degradierte Liebe zielstrebig einzusetzen und ihr einen *kosmischen* Sinn zu verleihen. Ein Auffangen und eine Sublimation der sexuellen Aggression also? Keineswegs. Eher ein Umleiten der Aggressivität auf die Nichtmitglieder.

Man vergleiche, was die Sektenführer unserer Zeit verkünden. Ob es sich um Maharischi MAHESCH YOGI handelt, der weltweit die Bewegung der »Transzendentalen Meditation« ins Leben gerufen hat, den Yogi BHAGWAN mit seinem Ashram in Poona, den Anführer der »Kinder Gottes«, um die »Divine Light Mission« und viele andere oder um die Führer von Encounter-Gruppen, um sektiererische Selbsterfahrungs-Vereinigungen bis hin zu den Organisationen der in jüngster Zeit an den amerikanischen Universitäten entstandenen Studenten-Bruderschaften – sie alle organisieren ihre Sekten nach dem aus dem Dritten Reich bekannten Führerprinzip und verlangen blinden Gehorsam. Der Geist der SS ist in diesen Sekten wieder zum Leben erwacht, nur daß diese Sektenführer – im Gegensatz zur NS-Bevölkerungspolitik – familien- und gesellschaftsfeindliche Ziele verfolgen und nach persönlicher Macht streben.

Ein besonders krasser Fall ist der Sektenführer David BERG, genannt Mose oder nur MO. Seine aus der kalifornischen Hippie-Kommune »Revolutionäre für Jesus« und den »Teenagern für Christus« hervorgegangene Sekte der »Kinder Gottes« predigt den blanken Haß. Waren bis etwa 1972 die Katholiken der Hauptfeind des selbsternannten letzten »Propheten Gottes« David BERG – der

221

Gott der katholischen Kirche wurde von ihm zum Teufel erklärt –, so predigt er jetzt nach Gründung von Sektenzentren in anderen Ländern den Kampf gegen jegliche kapitalistische Gesellschaft.

Das gesamte gesellschaftliche System müsse reformiert werden, und zwar an seiner religiösen Basis, erklärt MO. Zu diesem Zweck schuf er eine Art Buß- und Bett-Theologie. Dies sah anfänglich so aus: »Beten und Balgen, Tanzen und Sex-Spiele – all das muß den jungen Lämmern gegönnt werden, wenn es nur im rechten Glauben geschieht.« Doch die Mitglieder haben nicht nur ihr Hab und Gut, sondern auch ihre Seele in die Sekte einzubringen. Sie werden einer Gehirnwäsche unterworfen und mit der Drohung »Wenn du nicht mitmachst oder tust, was Gott dir befohlen hat, wird Er dich töten« massiv eingeschüchtert. So werden die weiblichen Mitglieder zur Prostitution angehalten, die männlichen zum Betteln.

Zwar befaßt sich mittlerweile der New Yorker Generalstaatsanwalt mit David BERG, doch da die Sektenmitglieder häufig von einem Bundesstaat in den anderen ziehen und die Behörden den Anzeigen verzweifelter Eltern ohne konkrete Hinweise auf strafrechtliche Handlungen nicht ohne weiteres nachgehen können, ist diesem Mißbrauch des religiösen Bedürfnisses schwer beizukommen[43].

Das makaberste Beispiel dieser Art in jüngster Gegenwart bot das Oberhaupt der amerikanischen »Volks-Tempel-Sekte«, Jim JONES. Er gründete als »Messias« seiner Anhänger im Dschungel von Guayana die Tempelstadt Jonestown. Als Ende 1978 eine Untersuchungskommission unter Führung eines US-Senators eintrifft, um Mißstände aufzudecken, läßt er ein blutiges Massaker veranstalten und zwingt fast tausend seiner Anhänger zum Massenselbstmord[44].

JONES war nicht nur Prediger, sondern auch Glaubensheiler. Dies erklärt seine Anziehungskraft. Seine Anhänger waren überzeugt davon, daß er Tote zum Leben wiedererwecken könne. Jedenfalls hatte er selbst öffentlich behauptet, »über vierzig Menschen ins Leben zurückgerufen zu haben ... Menschen, steif wie Bretter, mit gebrochenen Augen, ergrauender Haut, ohne jedes Lebenszeichen«. In der Zeitung »San Francisco Examiner« war er deshalb heftig angegriffen worden; in einem darauf folgenden Interview mit den Redakteuren dieser Zeitung blieb er bei seiner Behauptung.

JONES erklärte, alle diese Wiedererweckungen hätten im Inneren seiner Kirche stattgefunden, und er habe noch nie einen Mißerfolg festgestellt. Das heißt: keiner der gleichsam schon Toten, die man zu ihm brachte, sei gestorben. Auf die Frage eines der Redakteure: »Wenn Sie das durchhalten, könnten Sie und Ihre Leute irgendwie ewig leben? Sobald jemand stirbt, erwecken Sie ihn wieder!« gab JONES die etwas seltsame Antwort: »Wir können alle in den Spiegel blicken, wissen Sie. Wir haben uns noch nicht so weit entwickelt. Wenn es eine Dimension gibt, die der Geist erobern kann, bin ich sehr dafür, es zu versuchen[45].«

Im Lauf der Zeit mehrten sich jedoch die Gerüchte – gestützt auf die Aussagen abgefallener Anhänger –, daß es mit den Wunderheilungen und Wiedererweckungen von Jim JONES nicht weit her sei. Daß er ein Scharlatan sei, der seine Anhänger in unvorstellbarer Weise ausbeute und autokratisch über sie herrsche. JONES setzte sich daraufhin in den Dschungel von Guayana ab, wo es schließlich zu diesem grauenhaften Massenselbstmord kam.

Glaubte Jim JONES tatsächlich, daß er die Macht besitze, den Tod zu besiegen und das Leben zu erneuern? Ist der von ihm befohlene Massenselbstmord ebenfalls als eine symbolische Demonstration für die Unsterblichkeit des Menschen zu verstehen, so wie die Selbstverbrennung der buddhistischen Mönche in Vietnam? JONES zwang seine Anhänger, sich zu vergiften. Auch das Gift hat – wie das Feuer – eine symbolische Doppelbedeutung: es besitzt die Kraft zur Vernichtung wie die zur Lebenserneuerung zugleich. In den beiden Schlangen, die sich um den Äskulapstab winden, kommt dies zum Ausdruck – Symbol der Ärzte und Apotheker noch heute.

Psychiatrisch gesehen, zeigt die Tat des Sektenführers JONES das Umschlagen der Aggressivität in eine kalte Wut, die sich infolge des Scheiterns an der eigenen Unzulänglichkeit gegen sich selbst und das eigene Leben richtet. Mit dem Freitod der buddhistischen Mönche läßt sich der Selbstmord der Volks-Tempel-Sekte symbolisch nicht vergleichen. Das Feuer – gedanklich der Sonne und dem Blitz verwandt – symbolisiert wie diese die lichte Kraft des Geistes. Gifte sind Kräfte der Natur, der dunklen, chthonischen Natur. Ihre Verwendung in diesem Fall ist ein Mißbrauch der Natur. In seiner wahnhaften Wut reißt JONES tausend seiner Anhänger mit in den Tod. Er beweist damit eine Verdunkelung seines Geistes und setzt allenfalls das Zeichen einer geistigen Massenumnachtung.

Flamme, Feuer und Licht stehen in ihrer Symbolbedeutung eng beieinander. Wir finden diese auch in der christlichen Religion. Denken wir nur an die mächtigen Osterkerzen, die zur Feier der *Auferstehung* Christi alljährlich zur Ostermesse entzündet werden. Oder an das Pfingstwunder, als der *Heilige Geist* in der Gestalt von *Feuerzungen* über die Jünger kam und ihnen die Fähigkeit verlieh, in fremden Sprachen zu reden. So nachzulesen im Kapitel 2 der Apostelgeschichte des LUKAS.

In der *altpersischen* Religion des ZARATHUSTRA, ebenso alt wie die Lehre BUDDHAs, wurde ein Feuerkult praktiziert, doch waren die Anhänger dieser Religion keine *Feueranbeter*, wie von Völkerkundlern und Geschichtswissenschaftlern früher allgemein angenommen wurde. Was die Perser bereits in vorchristlicher Zeit in ihren Feuertempeln verehrten, war der *göttliche Geist* in der Symbolerscheinung der *reinen* Flamme. Nur in Gegenwart des von den Priestern ständig am Brennen gehaltenen Ewigen Feuers durften die heiligen Schriften verlesen werden.

Kurzum: Seit Urzeiten und bei fast allen Völkern ist
mit dem Feuer und seinem Licht die bildhafte Vorstellung
einer geistigen Kraft verbunden, die dem Menschen zu
einer *Erleuchtung,* das heißt zu einer *Bewußtheit* des Welt-
geschehens, verhilft. Doch mehr noch. Diese Kraft ist es
auch, die den Menschen nach dem Tod regeneriert und
ihm ein Weiterleben entweder in der Form von Wiedergeburten oder in der Dimension eines geistigen Jenseits ermöglicht.

Der Vogel Fenix.

Fenix soll ein Vogel sein inn
der Landtschafft Arabie gegen O-
rient oder auffgang der Sonnen ge
legen/vonn diesem Vogel schreibt
man trefliche Philosophische lu-
gen/die ein jeglicher Phantast mit
heiliger Göttlicher Schrifftvnter-
stehet zu beweren/vnnd mit diesem
werck mancherlei ort heiliger ge-
schrifft zuerkleren/vnd fürnemlich
gibt man für/das dieser Vogel on
alle vermischung odder zuthuung/
O iij men-

Der sagenhafte Vogel Phönix, ein Symbol der Unsterblichkeit durch die reini-
gende Kraft des Feuers. (Nach einem mittelalterlichen Kupferstich.)

Interessanterweise bestätigen die Wahrnehmungen von
Personen, die klinisch bereits tot waren und ins Leben zurückgeholt wurden, die Gültigkeit dieser uralten Symbolvorstellungen. Um der zuvor kritisierten Verdrängung des
Todes zu begegnen, haben es mittlerweile einige Ärzte
und Psychologen unternommen, dieses »Zwischenreich«
zwischen Leben und Tod exakt zu erforschen.

Nach der durch ihr Buch »Interview mit Sterbenden«
bekannten Ärztin E. KÜBLER-ROSS und anderen haben
die amerikanischen Psychologen Karlis OSIS und Erlendur
HARALDSSON die Erfahrungen und Visionen von tausend

Sterbenden und Wiederbelebten untersucht. Sie sind dabei nach exakten wissenschaftlichen Methoden vorgegangen, haben die krankheitsbedingten Begleitumstände, wie z. B. Arzneimittelgaben, Hirn- und Organveränderungen u. a. m., geprüft sowie erziehungsbedingte und religiöse Einflüsse berücksichtigt.

Besonders wertvoll an dieser Untersuchung ist, daß OSIS und HARALDSSON Patienten zweier recht unterschiedlicher Kulturbereiche – Patienten in amerikanischen und indischen Kliniken – in ihre Untersuchung einbezogen und die Ergebnisse miteinander verglichen haben. Sie sind verblüffend. Die Wahrnehmungen und Visionen gleichen einander weitgehend, wenn man von dem Auftauchen religiös unterschiedlich gedachter *Seelenführer* absieht, beispielsweise von der Mutter Gottes bei katholischen Amerikanern und von *Yamaraj,* dem Todeskönig, bei den indischen Hindus.

Überwiegend werden aus der »Nach-Tod-Wirklichkeit«, wie die Autoren diesen Zwischen- oder Grenzbereich nennen, Erlebnisse von *Licht-, Glanz-* oder *Leuchterscheinungen* geschildert.

So sagt eine recht nüchtern denkende, knapp siebzigjährige Patientin, die große Angst vor dem Sterben hatte:

»Es sah wie ein großartiger Sonnenuntergang aus; sehr weit und wunderschön. Die Wolken schienen plötzlich Tore zu sein. Jemand rief mich, und ich glaubte, daß ich dort hindurchschreiten müßte.«

Eine andere Siebzigjährige erklärt:

»Ich fühlte, daß ich starb und im Begriff war, zu den Toren zu gehen. Sie begannen sich für mich zu öffnen. Sie waren leuchtend und wunderschön.«

Ein an Krebs im Endstadium erkrankter Mann mittleren Alters erzählte, als er aus dem Koma wieder erwachte:

»Ich habe jenseits des Flusses ein goldenes Licht gesehen.« Und zu den an seinem Bett sitzenden Angehörigen bemerkte er: »Ich sehe euch jetzt auf der anderen Seite.«

226

Nun, der *Fluß* und das *andere Ufer* sind bekannte Symbole für die Seelenreise nach dem Tod. Wir fanden sie bereits in der Jenseitsvorstellung der Griechen.

Von einem indischen Ingenieur, Mitte Vierzig, der einen Herzanfall erlitten hatte, heißt es:

»Er beschrieb Dinge, die in strahlend helles Licht getaucht waren und die unmittelbar vor seinem Tod auf ihn zukamen. Er meinte dann: ›Nun werde ich sterben. Bitte stört mich nicht – keine Medizin.‹ Seine Stimme wandelte sich in Heiterkeit und Frieden, und er starb innerhalb von zehn Minuten.«

Eine indische Krankenschwester, christlich getauft, war an Typhus erkrankt. An ihrem Aufkommen wurde gezweifelt. Als sie aus ihrer Bewußtlosigkeit erwachte, berichtete sie von folgender Vision:

»Ich fühlte, wie ich nach oben ging. Dort war ein herrlicher Garten, voll von Blumen. Ich saß dort. Plötzlich fühlte ich strahlendes Licht, und Jesus Christus kam zu mir. Er setzte sich hin und sprach mit mir. Überall war Licht.«

Wie OSIS und HARALDSSON vermerken, sind jenseitige Inhalte in den Visionen der Inder etwas häufiger (77 Prozent) als bei den Amerikanern (62 Prozent). Dafür sind bei letzteren die konventionellen, von der Religion her bekannten Bilder des Himmels – zusammen mit »Orten außergewöhnlicher Schönheit jenseits der Wirklichkeit« – mit 58 Prozent gegenüber 52 Prozent etwas stärker vertreten als bei indischen Patienten.

Doch der Hauptinhalt der Visionen wird durch das religiöse Engagement der Patienten überhaupt nicht beeinflußt. Die Schau von Toren, Gärten und dem Himmel und das Erlebnis von Licht, strahlender Schönheit und eines Gefühls des Friedens ist bei sehr religiösen Patienten nicht häufiger als bei den nur wenig oder gar nicht Gläubigen. Eine starke Religiosität vermehrt lediglich die Häufigkeit der symbolischen Darstellungen des Todes als eines Überganges zu einer Existenz des Friedens. Und diese Patienten reagieren positiver auf die Tatsache des Sterbenmüssens.

Sogar ein kommunistischer College-Student und erklärter Materialist berichtete nach einem tödlichen Herzstillstand und seiner Reanimierung *»von einem Flug über die Wolken zu einem überirdisch schönen Ort. Dort hörte er Musik und auch Gesang im Hintergrund.«* Er war übrigens – wie viele andere Reanimierte auch – recht ärgerlich, daß ihn die Ärzte nicht dort gelassen und wieder ins Leben zurückgeholt hatten.

Wunschdenken kann diese Visionen nicht bewirken. Denn sie kommen genauso häufig bei Patienten vor, die auf ihre Wiedergenesung hoffen, wie bei jenen, die von ihrem Ende überzeugt sind. Auch sonstige psychologische wie krankheitsbedingte Faktoren glauben OSIS und HARALDSSON ausschließen zu können. So kommen sie in ihrem Buch: »Der Tod – ein neuer Anfang. Visionen und Erfahrungen an der Schwelle des Seins«, das die Darstellung ihres Forschungsunternehmens enthält, zu folgendem Ergebnis:

Die gesammelten Visionen auf dem Sterbebett zeigen, daß es sich weder um Halluzinationen noch um Wunschträume handelt. Sie sind weder durch Gehirnstörungen noch durch den Einfluß von Medikamenten zu erklären. Sie sind eher mit dem zu vergleichen, was die Parapsychologie ASW (Außersinnliche Wahrnehmungen) nennt.

»Wenn die Sterbenden Erscheinungen sehen, werden sie fast immer als Boten einer Seinsform nach dem Tod erlebt ... Ihre Absicht, den Patienten in eine andere Welt zu holen ... Sowohl bei den amerikanischen als auch bei den indischen Patienten war dies das am häufigsten genannte Ziel der Erscheinungen – sowohl bei Sterbenden als auch bei Zurückgekehrten. Die Erscheinungen zeigen anscheinend einen eigenen Willen. Es besteht eine klare Übereinstimmung zwischen dem deutlichen Überwiegen dieses Zieles in beiden Kulturen und unserem Modell. Sie sind nicht Ausdruck der Wünsche und innerpsychischen Vorgänge der Patienten. Wenn es ein Leben danach gibt, dann erscheint es wahrscheinlich, daß die Verstorbenen uns bei dem Übergang in ihre Art des Seins die Hand reichen[46].«

Jedoch liefern die Berichte von Sterbenden wie von klinisch bereits Toten, die ins Leben zurückkehrten, nur flüchtige Ausblicke in eine jenseitige Welt. Sie beschreiben lediglich die Anfangszustände einer Nach-Tod-Existenz. Doch wie ein »Leben nach dem Tode« dann weiter aussieht, darüber wissen wir nichts.

Als letztes wäre noch festzuhalten, daß eigenartigerweise bei der Untersuchung von OSIS und HARALDSSON Visionen von der Hölle und von Teufeln praktisch nicht vorkamen. Nur bei einem von tausend Patienten war dies der Fall. Eine Amerikanerin italienischer Abstammung erklärte voller Furcht und Schrecken, als sie nach einer Gallenoperation aus der Narkose erwachte: *»Ich dachte, ich wäre tot, ich wäre in der Hölle.«* Doch diese Frau war weder klinisch tot noch in unmittelbarer Lebensgefahr gewesen. Ihr Horrorerlebnis war ein Alptraum, der ihre verdrängten Schuldgefühle aktivierte, wegen ihrer Kinder, die aus einem außerehelichen Liebesverhältnis stammten, von dem der Ehemann nichts wußte.

Sollte der Existentialist J. P. SARTRE doch recht haben, wenn er sagt, daß die Hölle nur in der menschlichen Seele existiert und daß es die Menschen selbst sind, die sich die Hölle bereiten?

KAPITEL 3

Das programmierte Jüngste Gericht

Wenn die Hölle nur eine menschliche Erfindung ist und der Teufel nur in der menschlichen Seele existiert, psychologisch ausgedrückt: eine archetypische Vorstellung und damit eine Symbolfigur für das »sogenannte« Böse – für die Triebnatur – im Menschen, dann muß das natürlich ebenso für Gott gelten. Vom Teufel sprechen ja inzwischen selbst die Theologen nur ungern. Gott dagegen leugnen sie, von Ausnahmen abgesehen, nicht. Dafür ist die gesamte Natur zu zielstrebig und das Universum zu sinnvoll eingerichtet. Daß unser überliefertes *Bild* von Gott als das eines menschlichen Über-Vaters verfehlt ist, erwähnte ich schon. Doch die Existenz einer dem Menschen unvorstellbar überlegenen Bewußtheit als planende und bewegende Kraft des Universums ist nicht zu bezweifeln.

Doch bleiben wir ruhig dabei, die Hölle, den Teufel und Gott für Symbolvorstellungen und personifizierte Inhalte der menschlichen Psyche zu halten. Die Seele denkt nun einmal in Bildern. Eine andere Möglichkeit, diesen weder sichtbaren noch meßbaren, kurzum sinnlich nicht wahrnehmbaren Sachverhalten einen Ausdruck zu verleihen, haben wir nicht. Für den Buddhisten ist ja bekanntlich die sichtbare Welt nur *Maja,* nur Schein. Das deckt sich mit den Erkenntnissen der modernen Naturwissenschaften und den Entdeckungen im Bereich des Subatomaren. Doch auch die Kernphysiker sind darauf angewiesen, diese unanschaulichen Tatsachen in Bildern und Modellen auszudrücken, wie sie die Psyche gestaltet und der Geist sich formt.

Kurzum, diese Bilder und Modellvorstellungen sind das einzig Konkrete, an das wir uns halten können. Das heißt, es sind Wirklichkeiten. Die Wirklichkeit des Seelischen hat, wie schon erwähnt, C. G. JUNG sogar experimentell nachgewiesen. Auch das Unbewußte wie das überpersönliche Feld des Kollektiven Unbewußten und die darin existenten Archetypen, die für uns in der Form von Symbolen und symbolischen Mustern erkennbar werden, sind unbezweifelbare Wirklichkeiten.

Machen Sie bitte dabei einen Unterschied zwischen *Wirklichkeit* und *Wahrheit.* Wirklichkeit ist – schlicht gesagt –, was wirkt. Also etwas, was wir als Wirkung oder bewirkende Kraft erleben und so zu erkennen und zu beschreiben vermögen. Ob unsere Erkenntnisse bereits der vollen Wahrheit entsprechen, ist eine andere Frage. Sicher sind es jeweils nur schrittweise Annäherungen an das, was wir mit dem Begriff Wahrheit bezeichnen.

Anders gesagt, wie die Welt in Wahrheit beschaffen ist, wissen wir nicht. Das weiß nur Gott allein. Oder der Weltgeist oder die All-Bewußtheit oder wie immer auch wir diese uns Menschen überlegene und damit göttliche Wesenheit nennen mögen. Und ob wir Menschen je zu der Erkenntnis der absoluten Wahrheit gelangen werden, sei es im Diesseits oder im Jenseits, das ist eine Sache der Vermutung oder des Glaubens. Mehr läßt sich darüber nicht sagen. Doch das ändert nichts daran, uns mit den für uns erkennbaren Wirklichkeiten auseinanderzusetzen. Auch mit den Glaubenswirklichkeiten, die als Vorstellungsmuster von Archetypen in der Kollektiv-Seele der Völker plötzlich lebendig werden. Den Anschauungsunterricht über ihre Wirksamkeit erteilt uns die Geschichte. Das heißt, er erfolgt in der Regel dann, wenn es bereits zu spät ist.

Auch der Glaube an das »Jenseits« entspricht einem Archetyp. Ich schilderte Ihnen, welche ungeheure psychische Energie sich mit der Paradiesesvorstellung des Islam verband, der sich unter dem Symbol der grünen Fahne des Propheten MOHAMMED für Jahrhunderte ein Weltreich schuf. Anschließend eroberte das christliche Abendland unter dem Symbol des Kreuzes die neuentdeckten Erdteile und die restliche Welt. Im Heiligen Römischen Reich Deutscher Nation ging die Sonne nicht unter. Welche psychische Energie vom Symbol des Hakenkreuzes ausging – anfänglich aufbauend und schöpferisch und dann, einen Weltbrand entfesselnd, nicht nur das Deutsche Reich, sondern auch die europäische Ordnung der Welt zerstörend –, muß ich nicht besonders erwähnen. Ein großer Teil der Leser hat das noch miterlebt.

Worauf will ich mit diesem Hinweis hinaus? Daß der Teufel, gehörnt, geschwänzt und mit einem Bocksfuß versehen, so nicht existiert, ist gewiß. Doch es genügt nicht, ihn als eine abergläubische Vorstellung wegzudiskutieren und das *Böse* zu psychologisieren. Ein Mord bleibt ein Mord. Für das Opfer wie für die Angehörigen ist die Tat etwas Böses. Ganz gleich, ob der Täter eine frustrierende Kindheit erlebte, gesellschaftliche Umstände nicht ertragen konnte oder als psychisch krank bzw. geistig gestört entschuldigt wird. Um die Tatsache, daß das Böse in der Welt ist, und zwar als eine höchst bedrohliche Realität, kommen wir nicht herum.

Gewiß liegt auch dem Bösen ein archetypisches Muster zugrunde. Es manifestiert sich in mannigfaltigen Symbolfiguren in den Religionen, den Mythen, Märchen und Sagen der Völker. Und ebenso in den Träumen und sonstigen Gestaltungen des Unbewußten von Menschen unserer Zeit. Doch die Archetypen und Symbole sind eben nicht nur psychologische Fakten in der Art von Bildern und Bildhandlungen, die auf dem inneren Bildschirm der Seele quasi als Sendungen des Unbewußten erscheinen. Sie haben außer der *eidetischen*, das heißt der bildhaften Wirkung, noch eine *operative* Wirkung. So lautet die Definition der *Symbole* im »Wörterbuch der Kybernetik[47]«.

Damit sind wir bei einem Problem, das unsere Theologen seit Jahrhunderten beschäftigt. Nach christlicher Ansicht ist Gott *summum bonum,* die Summe alles Guten. Das Böse kann nicht zum Wesen Gottes gehören. Im jüdischen Alten Testament ist das noch anders. Dort ist *Luzifer/Satan* noch einer der Gottessöhne, wie bereits im Zusammenhang mit dem Buch »Hiob« erwähnt. Für die Urchristen und die Gnostiker der ersten nachchristlichen Jahrhunderte ist *Luzifer* der ältere Sohn Gottes und *Christus* der jüngere. Sie sind ein feindliches Brüderpaar, so wie die Söhne *Adams, Kain* und *Abel,* ein feindliches Paar – psychologisch: ein Gegensatzpaar – bilden. So ist im Gegensatz zu *Christus,* der von der reinen Jungfrau geboren wird und ohne Sünde bleibt, *Luzifer/Satan* die Verkörperung des Bösen. Er ist der *Antichrist.*

232

Bis in das Mittelalter hinein und in gewissem Sinne sogar bis vor rund hundert Jahren noch galt der *Antichrist* als eine autonome Macht. Als ein selbständiger Gegenspieler Gottes, der Verkörperung des Guten. Weshalb sonst hätte es des Erscheinens von *Christus* bedurft, um die Welt vom Bösen zu erlösen? Wäre das Böse nur in der menschlichen Seele existent, müßten die Menschen auch selbst mit dem Problem des Bösen fertig werden. Geschehen ist das bekanntlich bis heute noch nicht.

So gesehen ist *Luzifer,* der *Antichrist,* der Herr der irdischen Welt. Wir wollen jetzt nicht darauf eingehen, ob er sich aus eigener Machtvollkommenheit zum Herrn der Welt aufgeschwungen hat oder ob der Böse von Gott zum Fürsten – nicht nur der Finsternis, sondern auch der Welt – bestimmt wurde. Daß er es ist, geht aus dem Lukas-Evangelium hervor, wo es zu der Versuchung *Jesu* durch *Satan* heißt: »Und der Teufel führte ihn auf einen hohen Berg und zeigte ihm alle Reiche der ganzen Welt in einem Augenblick und sprach zu ihm: Diese Macht will ich dir geben und ihre Herrlichkeit, denn sie ist mir übergeben und ich gebe sie, welchem ich will. So du nun willst mich anbeten, so soll alles dein sein.« (Lukas, IV, 5–7)

Nun gehört ja zur christlichen Lehre die Ansicht, daß die Welt nicht nur einen Anfang hatte, sondern auch ein Ende haben wird. Davor aber steht das »Jüngste Gericht«. Verbunden damit ist der Gedanke an eine Wiederkunft *Christi,* wie er sich vor allem in der »Offenbarung« des Johannes findet. Er wird die Toten auferwecken und endgültig richten über die Guten und die Bösen. Zuvor aber wird noch der *Antichrist* seine Herrschaft festigen. Den Prophezeiungen nach wird allerdings der Messias die Macht des *Antichristen* brechen und die Gewalt des Bösen besiegen.

Von den Theologen unserer Zeit – wie übrigens auch von den Psychologen – wird die Idee des *Antichristen* nur als ein Symbolbild verstanden. Ein Bild, das den Konflikt in der Seele des Menschen widerspiegelt, wie er sich aus dem Streben nach dem Guten, nach einer »Schönen Neuen Welt«, und der unabänderlichen Tatsache des Bösen notwendig ergibt. So weit, so gut. Nur wie ist dieser Konflikt zu lösen?

Der Philosoph Friedrich NIETZSCHE, der im vorigen Jahrhundert den Übermenschen predigte, hoffte auf eine Zukunft des »Jenseits von Gut und Böse«. Das allerdings erst für eine Zeit nach der Herrschaft der »gewitzten Unholde« und den großen Kriegen, »wie es noch keine auf Erden gegeben«. Der italienische Mönch Giacomo de FIORI hoffte auf eine Konfliktlösung durch eine Wiedererneuerung der Kirche und die Heraufkunft des *Tausendjährigen* oder *Dritten Reichs*. Dieses würde nicht mehr unter der Herrschaft des Sohnes der göttlichen Dreifaltigkeit – CHRISTI – stehen, sondern unter der Herrschaft des *Heiligen Geistes*. In diesem Reich des Geistes hätte der *Antichrist* keinen Platz mehr als Fürst der Welt.

Als Archetyp des Geistes blieb das Wunschbild vom *Dritten Reich* bis in die jüngste Gegenwart lebendig. Nur daß es mit der Entstehung des Materialismus als Weltanschauung im 19. Jahrhundert gewissermaßen zu einer kollektiv-psychischen Umkehrung oder Perversion kommt. Der Geist wird zum chemischen Ausscheidungsprodukt des Gehirns degradiert. Die Materie wird zum tragenden Prinzip des Lebendigen erklärt. Das Stofflich-Materielle aber ist – symbolisch verstanden – der Bereich *Luzifers*. Das Diesseitsglück, das MARX und ENGELS ihren Anhängern versprechen und auf das später ihre ungleichen ideologischen Kinder LENIN und HITLER ihre Herrschaft gründen, gilt der Verwirklichung materieller Ziele. Ihre Lehren stehen im Widerspruch zum Geist des Christentums. Es sind in beiden Fällen *anti-christliche* Kräfte, die zur Herrschaft gelangen und das Kollektiv-Bewußtsein programmieren.

Soll das heißen, daß die Zeit des *Antichristen* bereits angebrochen ist? Wenn wir berücksichtigen, daß Symbole nicht nur eine bildhafte, sondern auch eine *operative* Wirkung haben – zumindest die, daß sie das Bewußtsein programmieren und damit auch das menschliche Verhalten manipulieren –, und wenn wir weiter überlegen, daß die abendländische Kultur durch die christliche Religion geprägt und von ihren Symbolvorstellungen nicht zu trennen ist, dann läßt sich durchaus sagen: Der *Antichrist* ist bereits unter uns.

Alle Zeichen der Zeit sprechen dafür. Wir müssen sie nur entsprechend deuten. So erklären ja inzwischen sogar christliche Pastoren, Gott sei lediglich eine tröstliche Erfindung. JESUS CHRISTUS war ein ganz normaler Mensch. Ebenso sei der Glaube an ein Leben nach dem Tode nur »der Wunsch danach. Der Tod ist das natürliche Ende, der Mensch löst sich auf[48]«. Und eine trauernde Witwe bekommt dann am Grab ihres Mannes zu hören: »Trösten Sie sich, liebe Frau, mit dem Tod ist alles aus und vorbei.«

Abgesehen von der psychischen Roheit und seelsorgerischen Unfähigkeit, die ein Pastor mit einem derartigen Ausspruch bekundet, sollte er, sofern es sich dabei um seine persönliche Glaubensüberzeugung handelt, auch dafür einstehen. Er muß dann eben, wie es für viele Priester vor ihm selbstverständlich war, seinen Beruf aufgeben. Doch erleben wir es heutzutage immer öfter, daß der betreffende Pastor für seine antichristliche Lehre materielle Unterhaltsansprüche gegenüber seiner Kirche geltend macht und mit einer Klage vor dem Bundesverwaltungsgericht droht.

Diese Einstellung ist übrigens typisch für unsere Zeit. Es geht nicht mehr um die *Gestaltung* der Welt durch uns Menschen, sondern um ihre *Verwaltung.* Um die Verwaltung der materiellen Lebenssituation, aber auch um die Verwaltung der weltanschaulichen Glaubensbekenntnisse, streiten sich die Funktionäre der ideologisch unterschiedlich ausgerichteten Mächtegruppen. Wer die Bürokratien dirigiert, vermag mittels der modernen Massenmedien auch die Bewußtseinseinstellung der Massen zu manipulieren. So hat ja der bedeutendste unter den deutschen Soziologen, Max HORKHEIMER, noch kurz vor seinem Tode ein äußerst makabres Zukunftsbild entworfen. Er fürchtete, daß die Herrschaft des wissenschaftlichen Positivismus und Materialismus andauern werde. Sie sind die Hauptstützen des Marxismus und seines Glaubens an ein Diesseitsparadies. Als notwendige Folge sah HORKHEIMER eine von Super-Computern verwaltete und vollautomatisierte Welt voraus.

Auf die Frage, wo in einer solchen Welt dann der *freie Wille* der Menschen bleibt, gab Professor HORKHEIMER die pessimistische Antwort: »Vielleicht da, wo er bei den Bienen und Ameisen und vielen anderen Wesen dieser Erde zu suchen ist.« Auch der US-Verhaltensforscher und Lerntheoretiker B. F. SKINNER, für den der Mensch das »interessanteste« Tier ist, aber auch nicht mehr, entwirft in seinem Zukunftsroman »Futurum II« (deutsche Ausgabe Hamburg 1970) das Horrorbild einer total manipulierten Gesellschaft.

In einer derartigen Ameisengesellschaft der Zukunft wären die Ministerialbeamten, die das Programm für die Super-Computer festlegen, sozusagen die Priester der Computerbürokratie. Wobei wir nicht vergessen wollen, daß die Endsilbe *»-kratie«* – abgeleitet vom griechischen Verb *kratein* – Gewalt und Herrschaft bedeutet. Ameisen und Bienen kennen bekanntlich die Begriffe Gut und Böse nicht. Für die Kollektiv-Seele, die ihr Verhalten in der Gestalt der Ameisen- oder Bienenkönigin regelt und steuert, gelten lediglich die Wertungen nützlich und unnütz. Ein Computer arbeitet nach dem gleichen Zweckmäßigkeitsprinzip. Werden also in einer zukünftigen Computergesellschaft die Begriffe Gut und Böse durch die Ja-Nein-Logik unserer Datenautomaten ersetzt? Wird gemäß dem Erfolg-Irrtum-Prinzip, nach dem die Tätigkeit von Computern ausgerichtet ist, auch das Böse abgeschafft werden?

Wohl kaum. Denn von der Machtfülle, die Super-Verwaltungs-Computer für ihre Beherrscher mit sich bringen,

236

ist eine Steigerung ihrer Bewußtheit kaum zu erwarten. Gewiß sind Gut und Böse relative Begriffe. Ihre Bedeutungsinhalte werden weitgehend von Menschen bestimmt und ändern sich im Laufe der Zeit. Wie schnell sich das ändern kann, beweisen die gegenwärtigen Urteile der Revolutionsgerichte im Iran. Dort werden Homosexuelle, deren Sexualbetätigung bei uns nicht mehr als anstößig gilt und strafrechtlich erlaubt ist, und Prostituierte zum Tode verurteilt und erschossen. Bei uns dagegen hält die Tendenz an, alle moralischen und ethischen Werte aufzugeben und jegliches gegen den Mitmenschen gerichtete Verhalten, das früher als *Böses* bewertet wurde, als krankhafte Störung und somit als *Irrtum* im Sinne der Computer-Logik anzusehen.

Wenn diese Tendenz anhält, dann ist aber das »Jüngste Gericht« nicht mehr weit. Autoren, die es in der Form eines Dritten Weltkrieges für die Zeit noch vor der Jahrtausendwende voraussagen, dürften dann mit ihrer fatalen Zukunftsprognose recht behalten.

Nach den materialistischen Philosophen des verflossenen Jahrhunderts ist der Teufel als die Verkörperung des Bösen lediglich eine menschliche Erfindung. Das deckt sich mit der Auffassung von Sigmund FREUD, der nicht nur in Gott, sondern auch im Teufel im Sinne seiner Triebsoziologie und der Hypothese vom Ödipuskomplex einen *Vater-Ersatz* sah[49]. Für den Philosophen und Sexualforscher Otto WEININGER – bekannt durch sein Buch »Geschlecht und Charakter« – ist der Teufel die geniale Personifikation eines Gedankens, der Millionen von Menschen den Kampf gegen das Böse erleichtert. Er ist – so WEININGER – in der Seele eines jeden verborgen. Durch die Projektion nach außen gelingt es, sich vom Bösen zu distanzieren. Insofern wäre der Teufel eine menschliche Idee, um das Böse besser zu bekämpfen. Kurzum, als eine Symbolfigur der menschlichen Psyche wäre der Teufel sozusagen der Erlöser vom Bösen.

Das klingt nach einer Ehrenrettung des Teufels. Nun,

vom Alten Testament her wissen wir ja inzwischen, daß *Luzifer/Satan* dort noch einer der Gottessöhne ist. Und der Name *Luzifer* besagt, daß es sich um den Lichtbringer – psychologisch interpretiert: um den Bewußtseinsbringer – handelt. Auch wenn wir die drei Versuchungen *Jesu* durch den »Fürsten der Welt« nach der Erzählung des Lukas-Evangeliums aus der Sicht von heute betrachten, erweist sich Luzifer keineswegs als eine nur negative Figur.

Der Schriftsteller Dimitri MERESCHKOWSKIJ vertritt in seinem Buch vom »Unbekannten Jesus« den Gedanken, daß ebenso wie seinerzeit *Jesus* in der Wüste auch die Menschen den gleichen Versuchungen ausgesetzt wurden. Und zwar mit beachtlichem und für die Menschheit äußerst nützlichem Erfolg. In der ersten Versuchung, Steine in Brot zu verwandeln, sieht MERESCHKOWSKIJ die Anregung zur Wissenschaft und Technik, zur Herrschaft des Menschen über die Natur und damit zur Beendigung der physischen Leiden in der Welt. Die zweite Versuchung, sich von den Zinnen des Tempels zu stürzen, faßt der Autor als ein Programm für »die Macht des Menschen über den eigenen Körper, die Freiheit« auf. Die dritte Versuchung, in der *Luzifer* dem in der Wüste fastenden *Jesus* die Herrschaft über alle Reiche der Erde anträgt, wird von MERESCHKOWSKIJ als »die Liebe, die den Einen mit allem vereint, das Wunder in dem Ich und dem Nicht-Ich« interpretiert.

Nun, der Russe MERESCHKOWSKIJ ist 1863 geboren und als Zeitgenosse von FREUD gewiß durch dessen Sexualtheorie beeinflußt. Bei ihm erscheint *Luzifer* nachgerade als ein Wohltäter der Menschheit. Daß sich FREUDs Sexuallehre – in den sechziger und siebziger Jahren in die Praxis umgesetzt in der Art einer Ersatzreligion – als ein fataler Irrtum herausstellen würde, konnte er nicht wissen. Und ebensowenig sah er die rasante Eskalation der Naturwissenschaften und der Technik in den letzten vier Jahrzehnten voraus.

Aus heutiger Sicht erweist sich der Evangelist LUKAS

238

de facto als ein Prophet. Wir können seine Erzählung von den drei Versuchungen sogar wörtlich verstehen. Die Verwandlung von Steinen in Brot, modern die Herstellung von Kunststoffen, von Kunstdünger, die synthetische Herstellung von Medikamenten und die Umwandlung von pflanzlichen Abfallprodukten zu Nahrungsmitteln, ist dank den Entdeckungen der Chemie bereits verwirklicht. Die zweite Versuchung, der unbeschadete Sturz von den Zinnen des Tempels, ist die Überwindung der Schwerkraft im modernen Sinne und nicht die sexuelle Freiheit über den eigenen Körper. Sie ist in der Form von Düsenjets, Raumschiffen, Skylabs und Satelliten ebenfalls zu einer bereits alltäglichen Wirklichkeit geworden. Nur die Verwirklichung der dritten Versuchung, die der Weltherrschaft, steht noch aus. Zwar wurde der Ansatz zu einer einheitlichen Weltregierung nach dem letzten Kriege durch die Gründung der UNO, der Vereinten Nationen, gemacht. Doch de facto ist die UNO recht weit entfernt davon, als positive Einheit eine Realität zu sein.

Aber auch wenn wir die Luziferlegende einschließlich der Erzählung von den drei Versuchungen nur als eine menschliche Erfindung ansehen – um die Tatsache, daß zwei dieser Versuchungen von der Wissenschaft und Technik unserer Zeit in die Wirklichkeit umgesetzt wurden, kommen wir nicht herum. Müßte dann nicht auch die in der dritten Versuchung enthaltene Idee von der Weltherrschaft einmal Wirklichkeit werden?

Und wer Gott oder den Teufel für menschliche Erfindungen hält bzw. als positive wie negative Wunschvorstellungen des seelisch Unbewußten im Sinne der FREUDschen Psychoanalyse erklärt, muß dabei auch die volle Symbolbedeutung von *Luzifer* berücksichtigen Er ist die Verkörperung materieller Macht, des kalten, nüchternen Verstandes, der *Mephisto* in GOETHEs »Faust«, der »Geist, der stets verneint«. Er ist das Sinnbild des kritischen Intellekts, dessen Denkmethode die der dialektischen Negation ist.

239

Die dialektische Negation – der Widerspruch im Partnerschaftsdialog – zielt auf Abschaffung veralteter Zustände und auf die Verbesserung der gesellschaftlichen Verhältnisse. Dagegen läßt sich nichts sagen. Doch wir müssen nicht einmal die Psychologie bemühen, um zu erfahren, wohin es führt, wenn allein der nüchterne, kalte Verstand am Werke ist. Das sagt uns auch die Kybernetik. Die Neue Mathematik hat nach dem Prinzip der dialektischen Negation die Spieltheorie entwickelt und entsprechende Formeln gefunden. Die Kybernetik vermag dialektische Widersprüche maschinell zu simulieren und Regeln für die Auswirkung der Negation anzugeben.

● Danach gilt: In einem Partnerschafts- oder gesellschaftlichen System gewinnen die Steuerungs- und Regelungskräfte das Spiel, wenn es gelingt, die Negation unterhalb der Stabilitätsgrenze zu halten. Nehmen die Widersprüche von seiten der Partner, die das Bestehende negieren, beständig zu, wird das System zerstört. Durch die Zerstörung ist der dialektische Widerspruch beseitigt. Jeglicher Dialog hört auf.

Doch selbst wenn es gelingt, daß sich die ordnenden Kräfte und die negierenden Kräfte die Waage halten, genügt die geringste zusätzliche Störung, um die Negation zu verstärken und den Zusammenbruch des Systems herbeizuführen. Diese Störungen gehen vom Unbewußten aus. Denn das Bewußtsein der Menschen gründet sich nun einmal nicht allein auf die Tätigkeit des Verstandes. Die archetypischen Inhalte des Unbewußten wirken als steuernde Fakten mit. So wird jedes gesellschaftliche System, das sich auf den kalten, nüchternen Verstand und die materielle Macht verläßt, sich selbst zerstören. Die einzige Möglichkeit, die Zerstörung aufzuhalten – was nicht heißt, daß sie auf Dauer vermieden werden kann –, ist die Unterdrückung jeglicher Freiheit und die totale Kontrolle.

Jetzt wissen wir, worauf Professor HORKHEIMER seine makabre Zukunftsschau stützt. Wie das in der Praxis aussieht, hat uns der englische Schriftsteller George ORWELL bereits vor dreißig Jahren in seinem Roman »1984« geschildert. Dort findet die totale Manipulation und Kontrolle der Bevölkerung durch Kabelfernsehen und jeweils mit den Bildschirmen gekoppelte TV-Kameras statt. Bereits vor dem letzten Krieg veröffentlichte Aldous HUXLEY seinen utopischen Roman »Schöne Neue Welt«. Das ist eine seelisch inhaltsleere und sinnlose Welt, nur durch geschäftige Produktivität und die industrielle Fortpflanzung von in Fabriken gezeugten und in Retorten ausgebrüteten Kindern in Gang gehalten. Destruktive Negation wird durch die Droge *Soma* vermieden, die heitere Gleichgültigkeit erzeugt. Das Bewußtsein der Menschen wird hier vorgeburtlich in den Embryonendepots durch Injektionen vorprogrammiert.

Durch die Erzeugung von künstlichem Schwachsinn unterschiedlicher Grade wird die für die Produktion nötige Arbeitsteilung garantiert. Ausgenommen davon ist natürlich die Elite der Verwaltungsfunktionäre. Bei den hierfür ausgewählten Embryos wird die Intelligenz durch neurochirurgische Eingriffe künstlich angehoben. Die Kaste der Verwaltungselite genießt gewisse Privilegien. Ihre Lebenserwartung ist höher. Sie besitzt das Vorrecht, sich zeitweilig von der psychischen Langeweile in dieser gleichförmig *lustkonsumierenden* Gesellschaft in einem sorgsam gehüteten Reservat zu erholen. Das ist ein Reservat in den USA, ähnlich den heutigen Indianerreservaten, wo nach dem – für Zukunftsentwürfe scheinbar unvermeidlichen – *Atomkrieg* noch Menschen mit den Sitten und Gebräuchen des frühen zwanzigsten Jahrhunderts leben. Menschen, die als Aussteiger aus der Gesellschaft in Hippiekommunen die Katastrophe überlebten. Doch mit diesem Privileg ist auch bereits der Keim zur revolutionären Auflehnung gegen das System dieser »Schönen Neuen Welt« gelegt.

Weit entfernt von diesen schreckenerregenden Zukunftsmöglichkeiten sind wir nicht. Der Gedanke an ein

241

weltumspannendes Datennetz zur totalen Kontrolle wird von den Computer-Fanatikern unter den Bürokraten sicher bereits erwogen. Die Welt wird letztlich nur noch von zwei Machtblöcken beherrscht. Die Technokraten und die Falken unter den Militärs beider Seiten lauern nur darauf, endgültig die Macht über den Gegner und damit über die gesamte Welt zu erringen. Die Aussichten, die uns die moderne Biologie über die Züchtung von *Menschen nach Maß* eröffnet, reichen bereits an das teuflische Zukunftsprogramm von Aldous HUXLEY heran. Die Möglichkeit, daß sich die Menschheit in einem Dritten Weltkrieg durch einen atomaren Weltbrand selbst vernichtet, ist ebenfalls schon vorhanden.

Trotzdem bin ich persönlich sehr viel optimistischer im Hinblick auf die skizzierten Zukunftsaussichten. Allerdings, je unbewußter wir dem *religiösen* Problem gegenüber in Zukunft bleiben, um so größer ist die Gefahr, daß ein luziferisch materialistisch-rationalistisches Denken die Menschheit in eine psychische Inflation und in wahnhafte Selbstvergottungs-Vorstellungen treibt. »Unser Wissen um Gut und Böse hat sich mit steigender Erkenntnis und Erfahrung vermindert und wird sich in Zukunft noch viel mehr vermindern, ohne daß wir uns der ethischen Forderung entledigen könnten«, erklärt C. G. JUNG bereits 1948, als die gegenwärtige Entwicklung erst einsetzte. Es nützt uns dabei nichts, die Moral zum alten Eisen zu werfen, sagt er weiter, »denn wie bisher wird sich auch in alle Zukunft hinaus getanes, beabsichtigtes und gedachtes Unrecht an unserer Seele rächen, unbekümmert darum, ob sich die Welt für uns umgedreht hat oder nicht[50]«.

Dem ist nichts hinzuzufügen. Die psychotherapeutische Erfahrung bestätigt die Gültigkeit dieser Worte von C. G. JUNG Tag für Tag. Doch noch etwas anderes hat mich die psychotherapeutische Erfahrung und ebenso die Beschäftigung mit der Jenseitsfrage gelehrt. Ob wir dem Bösen in der Welt eine autonome Wirklichkeit zuerkennen, ob wir es als eine menschliche Erfindung ansehen oder als den symbolischen Ausdruck einer Funktion des Unbewußten erklären, in der gleichen Weise steht dem »Geist, der stets verneint« noch ein anderer Geist gegenüber. Er ist ebenso in der menschlichen Seele existent und im Unbewußten am Wirken.

Es ist der Geist des Schöpferischen, die Funktion der *Intuition* in der menschlichen Psyche, oder das, was allgemein als *Kreativität* bezeichnet wird. Für die christlichen Mystiker ist es der *göttliche Funke* im Menschen. Ein Keim, gezeugt vom *Heiligen Geist* nach christlicher Anschauung, von dem sich bereits die Katharer und Albigenser und danach Giacomo de FIORI eine religiöse Wiedererneuerung und ein Tausendjähriges Reich des Friedens versprachen. Auch sie lebten in einer Zeit des gesellschaftlichen und kulturellen Umbruchs, als umwälzende wissenschaftliche Entdeckungen und weltverändernde Erfindungen das Ende des sogenannten Mittelalters einleiteten, bevor dann mit der Entdeckung Amerikas die Zeit der Renaissance und mit ihr die sogenannte Neuzeit begann.

Es ist der Geist, der sein Ziel nicht in Revolution und Zerstörung, sondern in einer *Renaissance,* in einer geistigen Wiedererneuerung und in der Steigerung schöpferischer Kräfte, sucht. Dieser Geist, manifestiert in einer winzigen Minderheit genialer schöpferischer Menschen, ist es, der die Bewußtseinsentwicklung weitertreibt und dem die Menschheit ihren kulturellen, wissenschaftlichen und technischen Fortschritt verdankt. Nach meinen Erfahrungen, die sich auf eine nunmehr über dreißigjährige Beschäftigung mit der Seele des Menschen wie der Kollektiv-Psyche und kulturpsychologischen Vorgängen stützen, ist dieser Geist eine konkrete und jederzeit beweisbare Wirklichkeit. Und mehr noch: Er erweist sich als eine autonome, von der individuellen Psyche des Menschen unabhängige und eigenständige Realität.

Doch was sich aus der Existenz des schöpferischen Geistes an Schlußfolgerungen zur Abklärung der Jenseitsfrage ergibt, darauf komme ich im nächsten Kapitel zu sprechen. Bleiben wir vorerst noch bei den zeitüblichen rationalistischen wie materialistischen Zukunftsvorstellungen. Der Mensch ist das einzige – jedenfalls das einzige uns bekannte – Lebewesen, das von seinem Tod weiß. Dem Bewußtsein der eigenen Sterblichkeit kann sich auch ein überzeugter Materialist nicht entziehen. Völlig verdrängen läßt sich das nicht. Abgesehen davon, daß die Verdrängung eine allzu billige Scheinlösung des Jenseitsproblems darstellt. So wird eine Verlängerung des leiblichen Lebens weit über die bisherige Altersgrenze hinaus erstrebt.

Dieses Bestreben ist nur folgerichtig. Denn wenn das Paradies im Diesseits gesucht wird, dann ist die Hoffnung, das Leben durch Verjüngungskuren, durch Mittel der Biochemie oder chirurgische Eingriffe zu verlängern und den Tod zu besiegen, verständlich. Der Wunsch, den Tod überlisten zu können und das Geheimnis des Lebens in den Griff zu bekommen, ist fast ebenso alt wie der Gedanke an ein seelisches oder geistiges Weiterleben nach dem Tode. Bereits die Ärzte der Antike und die mittelalterlichen Alchimisten suchten nach dem »Lebenselixier« und experimentierten mit allerlei Stoffen und Drogen zur Verjüngung und Erneuerung der Lebensvitalität. Auch im buddhistischen wie im taoistischen Yoga werden Methoden beschrieben, die das Leben verlängern und zu einer gewissen relativen Unsterblichkeit verhelfen.

Die Alchimisten kleideten ihre Erkenntnisse in poetische Vergleiche. Sie erkannten, daß das Geheimnis des Lebens nicht in der Erhaltung eines Zustandes besteht, sondern in einem ständigen Prozeß der Erneuerung. Sie bedienten sich zur symbolischen Darstellung dieses Regenerationsprozesses der Bilder der Liebesvereinigung. Die Biochemiker unserer Zeit sind nüchterner. Sie drücken den Vorgang der Lebenserneuerung in Formeln aus.

Wie steht es damit? Wird die moderne Biochemie den Tod aus der Welt schaffen? Die einzelnen Zellen des menschlichen Körpers, das gilt wissenschaftlich als gesichert, verfügen über eine potentielle Unsterblichkeit. Auch die männlichen Samenzellen beispielsweise sind praktisch unbegrenzt lebensfähig – wenn man sie einfriert. Eine unaufhaltsame Abnutzung und Alterung der Zellen findet nicht statt, wie früher allgemein angenommen wurde. Es ist die *Gerontologie,* die sich das Ziel gesetzt hat, exakt zu erforschen, welche biologischen Vorgänge das Altern bewirken und weshalb der Mensch zum Sterben verurteilt ist, obwohl die Zellen, aus denen sich sein Körper aufbaut, praktisch unsterblich sind.

In den USA wie der UdSSR wird seit rund zwei Jahrzehnten sehr gezielt an diesem Forschungsprojekt gearbeitet. Es geht dabei um mikrobiologische Eingriffe, die eine willkürliche Gen-Mutation verhindern und der Zelle quasi vorschreiben, ungeeignete Molekülteile zu vertauschen. An dieser Aufgabe wird einem Bericht des russischen Forschers L. KISSELJOW zufolge in den Labors von Nowosibirsk gearbeitet[51]. In den USA hat sich das Forscherteam L. DUBLIN, A. LOTKA und M. SPIEGELMANN das Forschungsziel der Lebensverlängerung gesetzt. Ein spezielles »Laboratorium für die Lenkung von Lebenstätigkeitsprozessen« hat die Akademie der Wissenschaften der UdSSR unter Leitung von Lew KOMAROW eingerichtet.

Die Berichte der Gerontologen über ihre Forschungsergebnisse klingen verblüffend optimistisch. So äußert sich Lew KOMAROW zu den Zukunftsaspekten der Wissenschaft vom Alter wie folgt: »200 bis 300 Jahre leben und arbeiten klingt phantastisch. Daher betrachtet man dieses Problem gewöhnlich als eine Sache der fernen Zukunft. Wir glauben aber, daß es eine reale Möglichkeit unserer Zeit ist. Bei den entsprechenden Ausmaßen der Forschung und einer ernsten Einstellung können schon in den nächsten Jahrzehnten die ersten Mittel gefunden werden, die gestatten, das Alter hinauszuschieben und die durchschnittliche Lebenserwartung auf 100 bis 120 Jahre zu erhöhen. Weitere Forschungen werden dann die Mittel zur

Verlängerung des durchschnittlichen Lebens auf 150 bis 200 Jahre liefern. Es gibt hier keine theoretische Grenze. Weder seitens der Biologie noch seitens der Biochemie oder Physiologie gibt es auch nur etwas, das das Leben nicht immer mehr und mehr verlängern ließe[52].«

Dieser Optimismus gründet sich auf die inzwischen durch zahllose Versuche gewonnene Erkenntnis, daß Altern – biologisch gesehen – eine Störung in der Zusammenarbeit der biochemischen Reaktionen innerhalb der verschiedenen Bereiche des menschlichen Organismus ist. »Beseitigt man diese Mißverhältnisse durch spezielle pharmakologische und physikalische Behandlung«, meint KOMAROW, »so lassen sich die natürlichen Lebensgrenzen ausdehnen.«

Das ist die eine Seite des Versuchs, das Jenseitsproblem durch die biochemischen und biophysikalischen Möglichkeiten einer Lebensverlängerung zu lösen. So verheißungsvoll sich das anhört, 200 bis 300 Jahre leben, die Kehrseite der modernen Biochemie sieht anders aus. Das geht aus der Titelgeschichte eines deutschen Nachrichtenmagazin über die Zukunftsmöglichkeiten der Biochemie und Mikrobiologie nach dem derzeitigen Stand der Forschung hervor. Bezeichnenderweise lautet die Überschrift zu diesem Bericht – auf dem Titelblatt nur als »Der Mensch wird umgebaut« angekündigt – im Inneren des Heftes dann: »Senkrecht zur Hölle[53]«.

Es mutet in der Tat auch wie breughelsche Höllenvisionen an, was da an Ergebnissen und Möglichkeiten der biochemischen Forschung geschildert wird. Von Eingriffen in das menschliche Erbgut und der Züchtung besonderer Eigenschaften bei Menschen im Dutzend oder in der Zahl militärischer Kampfgruppen, die sich wie Zwillinge gleichen, ist da die Rede. Auch von der gezielten Neubildung von menschlichen Organen statt Ersatz durch Kunststoffteile. Die Manipulationsmöglichkeiten durch mikrobiologische Eingriffe in die menschliche Erbzelle, auf die sich die Zukunftsprognosen von 82 US-Wissenschaftlern bis zum Jahr 2010 laut diesem Bericht beziehen, sind jedenfalls erschreckend.

An der Möglichkeit einer Lebensverlängerung durch Austausch und Ersatz krankhafter oder unfallgeschädigter Organe durch Kunststoffteile arbeitet die moderne Transplantationschirurgie. Das Ideal wäre der Kunststoffmensch, dessen Körper und Organe nach kybernetischen Erkenntnissen geformt und zusammengebaut würde und dessen Einzelteile jederzeit ersetzt werden könnten wie bei einer Maschine.

Auch diese Möglichkeit wird inzwischen diskutiert. Nicht nur in Science-fiction-Romanen, sondern von Wissenschaftlern der Weltraumforschung. Denn Raumreisen über die Grenzen unseres Sonnensystems hinaus wären für die Astronauten von jahrzehntelanger Dauer. Was hier geplant ist, ist die Herstellung von sogenannten *Cyborgs.* Das ist die Abkürzung für *cybernetic organism,* eine Kombination von Lebewesen und Maschine. Den Begriff haben die amerikanischen Doktoren Manfred CLYNES und Nathan KLINE vom »Rockland State Hospital«, New York, geprägt.

Nach ihrer Definition sind bereits *eiserne Lungen, künstliche Nieren* und *Kunststoffherzen* als Cyborgs anzusehen. Das Modell des *Elektronenmenschen,* den Dr. CLYNES entwickelte, benötigt bereits keine Lungen mehr. Auch die Eingeweide sind entfernt und durch einen elektronisch gesteuerten Nährstoff- und Flüssigkeitskreislauf ersetzt. In letzter Konsequenz bleibt beim Cyborg nur noch das menschliche Gehirn übrig. Ein derartiges Gehirn könnte außerdem – in ein Glasgefäß eingedost – unfallsicher im Labor bleiben. Die elektronische Fernsteuerung über Hunderte von Kilometern beispielsweise von Atombomben-Satelliten oder sonstigem Kriegsgerät in atomar versuchten Gebieten wäre kein Problem. In einer Nährlösung und mit Sauerstoff versorgt, läßt sich ein Gehirn unbegrenzt am Leben erhalten. Ein Cyborg könnte praktisch unsterblich sein.

Zwar ist der elektronische Kunststoffmensch von Doktor CLYNES noch ein Zukunftsmodell. Doch ist die Gehirnverpflanzung russischen Forschern in einer Versuchsserie mit Hunden bereits vor einigen Jahren gelungen. Auch wenn die Tiere das Experiment nur einige Tage überlebten. Worauf es mir ankommt, ist Ihnen zu zeigen, daß es sich bei allen diesen Forschungsprojekten nicht um Utopien handelt, sondern um mit allem wissenschaftlichen Ernst und Aufwand durchgeführte Forschungsvorhaben.

Allein die Idee, das Gehirn eines Menschen unlösbar an eine Maschine zu koppeln, ist wahrhaft satanisch. Denn ein voll funktionsfähiges Gehirn behielte ja die seelischen Funktionen des Fühlens, Empfindens und Denkens. Auch die des Nachdenkens über sein Schicksal. Und das wäre die Vorstellung einer Verdammnis, die alle bisherigen Höllenvorstellungen übersteigt.

Doch lassen wir einmal diese Möglichkeit außer acht. Was für eine Konsequenz ergibt sich aus der verheißungsvollen Aussicht einer Verlängerung des Lebens auf 200 bis 300 Jahre, von der der russische Forscher Lew KOMAROW spricht? Und zwar unter Erhaltung der vollen körperlichen und geistigen Spannkraft. Denn die Welt mit Greisen zu füllen kann nicht das Ziel der Wissenschaft sein. Bereits jetzt ist die Gefahr einer Überbevölkerung unserer Erde akut. Ein Großteil der Weltbevölkerung ist vom Hunger bedroht und muß sich mit einem Existenzminimum begnügen. Müßte dann nicht die Fortpflanzung verboten oder zumindest einer bürokratischen Regelung unterworfen werden? Sex selbst für Ehepaare nur auf Bezugschein? Und die Kontrolle? Die total kontrollierte und manipulierte Gesellschaft, das Ende der persönlichen Freiheit und der Ameisenstaat, die Professor HORKHEIMER als Zukunftsperspektiven heraufbeschwor, wären unausbleiblich.

So erfreulich eine Lebensverlängerung auf ein *biblisches* Alter von 200 bis 300 Jahren auch wäre, als eine sozusagen krankenkassengeregelte Kur für jedermann dürfte das kaum zu verwirklichen sein. Und selbst wenn, eine gewisse Auswahl wäre nicht zu umgehen. Wer erhält dann das Privileg für eine Lebensverlängerung? Doch in erster Linie die Verwaltungsfunktionäre, wie in der »Schönen Neuen Welt« von Aldous HUXLEY geschildert. Und wohin mit der überschüssigen Bevölkerung? Die konsequente Antwort darauf ist weniger schön. Aber alle Zukunftsmodelle, die sich auf ein materialistisches Denken stützen und versuchen, die Jenseitshoffnung im Diesseits zu erfüllen, führen zu der Alternative: Unsterblichkeit für Funktionäre – Gaskammerhimmel für das Kollektiv.

Das mag überspitzt formuliert sein. Worauf es ankommt, sagt aber ebenso deutlich der amerikanische Biologe M. W. NIRENBERG, der Mitentdecker des genetischen Informationscodes. Für ihn ist es eine schiere Unsinnigkeit, »daß der Mensch fähig sein soll, seine eigenen Zellen zu programmieren, lange bevor er imstande ist, die langfristigen Konsequenzen solchen Tuns abzuschätzen«. So fordern NIRENBERG und einige andere Forscher einen *Wissenschafts-Stopp* für die Biochemie. Ob ein Wissenschafts-Stopp weltweit und auf Dauer durchführbar ist, erscheint mir allerdings mehr als fragwürdig. Ganz abgesehen davon, daß eine derartige Lösung des Problems ebenfalls nur auf dem Wege einer modernen Inquisition durchführbar wäre.

Der Ausweg aus diesem Dilemma bietet sich in einem Wort von C. G. JUNG an, der sagt, was vielen allzu einseitig ausgerichteten Wissenschaftlern fehlt: »Erleuchtung aus einem heiligen und ganzmachenden Geiste, der alles andere sein kann, nur nicht gerade unser Verstand[54].«

Die religiöse Frage und die Naturwissenschaftler unserer Zeit

Die großen und genialen Wissenschaftler unseres Jahrhunderts, die mit ihren Entdeckungen das klassische Weltbild der Physik und Chemie, der Biologie und der Psychologie stürzten und unsere Welt nachhaltiger veränderten als je zuvor, waren fast ohne Ausnahme tief religiös. Ob PLANCK, EINSTEIN, BOHR, SCHRÖDINGER und HEISENBERG als Begründer einer neuen, transklassischen Physik, KEKULE als Urheber der modernen Groß- und Kunststoffchemie, PORTMANN für die Biologie, JUNG, Erich NEUMANN und KERÉNYI als Schöpfer einer komplexen und humanistischen Seelenforschung und Pioniere einer modernen Symbolforschung oder Norbert WIENER als Begründer der Kybernetik und Wegbereiter der Computertechnik – um nur einige der bedeutendsten Geistesgrößen zu nennen –, sie alle erkannten, daß Mensch, Natur und Universum ohne das Vorhandensein eines göttlichen Geistes nicht zu erklären und nicht zu verstehen sind. Ihre Autobiographien und Biographien beweisen es.

Sogar erklärte Marxisten und Materialisten, wie der bereits mehrfach erwähnte Soziologe und Philosoph Max HORKHEIMER, der ihm nahestehende Psychoanalytiker Erich FROMM und andere kamen aufgrund der geschichtlichen Entwicklung in den Nachkriegsjahren zu dem Ergebnis, daß die zunehmende Frustration des religiösen Bedürfnisses sowohl den einzelnen in die Neurose treibt, als sie auch innerhalb der Gesellschaft kollektiv-neurotische Verhaltensweisen begünstigt. Denn der Materialismus und der sich darauf stützende Atheismus sind das Ergebnis eines inzwischen antiquierten naturwissenschaftlichen Weltbildes, das von den oben erwähnten Gelehrten längst als unzutreffend widerlegt ist.

Dieses veraltete Weltbild entstand aufgrund der Erforschung des Universums durch Astronomen und Astrophysiker, die mit ihren immer weiter reichenden Teleskopen keinen Himmel entdecken konnten. So war Gott sozusagen wohnungslos geworden. Es gründete sich auf die sogenannte »Steady state«-Theorie, die Annahme eines *stationären* Universums ohne Anfang und Ende, das demnach auch nicht von einem Gott erschaffen sein kann. Es beruhte weiterhin auf der Annahme einer strengen *Determiniertheit* allen kosmischen und Naturgeschehens durch die erkannten Naturgesetze. Eine Existenz übernatürlicher Mächte konnte es demnach nicht geben. Auch eine Einwirkung psychisch-geistiger Kräfte auf materielle Prozesse oder den durch die Naturgesetze eindeutig festgelegten und vorherbestimmten Weltablauf erschien als unmöglich.

Inzwischen gilt es als gesichert, daß das Universum vor etwa 10 bis 20 Milliarden Jahren in der Art einer ungeheuren Explosion von Energie entstanden ist. Seither dehnt es sich aus und umfaßt nach Schätzungen von Pascal JORDAN rund eine Milliarde Galaxien. Und jede dieser Galaxien, vergleichbar unserem Milchstraßensystem, enthält wiederum eine Milliarde Sterne oder Sonnen. Das sind so ungeheure Größen, daß es tatsächlich kaum möglich ist, sich eine Vorstellung davon zu machen. Jedenfalls muß das Universum eine Art ungeheurer Kugel sein, die sich zunehmend ausdehnt wie ein Ballon, der immer stärker aufgeblasen wird. Da sich zwischen den Vorgängen in der subatomaren Welt des Allerkleinsten, was den Zerfall, die Neubildung und Umwandlung von Elementen angeht, und den Vorgängen im Universum, der Bildung von Spiralnebeln, der Geburt von neuen Sonnen und dem Erlöschen von Sternen, eine weitgehende Übereinstimmung gezeigt hat, konnten die Astrophysiker auch recht genaue Zahlen über Umfang, Inhalt und zeitliche Dauer des Universums errechnen.

Jedenfalls hat das Universum einen Anfang. Ob es sich

eines Tages wieder zusammenziehen wird und die Welt damit in Jahrmilliarden wieder ein Ende haben wird, steht wissenschaftlich noch nicht genau fest. Es ist zu vermuten. Wie heißt es doch in einem Wort der buddhistischen Gelehrten? *Buddha atmet die Welt aus, und Buddha atmet die Welt wieder ein.* Vor Jahrtausenden bereits erkannten die fernöstlichen Gelehrten, was unsere Astrophysiker inzwischen auf Grund der Entdeckungen von EINSTEIN und vieler anderer Wissenschaftler experimentell bestätigt haben. Woher wußten sie es? Und noch etwas: Ob BUDDHA oder Gott im westlichen Sinne oder wer auch immer, wenn das Universum einen Anfang hat, dann muß irgend jemand diese Anfangsexplosion bewerkstelligt haben. Und dieser Jemand muß auch der Anfangsmaterie das Wissen – die Information, wie wir heute sagen – mitgegeben haben, sich zu Galaxien, Sonnensystemen und Planeten wie unsere Erde zu entfalten. Und ebenso das Wissen, das zur Geburt des Lebendigen führte und damit auch zur Entstehung des Menschen.

Über die Existenz eines göttlichen Schöpfers besteht kein Zweifel. Und was die Wohnungslosigkeit Gottes angeht, ein Problem, das mit der Erkenntnis von Giordano BRUNO und KEPLER über die Beschaffenheit des Universums – das sich keineswegs um die Erde als Mittelpunkt dreht – aufkam, so wissen wir heute zwar, daß das Universum nach EINSTEIN einen gekrümmten, geschlossenen und endlichen Raum darstellt. Einen Raum wohlgemerkt, der alles Räumliche umfaßt und bei dem es kein »außerhalb« gibt. Das ist gewiß schwer vorstellbar. Doch der Raum bildet sich erst durch die Anwesenheit von Materie. Er ist sozusagen das *Gewand der Materie,* wie es Pascal JORDAN ausdrückt.

Doch da die Strukturierung der Materie und des Raumes ja aufgrund einer dem Universum innewohnenden *Information,* eines unsichtbaren *Wissens* oder gestaltenden *Geistes* erfolgt, so ist das Problem der Wohnung Gottes geklärt. Der Geist, der das Universum in Gang setzte und schuf, ist *im* Universum weiter am Wirken. Vereinfacht gesagt: *Das Universum ist der Körper Gottes.* Das würde bedeuten, daß der Kosmos und Gott identisch sind. So denken die buddhistischen Tantriker und auch die Eingeweihten in die Geheimlehren des chinesischen Taoismus. Auf diese Anschauung gründete der deutsche Philosoph Friedrich Wilhelm von SCHELLING seine *Identitätslehre,* die auch sein Studienkollege HEGEL übernahm. Die Identitätslehre ist inzwischen richtungweisend für die moderne *nicht-freudsche* empirische Tiefenpsychologie, für die Psychosomatik und die Psychiatrie. Sie stützt sich auf das mathematisch psycho-logisch beschriebene Weltbild von Gottfried Wilhelm LEIBNIZ und besagt kurz zusammengefaßt: Das Universum ist ein dynamischer Organismus und gelangt durch den Geist – modern: das geistige Gestaltungsprinzip psychischer Energetik – zum Selbstbewußtsein. Natur und Seele, Objekt und Subjekt sind daher im Prinzip identisch.

SCHELLING widmete sich bereits eingehend der Untersuchung des Unbewußten und vor allem des überpersönlichen Feldes des Seelischen, »das überall vorhanden ist« und für das dann rund hundert Jahre später C. G. JUNG den Begriff des Kollektiven Unbewußten prägte. Ebenso beschreibt SCHELLING auch die in diesem Feld existenten kollektiv-psychischen Steuerungsmuster, für die JUNG dann die Bezeichnung *Archetypen* in die Psychologie einführte. Auch der Mythologie wandte SCHELLING sein Interesse zu, und er erkannte ihre Bedeutung als *gesamtkosmische* Informationen oder als das Ergebnis archetypischer Strukturen, wie JUNG sagen würde.

Bei HEGEL allerdings macht auch der Weltgeist eine Entwicklung durch und schafft sich mit dem Menschen und dem menschlichen Bewußtsein sozusagen ein Instrument, um sich seiner selbst bewußt zu werden. Doch es würde zu weit führen, hier auf die »Phänomenologie des Geistes« von HEGEL einzugehen, die von seinen Schülern leider allzu sehr mißverstanden wurde.

Wichtiger für uns und die Jenseitsfrage, und damit für die Frage des Weiterlebens nach dem Tode, ist das *Leib-Seele-Problem,* das sich aus der Identitätslehre ergibt. So wie das Universum besteht auch der Mensch aus Billionen oder Billiarden von Atomen. Er ist ein Abbild des Kosmos im kleinen. Daher wurde er von den Gelehrten früherer Zeiten auch Mikrokosmos genannt. Dieser Vergleich trifft sogar äußerlich zu. Die Hirnphysiologen unseres Jahrhunderts entdeckten, daß das menschliche Großhirn in der Struktur seines Zellaufbaus verblüffenderweise den Aufbau des Kosmos widerspiegelt. Zerschneidet man ein Gehirn mit einem *Mikrotom* – das ist eine Apparatur zur Herstellung von Serienschnitten von gefrorenem Gewebe – in äußerst dünne Scheiben, so zeigt sich, daß die Zellen der Großhirnrinde in Haufen und Gruppen angeordnet sind, den sogenannten Rindenfeldern, wie die Sternhaufen und Galaxien des Kosmos.

Wenn nun, wie ich zuvor sagte, die Strukturen des Universums sich nach dem Muster von Informationen richten, die als Bauplan und Programm eines universalen göttlichen Geistes anzusehen sind, so trifft das natürlich auch für den Mikrokosmos, den Menschen, zu. Wir können uns das so vorstellen, daß jedes Atom außer seinen Elektronen und Neutronen und sonstigen Teilchen zusätzlich noch *Psychonen* enthält – winzige *Geistquanten* sozusagen. Dann würden alle zusammengenommen in dem aus Atomen, Molekülen und Zellen aufgebauten Verbundsystem »Mensch« das ausbilden, was wir die Seele nennen. Dann ist auch die Frage beantwortet, wo die Seele ihren Sitz hat. Der gesamte Leib ist beseelt – bis in die Fingerspitzen und bis in jedes einzelne Haar.

So dachten bereits vor zweitausendfünfhundert Jahren PYTHAGORAS und sein Lehrer THALES. In der Kette der Brüder des von PYTHAGORAS gegründeten Wissenschaftsordens wurde dieses Denkmodell der Allbeseeltheit – wonach übrigens auch Tiere und Pflanzen beseelt sind – weitergegeben bis in unsere Zeit. Wir finden es bei Meister ECKHART und PARACELSUS, bei LEIBNIZ und SCHELLING und auch bei GOETHE. Der berühmte Naturforscher Theodor FECHNER gründete seine »Psycho-Physik« darauf und der Biologe Hans DRIESCH seine »Wirklichkeitslehre« und dann die nach wissenschaftlichen Grundsätzen ausgerichtete »Para-Psychologie«.

Theodor FECHNER schrieb übrigens auch den Gestirnen einschließlich unserem Planeten Erde »Seelen« zu, wenngleich von anderer Art als die menschliche. Denn nach der Identitätstheorie gibt es keinen absoluten Unterschied zwischen dem Lebendigen und einer sogenannten »toten Materie«. Diese Anschauung vertreten ja auch die um eine ernste Wissenschaftlichkeit bemühten Astrologen. Sie deckt sich darüber hinaus mit der Auffassung der buddhistischen und taoistischen Weisheitslehrer, wonach die menschliche Seele *feinstofflicher* Natur ist, in der Art des bereits beschriebenen Astralleibes.

Doch wenn wir eine so weitgehende Identität von Körper und Seele annehmen – und nicht nur eine sozusagen *synchronisierte* Tätigkeit der körperlichen und seelisch/geistigen Funktionen im lebendigen Menschen –, wie sieht es dann mit einem bewußten Weiterleben nach dem Tode aus? Nach dem Tode löst sich bekanntlich der Körper auf. Ob Erd- oder Feuerbestattung, der Leib zerfällt wieder in die chemischen Elemente und Atome, aus denen er sich zusammensetzte. Muß sich dann nicht auch die Seele auflösen? Und wo bleibt das Bewußtsein, das persönliche Ich-Bewußtsein?

Gewiß, weder Materie noch Energie (physikalische Energie) können aus der Welt verschwinden. Das ist eine unumstößliche Erkenntnis der Physik und allgemein bekannt. Sie können sich nur in ihrer Zustandsform wandeln. Das gilt auch für die den Materieteilchen oder Energiequanten anhaftende Information. Sie bleibt ebenfalls erhalten. So gesehen läßt sich allenfalls eine Seelenwanderung nach dem Tode annehmen, doch völlig unbewußt und unter Auflösung des persönlichen Bewußtseins.

Die Bestandteile des Körpers kehren nach dem Tod in den Kreislauf der Natur zurück. Sie werden von Pflanzen und Tieren aufgenommen, mit der Nahrung und der Luft teilweise auch von Menschen. Mag sein, daß so auch die zuvor angenommenen Psychonen oder Geistquanten in einem Körper eine neue Wohnstatt finden, beispielsweise im Leib einer Frau und durch sie in dem im Mutterleib werdenden Kind. Doch wären das bestenfalls Bruchteile einer früheren seelischen Einheit. Von einer Wiedergeburt, so wie wir sie erhoffen, kann keine Rede sein.

Doch alle die bedeutenden Forscher, die sich an die Identitätslehre hielten, waren und sind von einem Weiterleben der Seele nach dem Tode überzeugt. Haben sie sich geirrt? Ist ihre Überzeugung durch die moderne Atomphysik widerlegt? Keineswegs. Der Fehler liegt bei uns, weil uns das Umdenken so schwer fällt. Wir übertragen unsere Vorstellungen aus der Welt, so wie wir sie kennen und mit unseren Sinnen wahrnehmen, auf die atomare und subatomare Welt. Es handelt sich dabei aber um eine völlig andere Dimension der Wirklichkeit. Für uns ist ein Tisch eine stabile, handfeste und unveränderliche Sache. Doch in der Dimension des Allerkleinsten ist dieser Tisch ein schwingendes Feld in Bewegung befindlicher Atome und pulsierender Kernteilchen. Letztlich ist dieser Tisch nur noch ein immaterielles, schwingendes Energiefeld.

Die strenge Determiniertheit, die Vorherbestimmung und das Gebundensein aller materieller Erscheinungen und Lebensprozesse an eherne Naturgesetze, gilt in dieser Wirklichkeitsdimension nicht. Das ist durch HEISENBERG, PAULI und SCHRÖDINGER einwandfrei bewiesen. Auch die Kausalität, die Verknüpfung von Ursache und Wirkung, gilt hier nicht mehr. Energie kann sich zu höchst unterschiedlichen Elementarteilchen verdichten und besitzt dazu die Freiheit der Wahl. Und nach neuesten Forschungen ist zu vermuten, daß es unendlich viele verschiedene Arten von Elementarteilchen gibt. Von einer Kausalität im Sinne zwingender Ursachen kann hier nicht mehr gesprochen werden. Es handelt sich vielmehr um *a-kausale* Vorgänge.

Erkennbar sind in dieser unseren normalen fünf Sinnen nicht zugänglichen Wirklichkeitsdimension nur Zielstrebigkeiten und Wahrscheinlichkeiten. Das alles muß aber für die von uns der Anschaulichkeit halber behaupteten Psychonen oder Geistquanten ebenso gelten. Auch sie besitzen die Freiheit, unterschiedliche und andersartige Energiequanten zu besetzen. Diese müssen sich nicht zu Elementar-Teilchen verdichten und so wieder zu neuen materiellen Gebilden organisieren. Was heißt das alles für uns?

Ich will es Ihnen mit einem Wort des berühmten Naturforschers Pascal JORDAN sagen: »Daß die Behauptung deterministischer Naturauffassung, Gott sei arbeitslos gegenüber dem gesetzmäßig verlaufenden Naturgetriebe, jetzt jeglichen Boden unter den Füßen verloren hat[55].« Das heißt noch nicht, daß Gott allein daraus naturwissenschaftlich beweisbar würde. Aber man »*kann* in der übermächtigen Fülle ständig neuer indeterminierter Entscheidungen göttliches Wirken, göttliche Fügung und Herrschaft sehen« – so JORDAN. Es spricht nichts dagegen.

Die große Schwierigkeit, uns die Seele als ein eigenständiges, immaterielles stoffloses Wesen mit selbständiger Bewußtheit und geistiger Tätigkeit vorzustellen, besteht darin, daß sich unser Leben in einer nur *vierdimensionalen* Wirklichkeit abspielt. Das sind die drei Dimensionen des Raumes, Länge, Breite und Höhe, gekoppelt an die Zeit als vierte Dimension, die für uns einförmig von der Vergangenheit in Richtung Zukunft verläuft. Doch die wahre Welt ist mehrdimensional. So benötigen die Kernphysiker beispielsweise für die Elektronenvorgänge im Atom zur mathematischen Untersuchung einen *sechsdimensionalen* Raum. In Sonderfällen müssen sie sogar mit noch sehr viel mehr Dimensionen rechnen.

Bereits auf der Wirklichkeitsebene der subatomaren Welt ist die Abweichung von den gewohnten naturgesetzlichen Normen möglich. Das soll nicht heißen – wie es Pascal JORDAN formuliert –, daß Gott »durch fortgesetzte Durchbrechung der Naturgesetze täglich und in jeder Stadt seine Allmacht kund tut[56]«. Doch sind in seltenen Ausnahmefällen, wie er meint, »übernatürliche Wunder« jederzeit möglich. Theoretisch kann in dieser Dimension bereits die Seele als ein stoffloses Gebilde existieren. Auch die komplexe Organisation von Geistquanten zu einem energetischen System, das für uns das persönliche Bewußtsein darstellt, ist denkbar. Fest steht, daß normalerweise die Naturvorgänge in den aus der klassischen Physik bekannten naturgesetzlichen Bahnen ablaufen. Doch die inzwischen erforschten Naturgesetzlichkeiten der mikrophysikalischen Welt sind die *ursprünglichen*, die der gesamten Natur des Universums zugrunde liegen.

Im Klartext:

Die Dimension der Atome, Elektronen und Kernteilchen ist die wahre Wirklichkeitsebene. Sie ist die Basis, auf der sich alles andere aufbaut.

Die grobstoffliche Raum-Zeit-Dimension, in der wir Menschen leben, die Wirklichkeit, wie wir sie mit den Sinnen – und den technischen Erweiterungen dazu – wahrnehmen und erleben, ist nur ein Grenzfall davon.

Diese unsere Lebens- oder Wirklichkeitsdimension ist überdies keine feste, geschlossene Schicht. Wir müssen sie uns eher als ein durchlässiges Gewebe oder in der Art eines unregelmäßigen Gitters vorstellen, mit unzähligen Löchern. Durch diese ist jederzeit ein Informationsaustausch mit sonstigen Wirklichkeitsdimensionen möglich.

Auch die gewohnte Auffassung von der Zeit wird für andere Dimensionen ungültig. Seit EINSTEIN wissen wir, daß die Zeit *relativ* ist. Eine Stunde hat nur dann stets die gleiche Dauer, solange wir uns mit den auf der Erde üblichen Geschwindigkeiten bewegen. In einem Raumschiff jedoch gehen die Uhren langsamer, und zwar um so langsamer, je schneller es sich bewegt. In einem Raumschiff,

das mit Lichtgeschwindigkeit durch den Weltraum rasen
könnte, blieben die Uhren praktisch stehen. Ein Astronaut
in dieser Raumrakete bleibt zeitlich unverändert. Er wird
nicht älter. Könnte er mit seinem Sternenschiff die Licht-

*Graphik des holländischen Surrealisten M. C. ESCHER, die veranschaulicht,
daß wir Menschen in einer mehrdimensionalen Wirklichkeit leben.*

geschwindigkeit überschreiten, würden sie aus unserer
Raum-Zeit-Dimension verschwinden. Die Zeit würde
dann quasi rückwärts laufen. Der Astronaut kehrte erst
wieder in unsere Wirklichkeitsdimension zurück, wenn er
sein Fahrzeug auf Unterlichtgeschwindigkeit abbremst.
Zwar gibt es ein derartiges Raumschiff noch nicht. Doch
haben die Experimente in den Teilchenbeschleunigern, in

denen Kernphysiker Materieteilchen auf Lichtgeschwindigkeit beschleunigen konnten, das bestätigt.

Ob wir als Menschen, die ja mit ihrem Körper an die vierdimensionale Raum-Zeit- oder EINSTEIN-Dimension gebunden sind, je mit Überlichtgeschwindigkeit werden in den Weltraum reisen können, wie es sich die Science-fiction-Autoren erträumen, ist fraglich. Doch in der Dimension des Subatomaren sind ein Zeitstillstand und eine Zeitumkehr durchaus möglich. Nun ist mit der Jenseitsvorstellung in den meisten Religionen der Begriff der Ewigkeit verbunden. Da die Welt einen Anfang hat und vermutlich auch ein Ende – auch wenn das noch Jahrmillionen dauern kann –, ist diese Vorstellung nicht ganz richtig. Aber den Zustand der Zeitlosigkeit, eine Nullzeit sozusagen, gibt es. Wenn wir annehmen, daß die Seele nach dem Tod als ein Informationsverarbeitungssystem und Komplex psychischer Energie erhalten bleibt, dann muß sie nicht in der vierdimensionalen Raum-Zeit-Dimension bleiben, an die unser körperliches Leben gebunden ist. Sie kann durchaus auch in eine andere Wirklichkeitsdimension überwechseln.

Von den Materialisten wird ja die Annahme eines Weiterlebens nach dem Tod nicht zuletzt mit dem Argument bestritten, daß es dann auch ein Jenseits als Ort geben müsse, wo sich die Seelen der Verstorbenen aufhalten. Doch wie die Erforschung des Universums durch Riesen-Spiegelteleskope, Raumsonden und Skylabs beweise, existiere ein solcher Ort nicht. Diese Argumentation ist töricht. Denn für das »Jenseits« ist überall Platz. Der *Ort* des Jenseits muß nicht im Weltraum liegen. Es kann ebenso unsere Erde sein.

In meinem Buch »Mensch und Psychologie«, das 1973 erschien, habe ich zur Erklärung der bislang in ihrem Wesen unerforschten und ungeklärten Fakten wie Intuition, vorausschauende und prophetische Träume, Telepathie, Telekinese und das von C. G. JUNG beschriebene Synchronizitätsphänomen das Denkmodell eines sechsdimensionalen *Null-Zeit-Null-Raum-Kontinuums* entwikkelt[57]. Es stützt sich auf die moderne Quantentheorie, die – als Symbiose und Weiterentwicklung der Entdeckungen von Max PLANCK und Albert EINSTEIN – die Grundlage für das heutige physikalische Weltbild darstellt.

Mit den quanten- wie mengentheoretischen Überlegungen im einzelnen will ich Sie hier verschonen. Den fachlich interessierten Leser bitte ich an der angegebenen Quelle nachzulesen. Was für unser Thema von Interesse ist, ist das Ergebnis dieses Denkmodells. Demnach existiert bereits *in* oder *zwischen* der Basis-Dimension der atomaren und subatomaren Welt, auf der unsere grobstoffliche Welt, in der wir leben, sich als eine Welt menschlicher Erscheinungen aufbaut, eine andere Dimension mit sehr eigentümlichen Eigenschaften. Es ist eine Dimension ohne Zeit und Raum.

Stellen Sie sich das Feld der Atomteilchen ebenfalls als ein ungeheuer feinmaschiges Netz oder Sieb vor. Denn die Teilchen oder Quanten – allerwinzigste Energie-, Stoff- oder Licht-Portionen – bewegen sich hin- und herschwingend wie Wellen, doch nachgewiesenermaßen nicht fließend, sondern in der Art von winzig kleinen Sprüngen. Daher der Begriff *Quantensprünge.* Wenn ein Sportler einen Weitsprung macht, dann berühren zwar zwischen Absprung und Auftreffen seine Füße das Sprungfeld nicht mehr. Trotzdem können Sie ihn sehen, und zwar ständig. Er fliegt durch die Luft. Aber für Ihr Auge ist die Standortveränderung des Sportlers im Sprung nur eine fliegende – oder sagen wir hier – noch eine fließende Bewegung. Bei den Quantensprüngen ist das eigenartigerweise anders. Wenn Sie sich so klein machen könnten, daß Sie ein Teilchen beim Quantensprung beobachten, dann würden Sie feststellen, daß es beim Sprung plötzlich verschwunden ist. Es taucht dann wie aus dem Nichts an einer anderen Stelle wieder auf. Da ist auch nichts, was Sie sehen könnten. Zwischen dem Ort des Absprungs des Teilchens und dem neuen Standort ist einfach Nichts, ist Leere.

Wenn wir uns die Dimension oder Wirklichkeitsebene, die sich aus der Unzahl von Materieteilchen zusammensetzt, als ein feinmaschiges Sieb vorstellen, dann sind die Löcher im Sieb diese Leere, über die die Teilchen sich springend bewegen. Materiell gesehen bilden diese Löcher einen Leerraum, doch ein zusammenhängendes Feld von bestimmbarer Ausdehnung. Einerseits ist das ein Nicht-Raum, in dem theoretisch nichts sein dürfte. Doch andererseits läßt sich die Existenz dieses Leerraumes nach den Grundsätzen der Quantenphysik mathematisch exakt beweisen. Sein Vorhandensein ist nicht zu bezweifeln.

Diese Dimension der Leere ist masseleer, raumleer, zeitleer. Das heißt, die bekannten Naturgesetzlichkeiten für die physikalische Doppelerscheinung von Energie/Materie gelten hier nicht. Hier gibt es keine durch die Lichtgeschwindigkeit bestimmte unüberwindliche Zeitmauer. Überlichtschnelle oder quasi zeitlose Verschiebungen von Informationsmatrizen von Ort zu Ort und Zukunft und Vergangenheit zur jeweiligen Gegenwart sind hier jederzeit möglich. Vereinfacht gesagt: Diese Dimension ist als Jenseits für eine Fortexistenz dessen, was während des leiblichen Lebens den menschlichen Körper belebt und beseelt, der ideale Ort.

Eine derartige Jenseitsdimension wäre praktisch überall. Sie wäre über uns, neben uns, unter uns, in jedem Haus, in jedem Zimmer, sogar innerhalb von Gegenständen. Überlegen Sie, daß bereits ein Feld physikalischer Energie, beispielsweise das Feld der Fernsehwellen, jedes Haus, jede Mauer und jeden Gegenstand durchdringt. Um die diesem Feld aufmodulierten Bilder von Gegenständen und Personen zu sehen und ihre Stimmen zu hören, müssen wir einen Fernsehempfänger aufstellen. Unsere Sinne sind nicht fein genug, um diese Schwingungen (Frequenzen) wahrzunehmen. Doch die Bilder, die wir dann auf dem Bildschirm empfangen, und die Töne, die wir hören, sind bereits außerhalb unseres TV-Empfängers existent. Sie sind überall vorhanden, so weit das Strahlungsfeld der Fernsehstation reicht, nur daß sie für uns ohne TV-Gerät unsichtbar bleiben.

In ähnlicher Weise durchdringt auch das »Leerefeld«, das die »Löcher« des Gewebes von Raum und Zeit bilden und das der Ort des Jenseits sein könnte, alles und jedes und ist überall existent. Eigenartigerweise wird auch von den buddhistischen und taoistischen Gelehrten das Jenseits stets als »Leere« geschildert; ebenso alle Möglichkeiten für den *Geistleib,* die wir in meinem Denkmodell eines sechsdimensionalen Null-Zeit-Null-Raum-Feldes als gegeben finden.

Übrigens gibt es eine ähnliche Beschreibung des Jenseits in dem angeblichen Bericht einer Verstorbenen, die sich nach ihrem Tode – das war vor rund hundert Jahren – über eine Bekannte mit medialen Fähigkeiten mit ihrem Ehemann in Verbindung setzte. Der Ehemann ist der Amerikaner Stewart Edwart WHITE. Die Protokolle der Jenseitsberichte seiner verstorbenen Frau finden sich in seinem Buch »Das uneingeschränkte Weltall«, zu dessen deutscher Ausgabe noch C. G. JUNG das Vorwort schrieb.

JUNG sagt darin: »Die ›Unsichtbaren‹ erklären . . ., daß unsere Bewußtseinswelt mit dem ›Jenseits‹ einen und denselben Kosmos bilde, so daß die Toten sich gewissermaßen nicht an einem anderen Ort befinden als die Lebenden. Es besteht nur ein Unterschied in der ›Frequenz‹ der beiden Lebensformen, wie bei niederer Umdrehungszahl die Flügel eines Propellers deutlich sichtbar sind, bei hoher aber verschwinden[58].« Das Jenseits, wie es *Betty* – das ist der Name der verstorbenen Frau WHITE – schildert, ist demnach eine Dimension der hohen und höchsten Frequenzen innerhalb unserer irdischen Welt, wo die Schranken von Zeit und Raum aufgehoben sind, an die das körperliche Leben gebunden ist.

Betty WHITE selbst erklärt in einem der Protokolle durch den Mund des Mediums *Joan:* »Eure Wissenschaftler haben das Gesetz von der Unzerstörbarkeit der Materie aufgestellt, ich aber sage euch, daß dieses Gesetz nur eine Folge der Unzerstörbarkeit des Bewußtseins ist. Ihr wißt schon lange, daß alles Bewußtsein Form besitzt. Dies ist eine Tatsache. Nun ist die Materie im uneingeschränkten Universum aber die Essenz eines Formattributs. Sie ist nicht zerteilt wie auf eurer Seite. Primäre Entitäten sind unteilbar. Materie, wie ihr sie kennt, ist keine primäre Entität, sie ist vielmehr aus primären Entitäten aufgebaut. Mein physischer Körper setzte sich aus einer Menge kleiner Zellen zusammen. Mein Beta-Körper ist eins, atomar. Hier ist alle Materie atomar.«

Ohne auf die weiteren (ebenso etwas unklaren) Ausführungen von *Betty* als »Stimme aus dem Jenseits« einzugehen – was sie beschreibt, ist die Dimension der atomaren und subatomaren Welt. Doch ich möchte sehr bezweifeln, daß diese Jenseitsprotokolle, die der Amerikaner Stewart Edwart WHITE in seinem Buch veröffentlicht, tatsächlich von seiner verstorbenen Frau diktiert sind. Es wird vielmehr so gewesen sein – die Seriosität von WHITE vorausgesetzt –, daß das Medium *Joan* entweder seine Gedanken gelesen oder sein Unbewußtes angezapft hat. Denn die Angaben entsprechen zu sehr dem damaligen Stand der Atomtheorie, vermischt mit spiritistischen Vorstellungen der Zeit. Was *Betty* über ihren angeblich atomaren Beta-Körper sagt, ist Unsinn. Es beweist, daß WHITE oder sein Medium etwas über die damals entdeckten Beta- und Gammastrahlen gehört haben und das mit hereinbringen.

So beschränkt sich auch JUNG darauf zu sagen, »Mitteilungen der ›Geister‹ sind auf alle Fälle *Aussagen über die unbewußte Psyche,* vorausgesetzt, daß sie wirklich spontan und nicht von einem trügerischen Bewußtsein zusammengeschwindelt sind«. Doch weist er an der gleichen Stelle darauf hin, daß so wie in jedem einzelnen Falle ein kritischer Zweifel berechtigt ist, es doch andererseits kein einziges Argument gibt, das die Nichtexistenz der Geister beweisen könnte.

Auch wenn es sich bei den Jenseitsprotokollen in dem

Buch von WHITE um Produktionen des Unbewußten handelt, so sind sie doch insofern interessant, als sie die im Unbewußten der Psyche schlummernde Vorstellung zeigen, das Jenseits müsse sich in unserer Welt, sozusagen neben oder zwischen uns befinden.

Von anderen Autoren wird der Ort des Jenseits, wo sich die Seelen der Verstorbenen nach einer gewissen Übergangzeit aufhalten, in den Kosmos verlegt. Das entspricht auch der Auffassung der buddhistischen Tantriker und den in den »Tibetischen Totenbüchern« enthaltenen Geheimlehren. Könnten die vor einigen Jahren entdeckten rätselhaften *Quasare* Orte des Jenseits sein? Der Name besagt, daß es sich um »quasistellare Radioquellen« handelt. Das sind Sterne, die sich durch ihre Radiostrahlung und ihr Lichtspektrum erheblich von allen bekannten Gestirnen unterscheiden. Sie sind ungeheuer weit entfernt, einige von ihnen bis zu 10 Milliarden Lichtjahre. Das heißt, daß sie sich an der Grenze unseres Universums befinden.

Pascal JORDAN nennt die Quasare »Leuchttürme des Weltalls«. Eine Entfernung von 10 Milliarden Lichtjahren bedeutet, daß die Signale, die die Quasare aussenden, aus der Zeit stammen, als die Galaxien und die Sonnen des Universums erst entstanden sind. Sind diese »Leuchttürme« demnach das Licht, das der Bibel zufolge am Anfang der Schöpfung war? Als »irgendeine himmlische Kraft die Natur aus dem Nichts geschaffen hat«, wie es der englische Physiker Edmund WHITAKER in einem Buch über Religion und die neue Astronomie ausdrückt? Oder könnten die Quasare gigantische Radiostationen an der Grenze eines anderen Universums sein, das sich an unseres anschließt?

Auch diese Vorstellung wird vertreten. Die amerikanischen Astrophysiker PETROSIAN und SALPETER haben eine entsprechende Theorie entwickelt. Demnach befinden sich die Radiosterne in einem benachbarten Universum, das dem unseren dimensional übergeordnet ist.

Die Raumkrümmung unseres Universums wirkt wie eine gigantische Linse. Sie bündelt die Strahlung der Quasare und läßt sie in der Art von Projektions-Bildern – »Geisterbilder« sagen die Autoren – in unserem vierdimensionalen Weltall erscheinen.

Sollte es also mehrere Universen geben? Ja und nein! Vom Wortbegriff her gibt es nur ein Universum. Denn der aus dem Lateinischen abgeleitete Begriff besagt soviel wie *sämtliches* oder *alles* – was existiert – *in Einem*. Doch andererseits hat die Wissenschaft unterschiedliche Wirklichkeitsdimensionen festgestellt. Die richtige Antwort muß also lauten: Es gibt nur ein einziges, aber mehrdimensionales Universum.

Wie steht es mit anderen menschenähnlichen Lebewesen im Universum? Es wird ja seit längerer Zeit der Gedanke vertreten, daß es bei 1 Milliarde Galaxien mit jeweils 1 Milliarde Sonnen auch eine große Zahl von bewohnbaren Planeten geben müsse. Auf diesen müßten ebenfalls mit Bewußtsein und Intelligenz ausgestattete Lebewesen existieren. Auch für diese »Außerirdischen« gilt das Jenseitsproblem. Könnten sie mehr darüber wissen als wir? Oder sollten sie gar den Tod überwunden haben und in gewissem Sinne unsterblich sein? Sie könnten doch eine sehr viel längere Entwicklung hinter sich haben als wir Menschen.

Das Leben ist nicht zwangsläufig zum Tode verurteilt, wie Mikrobiologen und Genetiker inzwischen herausgefunden haben. Lebende Zellsubstanz besitzt potentielle Unsterblichkeit. Das haben zahlreiche Experimente wissenschaftlich bewiesen. Es mutet fast unheimlich an, aber es ist tatsächlich gelungen, sogenannte Einzeller, die in Salzlagern eingeschlossen Jahrmillionen in einer Art Todesstarre verbrachten, wieder zum Leben zu erwecken[59]. Was wir als Altern bezeichnen, ist – wie bereits im vorigen Kapitel erwähnt – auf eine Entartung der DNS und des Gen-Codes zurückzuführen.

Doch ob es außerirdische bewußte und intelligente Lebewesen gibt und wir im Kosmos nicht allein sind, darüber streiten sich die Gelehrten. Eine Reihe von Wissenschaftlern nimmt das als selbstverständlich an, der bedeutende Naturwissenschaftler und Quantenphysiker Pascal JORDAN bezweifelt es. Er bestreitet die Möglichkeit keineswegs, verweist aber auf die ungeheure Seltenheit der Lebensentstehung durch besondere Quantensprünge. Wenn aber intelligentes Leben auf anderen Planeten unserer Milchstraße oder in anderen Galaxien existiert, dann müßte es unter gleichen Bedingungen entstanden sein wie auf unserer Erde. Diese »Außerirdischen« könnten also in ihrer Entwicklung kaum weiter sein als wir. Sie müßten ebenfalls dem Schicksal des Todes unterliegen – so JORDAN.

Damit wäre die Jenseitsfrage ein universales Problem. Doch es geht dabei nicht so sehr um das Jenseits als Ort. Seit die Mathematiker Karl Friedrich GAUSS und Bernhard RIEMANN erkannten, daß die traditionelle Geometrie des Griechen EUKLID für gekrümmte Flächen und Räume nicht gilt, und EINSTEIN die neue nicht-euklidische Geometrie auf die Physik anzuwenden begann, ist das Rechnen mit mehrdimensionalen Räumen – und auch mehrdimensionalen Logiken – für unsere Atomphysiker und Astrophysiker zu einer Selbstverständlichkeit geworden. Die Existenz des sogenannten fünfdimensionalen Hyperraumes beispielsweise, mit dem die Science-fiction-Autoren so gern operieren, um ihre Sternenschiffe in Blitzesschnelle zu den entferntesten Sonnensystemen reisen zu lassen, ist inzwischen eine beweisbare Wirklichkeit. Auch die von mir für das Denkmodell eines Null-Zeit-Raumes behauptete Dimension der *Leere* ist bewiesen und läßt sich in einer mathematischen Formel darstellen. Kurzum – an Dimensionen für ein Jenseits fehlt es nicht.

»Wir deuten nur an«, sagt der bekannte Historiker der Mathematik Egmont COLERUS, »daß darüber hinaus der ›Raum‹ wieder selbst nur eine Spielart höherer und umfassenderer Wesenheiten, der sogenannten n-dimensionalen

›Mannigfaltigkeiten‹ ist ... Und kein Mensch kann sagen, wieviel davon ›Wirklichkeit‹, wieviel nur ›Traum‹ ist. Aber auch der geometrische ›Traum‹ folgt den Bahnen exaktester und strengster Logik ...[60]«

Die Beweisbarkeit von möglichen Dimensionen für ein Jenseits allein reicht nicht aus, um daraus ein mögliches Weiterleben nach dem Tode zu folgern. Und zwar ein individuelles Weiterleben, ein Fortdauern der Persönlichkeit. Das ist nur möglich durch eine Erkenntnis der Zusammenhänge von Bewußtsein und Materie. Den Weg dazu haben uns die Begründer der modernen Naturwissenschaften gewiesen, Nobelpreisträger wie HEISENBERG, SCHRÖDINGER, PAULI u. a., die die Individualität der Materie entdeckten. Im atomaren Bereich der Quantensprünge herrscht Willensfreiheit – so HEISENBERG. Jedes Elektron hat seine individuelle Bahn oder Schale, wie PAULI nachgewiesen hat. Kein anderes kann diesen Platz besetzen. Vielleicht hängt auch die Individualität der Lebewesen mit der atomaren Individualität der Elementarteilchen, aus denen sie aufgebaut sind, zusammen? Wir wissen, daß diese individuelle Einzigartigkeit – vom kleinsten Materieteilchen, jeder Pflanze und jedem Blatt über tierische und menschliche Lebewesen bis herauf zu den Himmelskörpern und Galaxien, von denen keines völlig dem anderen gleicht – auf den Gesetzen des PLANCK-schen Wirkungsquantums beruht.

Besteht also eventuell ein Zusammenhang zwischen der atomaren Individualität der Materie und der menschlichen Persönlichkeit einschließlich des Selbst-Bewußtseins? Davon handelt das folgende Kapitel über die Beziehung zwischen Bewußtsein und Gehirn.

KAPITEL 5

Das Leben nach dem Tode als Konsequenz moderner Wissenschaften

Wir haben bislang die Jenseitsfrage unter vielerlei wissenschaftlichen Aspekten untersucht, haben das Problem sozusagen von allen Seiten beleuchtet und eingekreist. Damit kommen wir zu der Kernfrage, die Sie wie mich am meisten interessiert. Besteht eine Gewißheit – im Sinne einer größtmöglichen Wahrscheinlichkeit –, daß der Mensch als seelisch-geistige Persönlichkeit weiterlebt? Wir können auch fragen: Kann die individuelle Bewußtheit des Menschen, dieses einzigartige Wissen *»Ich bin Ich«* nach dem leiblichen Tod weiterexistieren? Ja oder nein?

Was materiell vom Menschen auch nach dem Tod weiterexistiert, ist klar. Die Elementarbestandteile des Körpers bleiben (unter Berücksichtigung der Austauschbarkeit von Energie und Masse) erhalten. Sie können nach dem Gesetz von der Erhaltung der Energie nicht verlorengehen und aus der Welt verschwinden. Das gilt auch für die den Teilchen anhaftende Informationen, die ich Ihnen als *Psychonen* oder *Geistquanten* veranschaulichte. Doch alles löst sich nach dem Tode auf – es sei denn, der Körper wird mumifiziert. Aber auch bei einer Mumie ist weder eine Lebens- noch eine Bewußtseinstätigkeit feststellbar. Ein leibliches Weiterleben nach dem Tode jedenfalls ist nicht möglich. Doch wo bleibt das, was wir als Seele und als Ich-Bewußtsein bezeichnen?

Diese Frage ist nicht leicht zu beantworten. Denn dazu müssen wir uns Klarheit darüber verschaffen, was denn das *Bewußtsein* wirklich ist. Von den Verhaltensforschern und Psychologen können wir, wie bereits erwähnt, keine Antwort erwarten. Sie können mit dem Bewußtsein nichts anfangen. Sie leugnen es entweder oder klammern es aus der Forschung aus. Eine Bewußtseinswissenschaft finden Sie an keiner Universität. Seltsamerweise. Denn schließlich tragen wir doch alle ein Bewußtsein in unseren Köpfen mit uns herum. Ohne Bewußtsein wäre weder eine Verhaltensforschung noch eine sonstige Forschung möglich. Das ist eine schlichte Erfahrungstatsache. Oder – wie die Mathematiker sagen – es ist ein *Axiom.* Das ist eine Grundtatsache, die keines weiteren Beweises bedarf.

Gerade Grundtatsachen, Selbstverständlichkeiten also, sind aber schwer zu erklären. Hier führt uns die Frage nach dem *Warum* mangels Beweisbarkeit oft zu einem Zirkelschluß, gewissermaßen wieder im Kreise zurück. Doch ein Denkmodell können wir uns entwerfen und das Bewußtsein quasi aus dem Kopf herauslösen, um seine Funktion am Modell zu studieren. Das Material dazu liefern uns verwandte Wissenschaftszweige, beispielsweise die Schlaf- und Traumforschung.

Was während des Schlafes im Menschen vor sich geht, wann und wie oft er träumt, das ist wissenschaftlich einwandfrei abgeklärt. Bereits 1955 starteten die Professoren N. KLEITMAN und W. DEMENT in ihrem »Institut für Träumen und Schlafen« an der Universität Chicago einen Großversuch. Sie haben seither mehr als fünfzehntausend Versuchsschläfer mit allen Möglichkeiten moderner elektronischer Labortechnik in ihrer Schlafklinik beobachtet. Was den Inhalt und die Bedeutung der Träume angeht, so wurden seit noch längerer Zeit Zehntausende von Träumen von den Analytikern des »C. G. JUNG-Instituts« in Zürich und New York mit den Methoden einer empirischen Vergleichsforschung untersucht und ihre Informationsbedeutung anhand eines Symbolcodes entschlüsselt. Wir können uns hierbei also für unser Denkmodell auf wissenschaftlich exakt erforschte Tatsachen stützen.

Nach allgemeiner Vorstellung wird Bewußtsein mit dem Wachzustand gleichgesetzt – im Gegensatz zur Abwesenheit des Bewußtseins während des Schlafs. (Abgesehen von krankhaften Zuständen der Bewußtlosigkeit.) Auch wenn wir vom Unbewußten sprechen, bedeutet das für uns – wie schon der Name sagt – ein Fehlen des Bewußtseins. Diese Vorstellung müssen wir einer Revision unterziehen. Sie trifft so nicht zu.

Gewiß, wenn Sie schlafen und wenn Sie sich dabei im Zustand eines traumlosen Tiefschlafs befinden, sind Sie sich Ihres *Ich* nicht bewußt. Doch damit sind Sie keineswegs ohne jegliches Bewußtsein. Ihr Körper ist weiterhin in Aktion. Ihr Herz schlägt. Ihre Lungen atmen. Alle Organe erfüllen ihre Funktion. Ihr Gehirn und Ihr Zentralnervensystem empfangen und verarbeiten auch während des Schlafs eine Unzahl von Informationen, und zwar durchaus nicht in der Art einer mechanischen Automatik, sondern überaus zielgerichtet. Die gesamte Hirnelektronik ist in voller Tätigkeit. Sie sind sich, während Sie tief schlafen, Ihres *Ich* nicht bewußt. Aber ein *Körperbewußtsein* ist in Ihnen tätig, das alle lebensnotwendigen Vorgänge sinnvoll regelt und steuert. Wir können diese Bewußtseinstätigkeit auch als das *Schlafbewußtsein* bezeichnen.

Während Sie schlafen, träumen Sie auch. Mindestens viermal jede Nacht. Während der Traumphasen ist die Bewußtseinstätigkeit noch weitaus reger. Im Traumzustand werden laufend auch psychische und geistige Informationen verarbeitet. Diese Bewußtseinstätigkeit ist, wie aus dem Großexperiment von KLEITMAN und DEMENT ersichtlich, sogar lebensnotwendig. Versuchspersonen, denen die Träume entzogen werden, indem man sie regelmäßig bei Beginn einer Traumphase weckt, erleiden nach wenigen Tagen einen Nervenzusammenbruch. Wird der Traumentzug fortgesetzt, wird der Mensch in den Wahnsinn getrieben. Das kann tödlich enden. Das Träumen ist also ein lebenswichtiger seelischer Vorgang. Hier werden alle die Informationen – auch Probleme und Konflikte – be- und verarbeitet, die Ihr Wachbewußtsein überfordert hätten oder die Sie aus irgendwelchen Gründen nicht an Ihr waches Ich-Bewußtsein herankommen lassen und in Ihr Unbewußtes verdrängen. Auch wenn Sie sich kaum oder nur selten an Ihre Träume erinnern, so sind Sie während der Traumphasen im Schlaf nicht ohne Bewußtsein.

Nach den Erkenntnissen der wissenschaftlichen Traumforschung erweist sich die Psycho-Logik der Träume oft als sehr viel sinnvoller und zielgerichteter als die Denktätigkeit des Wachbewußtseins. Richtig ist es, den Zustand des Träumens als *Traumbewußtsein* zu bezeichnen.

Über den dritten Bewußtseinszustand, das *Wachbewußtsein,* muß ich Ihnen nichts weiter sagen. Hier sind Sie sich Ihres persönlichen *Ich* bewußt. Mehr oder weniger, möchte ich hinzufügen. Gleichsetzen mit dem Wachbewußtsein können wir das *Ich* nicht. Dafür sind in der Regel zu viele Aktionen und Reaktionen auch im wachen Zustand durch unbewußte Empfindungen und Gefühle beeinflußt. Ebenso ist unser sogenanntes vernünftiges und logisches Denken weitaus mehr durch unbewußte, symbolische und archetypische Muster vorprogrammiert, als bekannt ist. Strenggenommen ist das *Ich* eine variable psychische Funktion. Es ist ein Erlebnis oder ein Erlebniszustand der Seele. Das drückt bereits die Sprache aus, wenn jemand von sich sagt, heute fühle ich mich ganz anders als gestern. Beschränken wir uns vorerst darauf, von diesem Bewußtseinszustand als *Wachbewußtsein* zu sprechen.

Drei verschiedene Bewußtseins*zustände,* aber nur ein *Bewußtsein.* Schlaf-, Traum- und Wachbewußtsein sind als ein einheitliches Informationsfeld zu verstehen, das den Menschen auf unterschiedlichen Ebenen, gewissermaßen mehrdimensional informiert und seine körperliche, seelische und geistige Lebenstätigkeit steuert. So gesehen wird verständlich, daß das Bewußtsein als Ganzes weitaus mehr umfaßt, als wir im Wachzustand davon registrieren – oder was unserem Ich-Erlebnis zugänglich ist.

Den Begriff des *Unbewußten* finden Sie bei dieser Beschreibung nicht. Denn nach diesem Denkmodell erstreckt sich die Bewußtseinstätigkeit auf die gesamte Psyche. Was in der Tiefenpsychologie als das Unbewußte bezeichnet wird, bedeutet lediglich, daß das *Ich* nicht alle Bewußtseinszustände – nur einen kleinen Ausschnitt der

Bewußtseinsvorgänge – *bewußt* erlebt. Stellen Sie sich das *Ich-Erlebnis* als eine Fernsehschau vor, die sich auf einem *inneren Bildschirm* der Seele abspielt. Was immer auf diesem innerseelischen Bildschirm an Bildern und Handlungen erscheint, ist dem Ich zugänglich. Jetzt wird das Programm *wach*-bewußt und *ich*-bewußt erlebt. Aber auch wenn der Bildschirm abgeschaltet ist, läuft das Programm weiter. Nur daß es jetzt quasi von einem Video-Recorder aufgenommen und aufgezeichnet wird. An dieser Informationsverwertung ist das *Ich* nicht beteiligt. Sie ist vergleichsweise das, was die Psychologen als *unbewußt* bezeichnen.

Die Psyche ist in unserem Modell die Nachrichtenverwertungs- und Datenverarbeitungszentrale. Der Nachrichtenempfang findet auf mehreren Kanälen statt. Das sind die unterschiedlichen Bewußtseinsdimensionen. Das Gehirn stellt die technische Apparatur für Sendung und Empfang, wobei TV-Kameras, Mikrophone und Sensoren vergleichsweise den Sinnesorganen entsprechen. Das Gehirn stellt für die Nachrichtenzentrale des Menschen auch eine Superdatenbank (Gedächtnis), Analogierechner und Logikautomaten. Die EDV-Geräte (Computer) sind schließlich technische Nachbildungen des menschlichen Hirns und seiner Funktionen.

Und wo bleibt das Ich? Nun, wenn ich zuvor darauf hinwies, daß das Ich als eine variable psychische Funktion und als ein Erlebnis anzusehen ist, dann ist das nur eine Teilwahrheit. Sie ist auf die Begrenztheit der wissenschaftlichen Untersuchungsmöglichkeiten zurückzuführen und zeigt die Schwierigkeit, diese Tatsachen anschaulich zu erklären. Die Untersuchung von Seele, Bewußtsein und Ich stellt sozusagen ein »Unternehmen Münchhausen« dar, in der Art des bekannten Erfinders phantastischer Möglichkeiten, der sich in einer seiner Geschichten am eigenen Zopf aus einem Sumpf zog. Denn die Untersuchungsobjekte Bewußtsein und Ich sind ja gleichzeitig die Untersuchungsinstrumente.

Trotzdem hat jeder Mensch das Bewußtsein eines persönlichen Ich. Auch das ist eine Grundtatsache, um die wir nicht herumkommen. Wenn wir uns das Ich-Erlebnis als eine Fernsehschau auf einem innerseelischen Bildschirm vorstellen, dann erfolgt ja in uns auch eine denkende oder gefühlsmäßige Auseinandersetzung mit dem Programm und diesen Informationsbildern, die auf dem inneren Bildschirm erscheinen. So als ob da ein kleines Männchen davorsäße, das denkend, fühlend oder auch nur betrachtend und registrierend auf diese Nachrichtensendung reagiert. Wenn das auch kein kleines Männchen ist und sicher auch kein noch so fein*stoff*licher Geist, so ist doch schlicht gesagt etwas da, das in der Nachrichtenzentrale »Seele« die Sendungen empfängt und auswertet. Dieses »Etwas« ist nun einmal unser persönliches *Ich,* und wir kommen nicht daran vorbei, dem Ich eine selbständige Existenz zuzuerkennen.

Ich will Ihnen dazu noch ein ganz simples Beispiel aus der Kybernetik anbieten. Sie kennen die Temperaturregelsysteme der Zentralheizung. Das sind die kleinen Kästchen mit einem Einstellrädchen für die Temperatur, mit einem wärmeempfindlichen Metallstreifen darin und einigen elektrischen Kontakten. Wenn die Temperatur sinkt, folgt ein kaum hörbares Klick in dem Kästchen, und plötzlich kommt wie von Geisterhänden bewegt das gesamte Regelungs- und Steuerungssystem Ihrer Heizung in Gang. Die Zündung springt an, eine Flamme faucht unter dem Kessel auf und die Umwälzpumpe beginnt zu rotieren. Nur weil sich der Bimetallstreifen in dem Kästchen krümmt? Aber nein. Weil ein Techniker dieses System entsprechend geschaltet und programmiert hat. Das ist noch nicht alles. Ohne die geniale *Idee* des Erfinders könnte die Regelautomatik ihre Tätigkeit nicht entfalten.

So gesehen ist es die *Idee,* etwas rein Geistiges, Unsichtbares, die letztlich in dem materiell und technisch gestalteten Regelsystem am Wirken ist. Die Idee gehört zu einer dem materiellen System übergeordneten Dimension. In diesem Falle zur Dimension des schöpferischen Geistes des Erfinders. Es ist nicht der Metallstreifen und auch nicht die Elektronik, die »denkt« und das System steuert. Es ist die dem System verhaftete Idee, ein sozusagen selbständig gewordener »Geistteil« des erfinderischen Geistes, der das System ersonnen hat. In etwa so können wir uns die Anwesenheit und die Tätigkeit unseres *Ich* im materiellen Regel- und Steuerungssystem des Gehirns vorstellen.

Dieser Vergleich mag hinken wie alle Vergleiche. Doch er erlaubt uns auch, uns eine Vorstellung von der Nachrichtenkommunikation unserer Psyche mit dem dem Menschen übergeordneten Feld der Archetypen zu machen, das C. G. JUNG als das *Kollektive Unbewußte* festgestellt und erforscht hat. Vom Aspekt des Bewußtseins und den von uns zuvor festgestellten drei Bewußtseinsdimensionen her gesehen, ist das Kollektive Unbewußte eine *vierte Bewußtseinsdimension.* Es ist das ein universales und überpersönliches Wissensfeld. Das Feld des Geistes und auch der Ort der schöpferischen Einfälle. Die Analyse von Zehntausenden von Träumen von Menschen unserer Zeit hat ergeben, daß immer wieder Symbolgestalten und archetypische Muster in ihren Träumen auftauchen, die zu den religiösen und mythologischen Vorstellungen der Antike und der Welt der Primitiven gehören. Symbole, Archetypen und Muster, von denen die Träumer keine Kenntnis haben. Sie haben weder in der Schule etwas darüber gehört noch etwas darüber gelesen. FREUD, der sich das nicht erklären konnte, sprach von archaischen Erbresten. Doch die heutige wissenschaftliche Erklärung ist, daß es sich dabei um Informationen aus dem von C. G. JUNG nachgewiesenen Geistfeld einer höheren Bewußtseinsdimension handelt.

Diese Bewußtseinsdimension ist eine Superwissensquelle, von der allenfalls das Ich nichts weiß, weil es sich nur auf den beschränkten Zustand einer Wachbewußtheit ausrichtet. Doch das in der Psyche tätige Traumbewußtsein verfügt über die Kommunikationskanäle zu dieser vierten Bewußtseinsdimension. Bio-kybernetisch wie psycho-kybernetisch betrachtet, stellt der Mensch – nach der Feststellung moderner Naturwissenschaftler – kein geschlossenes, sondern ein offenes System dar. Damit ist jede denkbare Art eines geistigen Informationsaustausches – oder auch einer sogenannten PSI-Kommunikation – möglich.

Das vierte Bewußtsein ist als ein universales, überzeitliches Wissensfeld zu denken, das sämtliche Informationen der Welt – von der fernsten Vergangenheit bis heute und bis in die weiteste Zukunft hinein – in sich enthält. So ist es richtiger, es als *Überbewußtsein* zu bezeichnen. So wird die vierte Bewußtseinsdimension auch von den Weisheitslehrern der Tantrik in Indien und Tibet genannt. Nach ihrer Ansicht erfüllt das *Überbewußtsein* das gesamte Universum. Danach handelt es sich bei der Kommunikation der menschlichen Psyche mit dem Überbewußtsein sozusagen um eine Anzapfung kosmischen Wissens.

Doch für die Beziehung zwischen Materie – hier in der Gestalt unseres Gehirns – und dem universalen Bewußtsein ist noch eine andere Erklärung möglich, die mehr unserem westlichen Denken wie den Ergebnissen der westlichen Naturwissenschaften entspricht.

Nach den Erkenntnissen der modernen Hirnforschung ist die frühere Vorstellung von der Hirntätigkeit in der Art einer räumlichen Spezifikation und Arbeitsteilung nicht zutreffend. Also daß die Verarbeitung der durch die Sinne dem Gehirn zuströmenden Informationen (Sehen, Hören, Tasten usw.) wie auch die geistige Tätigkeit auf spezifische Hirnbereiche (Rindenfelder) verteilt ist. Auch das Gedächtnis funktioniert nicht – wie früher angenommen – in der Art, daß die einlaufenden Informationen jeweils bestimmten Hirnzellen durch chemische Veränderungen eingeprägt werden. Die Informationsverarbeitungs- und Speicherungstätigkeit des Gehirns erfolgt vielmehr in einer Art Kollektivtätigkeit aller Gehirnpartien.

Das geht aus der Tatsache hervor, daß bei einer Hirnverletzung nach einem Unfall beispielsweise Teile des Gehirns herausoperiert werden können. Dennoch erleidet die Hirntätigkeit keine Einbuße. Das restliche Gehirn enthält trotzdem noch alle Informationen, also das komplette Gedächtnis. Es muß nicht immer, aber es kann so sein. Und das genügt.

Erinnern wir uns daran, daß die ursprüngliche Wirklichkeitsdimension die der Vorgänge im atomaren Bereich und das Feld der Quantensprünge ist. Die materielle Welt und damit auch alles körperlich Lebendige sind nur komplexe Organisationsformen davon. Wie der russische Mathematiker und Physiker Alexander KOMPANEJEZ nachwies, prägen die Quantenzustände in einem atomaren System auch den Zustand in einem makroskopischen System. Das gilt gleichermaßen für unser Gehirn. Wir müssen die Vorstellung aufgeben, daß sich die psychisch/geistige Tätigkeit auf die materielle Organisation unseres Gehirns in der Form von grobphysikalischen und chemischen Prozessen beschränkt. Was den geistigen Anteil der Informationsverarbeitung wie der Gedächtnisspeicherung angeht, so ist dieser allem Anschein nach unterhalb oder zwischen den makroskopischen Erscheinungen zu suchen.

Auch das Überbewußtsein als ein universales kosmisches Wissensfeld kann ebenso in jeder einzelnen Hirnzelle vorhanden sein. Überlegen Sie nur, wie mikroskopisch klein die Magnetspeicherringe der heutigen Computer bereits sind. Ein Fingerhut voll davon reicht aus, um das in tausend klugen Büchern enthaltene Wissen zu speichern. Sie können sich das Überbewußtsein auch als eine Superdatenbank vorstellen, nur daß es eben unendlich klein ist und daß von den Magnetspeichern unendlich viele Kopien existieren. Dann ist in jeder Hirnzelle, ja sogar in jedem Atom davon genügend Raum für ein eigenes Exemplar dieser winzigen Datenbänke. Als Ähnlichkeitsbeweis mag die moderne Lasertechnik herhalten.

Wenn man von einer holographischen Aufnahme den Film zerschnipselt, dann läßt sich aus jedem Splitter der photographischen Schicht dennoch das gesamte Bild reproduzieren.

Was das Bewußtsein angeht – und zwar in allen Zuständen oder Dimensionen –, so handelt es sich einfach nicht um eine Platzfrage. Die uns gewohnte Vorstellung einer räumlichen Ausdehnung und räumlichen Gebundenheit gilt für die Bewußtseinszustände und Bewußtseinstätigkeiten nicht. Bewußtsein kann überall sein. Das gilt auch für das »Jenseits«.

Zwar ordnen wir die drei Bewußtseinszustände des Körper- oder Schlafbewußtseins, des Traumbewußtseins und des Wachbewußtseins jeweils der persönlichen Psyche eines Menschen zu. Doch vielleicht sollten wir diese Bewußtseinszustände als spezifische Organisationsformen des allumfassenden Überbewußtseins ansehen. Es spricht nichts dagegen. Die Meister der buddhistischen und taoistischen Geheimlehren behaupten das. Sie stützen sich dabei auf eine jahrtausendelange Bewußtseinsforschung und die durch besondere Psychotechniken gewonnene Erfahrung.

Wenn das Bewußtsein keine räumliche Ausdehnung hat, dann ist es auch nicht unbedingt an die grobmaterielle Organisation des Körpers und des Gehirns gebunden. Das gilt dann natürlich auch für das Ich-Erlebnis oder das, was wir als unser persönliches Ich-Bewußtsein empfinden. So wie sich das körperliche System nach dem Tode allmählich auflöst und in seine Elementarbestandteile zerfällt, so kehrt auch das gesamte Bewußtsein des Menschen wieder in das Feld des Überbewußtseins zurück. Ob das Ich-Erlebnis dann erlischt und das Ich-Bewußtsein verschwindet oder nicht, läßt sich mit naturwissenschaftlichen Mitteln und Methoden nicht feststellen. Experimentell beweisen läßt sich weder das eine noch das andere.

Aber vermuten läßt sich eine persönliche Bewußtseinstätigkeit zumindest noch für eine gewisse Zeit nach dem leiblichen Tod. Das kann man aus der Beobachtung gewisser *vorgeburtlicher* Vorgänge schließen.

Die Biologen und Verhaltensforscher gingen bislang von der Vorstellung aus, daß der Mensch bei seiner Geburt lediglich den Bauplan für seine körperliche Entwicklung in sich trägt – als genetische Erbinformation den Körperzellen einprogrammiert. Ansonsten sei der Mensch bei seiner Geburt ein unbeschriebenes Blatt. Das Bewußtsein bilde sich erst durch die Umwelteinflüsse aus. Doch diese Ansicht ist überholt. Durch die moderne EEG-Technik – das ist die elektronische Registrierung der Hirnstrommuster – läßt sich nachweisen, daß das Ungeborene bereits im Mutterleib träumt. Zwar wissen wir über den Inhalt dieser vorgeburtlichen Traumtätigkeit nichts. Aber das Traumbewußtsein ist bereits existent und in Funktion.

Was bedeutet das, daß bereits vor der Geburt Bewußtsein nachweisbar ist? Das Körperbewußtsein muß übrigens, so wie es von uns beschrieben wurde, ebenfalls schon vorhanden sein. Das beweist, daß Bewußtsein bereits im Augenblick der Zeugung in den Zellenverbund eintritt, aus dem dann im Mutterleib ein neuer Mensch heranwächst. Die Nichtfeststellbarkeit des Wach- und Ich-Bewußtseins ändert daran nichts. Sie sind vermutlich latent ebenso schon da, wie der fertige Körper bereits als Bauplan im Embryo existiert.

Wir können auch sagen, die *Seele* erscheint bereits bei der Zeugung im werdenden Menschen. Denn die ersten drei Bewußtseinsdimensionen oder Zustände sind ja das, was die persönliche Psyche eines Menschen ausmacht.

Wir können noch einen Schritt weitergehen. Durch den biologischen Zeugungsakt, die Vereinigung von Ei- und Samenzelle, springt der Lebensfunke über, der die materielle Organisation für den Zusammenbau von Zellen zu einem neuen biokybernetischen System »Mensch« in Gang setzt. Doch es muß keineswegs so sein, daß sich nun

– quasi angezogen von dem biologischen Zündungsprozeß – eine Seele aus dem universalen Psycho-Feld einer höheren, vierten Bewußtseinsdimension herauslöst und dazugesellt. Es kann auch umgekehrt sein. Es ist ebenso möglich, daß es ein *Seelenfunke* ist, ein *Geistkeim,* die Einstrahlung von *Bewußtseinsenergie,* die erst das Zustandekommen des biologischen Zeugungsvorgangs bewirken. Einen Gegenbeweis gibt es nicht.

Zwar sind die Vorgänge bei der Befruchtung eines weiblichen Eies und der anfänglichen Entwicklung des Embryos inzwischen sogar in der Retorte erforscht. Doch die geheimnisvolle Lebenskraft, die beim Beginn des Lebendigen in Erscheinung tritt, ist nach wie vor ein ungelöstes Rätsel. Hierfür sind auch unsere Biologen und Biochemiker auf Hypothesen angewiesen. Ob aber der Beginn des Lebens durch einen bewußtseinenergetischen Akt ausgelöst wird oder durch Quantensprünge – vielleicht auch durch beides zugleich –, erscheint mir nicht so wichtig. Bemerkenswerter ist das Vorhandensein von Bewußtsein und damit der seelischen Aktivität bereits *vor* der Geburt.

So wie die Keimzellen den Bauplan für einen kompletten Menschen in sich tragen – unabhängig von der Zeugung –, so enthalten sie auch den Entwurf für die psychische Organisation der Bewußtseinszustände zu einer persönlichen Seele. Mag das eine aus der Wirklichkeitsdimension des Atomaren stammen und insofern noch dem Bereich der materiellen Erscheinungen zuzurechnen sein – und das andere aus dem geistigen Wirklichkeitsfeld des Überbewußtseins. Ich konnte Ihnen ja bereits zeigen, daß das kein Raumproblem ist. Beide Dimensionen können neben-, mit- und ineinander existieren und sich gegenseitig durchdringen. Vereinfacht gesagt: für die Dauer des leiblichen Lebens bilden Körper und Seele eine Einheit in der Art eines synchronen Zusammenspiels. Der Tod hebt diese Einheit wieder auf. Beides kehrt in seine Ursprungsdimensionen zurück. Doch so, wie im werdenden Menschen sich bereits vor der Geburt Bewußtsein zeigt – eine persönliche Seele im Zustand der Entfaltung –, so ist etwas Vergleichbares für die Zeit nach dem Tod anzunehmen. Ein Nachtod-Zustand der Seele wäre das, bei voller Bewußtseinstätigkeit.

In dem Geheimlehren des *Lamaismus* – das ist der tibetische Buddhismus – wird dieser Nachtod-Zustand *Bar-do* genannt. Ein Zwischenzustand ist das, der 7 mal 7 Wochen, also 49 Tage, andauert. Für die Tibeter ist der Bardo ein körperloses, doch voll bewußtes Zwischenleben nach dem vorhergehenden Leben und vor der Inkarnation des *Bewußtseinsprinzips* in einem anderen Lebewesen oder neuen Menschen – im Kreislauf der Wiedergeburten. (*Bewußtseinsprinzip* ist der buddhistische Begriff für das psychisch-geistige System, das wir als *Seele* bezeichnen.) Diesem Zwischenleben haben die Gelehrten Indiens, Tibets und Chinas seit Jahrtausenden, bereits in vorbuddhistischer Zeit, ihre besondere Aufmerksamkeit zugewandt. Denn für sie ist der Tod kein Ende, sondern der Beginn für ein umfassenderes, »wissenderes« Leben.

Der Tod ist der Augenblick der »wahren Erleuchtung« – verbunden mit einem phantastischen Lichterlebnis. Dann öffnet sich die Pforte in ein Jenseits der Todlosigkeit und der kosmischen Bewußtheit. Eigentlich sind so die körperlichen Leben nur Zwischenzustände. Sie gelten der Entfaltung der geistigen Anlagen und der Erweiterung des Bewußtseins, der Individuation oder Vervollständigung der Persönlichkeit, wie wir sagen. Insofern dient »Das tibetanische Totenbuch« – übersetzt und veröffentlicht von W. Y. EVANS-WENTZ – mit seinen Ritualen und Anweisungen nicht nur der Orientierung des Verstorbenen im Jenseits, sondern auch den Lebenden für die Vorbereitung auf den Tod.

Für die in die Geheimlehren eingeweihten tibetischen Lamas ist der Tod ein weitaus wichtigeres Ereignis als die Geburt. Denn für sie ist das Bewußtseinsprinzip unsterblich. Das Bewußtsein ist schlicht gesagt *todlos,* denn das

Überbewußtsein oder kosmische Bewußtsein, aus dem es stammt, ist sozusagen die absolute Wirkungs- und Wirklichkeitsdimension, die allen Erscheinungen der Welt – ob geistig oder materiell – zugrunde liegt. Modern ausgedrückt im Sinne der Kybernetik: das Informationsfeld, ohne das sich kein Teilchen bewegen, ohne das nichts existieren könnte. So ist der Tod ein Wandlungsprozeß. Da Bewußtsein todlos ist und somit nicht einfach aus der Welt verschwinden kann, muß für das Bewußtseinsprinzip des Menschen auf das Sterben eine Neu- oder Wiedergeburt folgen.

Darum aber geht es beim Nachtod-Zustand oder Bardo. Denn wer möchte schon seine bisherige Lebensposition verschlechtern und als armseliger Kuli wiedergeboren werden. Oder gar als räudiger Kettenhund, was nach buddhistischer Lehre immerhin denkbar ist – und als Strafe gedacht für ein allzu gieriges Wolfsgemüt. Denn auch nach dem »Tibetanischen Totenbuch« ist es letztlich der Mensch selber, der sich durch sein Begehren und seine Unbewußtheit gegenüber dem Mitmenschen wie anderen Lebensgeschöpfen seine Hölle schafft. Worauf es ankommt, ist eine Wiedergeburt unter besseren Lebensbedingungen und auf einer höheren Bewußtheitsstufe.

So ist für die Tibeter eine Belehrung und Führung des Bewußtseins des Verstorbenen in diesem Zwischenleben oder der Bar-do-Existenz unerläßlich. Das geschieht, indem zwei oder auch mehrere Mönche sich täglich am blumengeschmückten Hausaltar einfinden und – nach den nötigen rituellen Handlungen, die zum Totenzeremonial gehören – dem Verstorbenen alles, was er wissen muß, aus dem Totenbuch vorlesen. Der Tote selbst kann bereits beerdigt sein. Ein von ihm aufgestelltes Bild genügt. Da er als körperloses Bewußtsein weiterlebt, ist die unmittelbare Anwesenheit des Leichnams nicht erforderlich.

Diese Lesungen – täglich etwa acht Stunden – müssen wenigstens während der ersten vierzehn Tage nach dem Tode strikt eingehalten werden. Denn nach den ersten

Tagen der Anpassung für das körperlose Bewußtsein begegnet der »Verstorbene« auf seiner Reise durch das Bardo zwar auch friedvollen, aber sehr viel mehr grimmigen und schreckenerregenden Gottheiten. Sie drohen ihn zu zerfleischen und zu zerstückeln. Denn wenn auch das Nachtod-Bewußtsein immateriell und körperlos ist, so bleibt ihm nach tibetischem Glauben seine Sinnesfähigkeit dennoch erhalten. Seine bösen Taten zu Lebzeiten

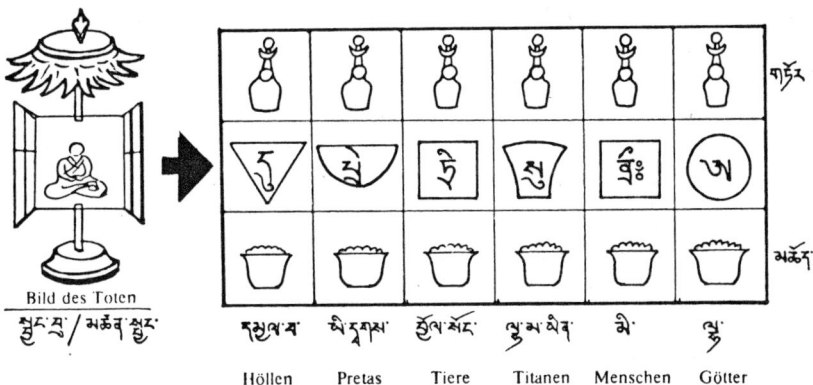

Bild des Toten

Höllen   Pretas   Tiere   Titanen   Menschen   Götter

Plan für die Führung des Verstorbenen im Nachtod-Zustand durch die sechs Daseinsebenen gemäß der Vorlesungszeremonie des »Tibetanischen Totenbuchs«.

sind es, denen der Verstorbene hier begegnet. Zwar weiß der in die höheren Erkenntnisgrade Eingeweihte, daß es sich bei diesen schreckensvollen dämonischen Götterwesen um psychische Projektionen handelt, Gestalten seines Traumbewußtseins sozusagen. Doch für ihn sind es Wirklichkeiten.

Der Tod selbst, das heißt der Vorgang des Sterbens und die Zeit bis zu 24 oder 48 Stunden danach, ist für den Tibeter das höchste und befreiendste Erlebnis. Hier erlebt er das unendlich strahlende und einzigartige Licht des kosmischen göttlichen Weltbewußtseins. Er erfährt die Grenzenlosigkeit und Leere einer zeitlosen Dimension zwischen den Dingen. Einen Zustand, der weder außerhalb

283

noch innerhalb, sondern *frei* von allen materiellen Erscheinungen quasi als *reines Wissen* erlebt wird.

Durch dieses Erlebnis, dem gewissermaßen eine visionäre Aufarbeitung des Verhaltens im Leben durch die Begegnung mit den friedvollen und bösartigen Gottheiten folgt, ist die Seele bzw. das Bewußtseinsprinzip des Verstorbenen erst in der Lage, zu einer vollständigen Erkenntnis zu gelangen und eine höhere Stufe der Bewußtheit zu erreichen. So gesehen ist der Tod der eigentliche Sinn des bisherigen Lebens.

Etwa ab der dritten Woche nach dem leiblichen Sterben kehrt das Bewußtsein des Verstorbenen wieder in den üblichen Umwelt- und Alltagsbereich zurück, in die normale menschliche Lebensdimension. Dann sucht es sich einen geeigneten Ort für die Wiedergeburt. Das wäre der Leib einer Frau und neuen Mutter. Denn die Wiedergeburt erfolgt ganz real. Dabei erfährt das Bewußtsein eine Rückläufigkeit auf die noch unentfaltete Bewußtheit – oder wie wir sagen: auf die Unbewußtheit – des Kindes.

Nach tibetischer Auffassung geht also das persönliche *Ich* bei der Wiedergeburt verloren. Doch nur im Sinne unseres westlichen Denkens. Die fernöstlichen Weisheitslehren – die übrigens als Erkenntnislehren Religion und Wissenschaft zugleich sind – kennen die strenge Abgrenzung unseres westlichen Ich-Begriffs nicht. Das Bewußtseinsprinzip eines Einzelmenschen stammt aus dem göttlichen Urgrund, doch es bleibt ihm als Teil des Ganzen stets verbunden. Was wir als *Ich* verstehen, ist für einen tibetischen Lama nur ein Bewußtseinszustand, der sich wandeln kann. Natürlich erlebt er sich auch als Einzelindividuum, aber in der Art eines Spiegelbildes. Einerseits ist das Spiegelbild etwas Abgegrenztes und Eigenes. Andererseits ist es nur ein Gebilde aus dem überall vorhandenen Licht. Ohne Licht kein Bild. Das Spiegelbild kann beliebige Gestalten zeigen, je nachdem, wer davor steht. Eigentlich existiert es gar nicht – als etwas Materielles. Aber da es jederzeit erscheinen kann, solange der Spiegel (die materielle Welt) vorhanden ist, ist es andererseits ewig oder unsterblich.

Etwa so können wir uns die Anschauung von der Welt und der menschlichen Existenz aus der Sicht des Buddhismus vorstellen, wenn wir die örtlichen Besonderheiten und unterschiedlichen Schulrichtungen einmal vernachlässigen. Für uns ist der Spiegel real und das Spiegelbild nur ein Widerschein. Für den buddhistischen Tantriker in Indien wie für den tibetischen Lama ist es umgekehrt. Für ihn ist die äußere, gegenständliche Welt nur *Maja,* ein trügerischer Schein. Das Spiegelbild, unstofflich, körperlos, ein Bewußtseinsgebilde, das ist die wahre Wirklichkeit. Es ist das persönliche *Selbst,* wie es hier zutreffender heißen muß, und ist doch nur ein Ausfluß der kosmischen und göttlichen Allbewußtheit.

»Aham brahma asmi« – »Ich bin das Brahman«, sagt der Eingeweihte in einem Upanishad-Vers von sich. Für den Inder ist *Brahman* die Weltseele und *Atman* die persönliche Seele. Beide sind miteinander identisch. Sie sind das Absolute, das einzig in Wahrheit Existente.

Dieses Identitätsdenken bis in die letzte Konsequenz erklärt die Wiedergeburtsvorstellung. So wird auch verständlich, daß nach dem »Tibetanischen Totenbuch« die Erhaltung des persönlichen Ich in einem nächsten Leben gar nicht so wichtig ist. Als *Selbst* ist die Persönlichkeit todlos und existiert weiter. Dabei ist eine Rückerinnerung an frühere Leben jederzeit möglich, da vom Bewußtseinsprinzip her gesehen alles nach allen Seiten offen ist und jedes mit allem in Verbindung steht. Die Rückerinnerung an früher gelebte Leben ist dabei nur eine Frage der Bewußtseinserweiterung und der Erhöhung der Bewußtheit.

Das Verblüffende an diesen fernöstlichen Jenseitsvorstellungen ist, das sie sich weitgehend mit den Erkenntnissen der modernen Kern- und Quantenphysik, der Kybernetik im Sinne ihres Begründers Norbert WIENER und der heutigen Astrophysik decken. Das gilt auch für die moderne Mathematik mit ihren mehrdimensionalen

Logiken und der Geometrie mehr- und höherdimensionaler Räume. So wie für die Elite der Wissenschaftler, die mit ihren Entdeckungen die Grundlagen für die heutigen naturwissenschaftlichen Erkenntnisse schufen, an der Existenz Gottes kein Zweifel mehr möglich ist, so ist für sie auch die Möglichkeit eines Jenseits beweisbar. Es ist sogar so, daß die neuen Möglichkeiten, die die Denkmodelle der Kern- und Quantenphysik wie der Mathematik ergeben, geradezu zu einem Jenseitsbeweis zwingen.

In den Weisheitsschulen der Brahmanen und in den buddhistischen Klöstern Indiens und Tibets wurden in jahrhunderte- und jahrtausendelanger Arbeit die Bewußtseinszustände erforscht und für den Nachweis der Todlosigkeit des Bewußtseinsprinzips eigene psychische Techniken entwickelt. Soweit diese heute im Westen summarisch unter dem Begriff Yoga-Praktiken zusammengefaßt werden, stellen sie allerdings nur eine Art *niederes* oder *äußeres* Wissen dar. Das dahinterstehende *höhere* Wissen, die als Geheimwissen sorgsam gehütete Grundlagenforschung der buddhistischen Psychosophie, beginnt erst jetzt bei uns im Westen zum Gegenstand einer exakten wissenschaftlichen Forschung zu werden.

So beschreibt das »Tibetanische Totenbuch« – das im Original übrigens 17 Bände umfaßt und die Essenz der Erfahrungen Indiens, Tibets und Zentralasiens einschließlich der uralten Techniken der Schamanen enthält – äußerst komplizierte Lichtmeditationen, um eine vollkommene *lichthafte* Bewußtheit zu erlangen. Als Vorbereitung auf das Sterben, das nach tibetischer Erfahrung nicht plötzlich erfolgt, sondern ein mehrstufiger Prozeß ist. Wenn die körperlichen Organe und das Gehirn ihre Funktionen einstellen, *beginnt* das Sterben erst. Im Gegensatz zu der Auffassung der westlichen Medizin. Für den Menschen bzw. das Bewußtsein ist das lediglich die Stufe der körperlichen Funktionslosigkeit. Danach setzt eine Auflösung auf elementarer Ebene ein. Es erlischt quasi jegliche *materielle* Bewegung. Der eigentliche Tod erfolgt erst, wenn das Bewußtsein von jeglicher körperlicher oder irdischer Bindung befreit ist. Es ist der Augenblick, in dem dieses strahlende und höchste Lichterlebnis stattfindet, das dem nun körperlosen Bewußtsein zuteil wird.

Doch wie der bekannte Tibetologe und Religionswissenschaftler Detlef I. LAUF feststellt – er hat in jahrelangen Forschungsreisen nach Indien, Nepal, Sikkim und Bhutan diese Vorgänge an Ort und Stelle untersucht –, handelt es sich hierbei »um Erscheinungsformen des Bewußtseins, die unsere Art von Verständnis der Dinge übersteigen[61]«. Auch was im Nachtod-Zustand, während der Zeit der Vorlesungen und Unterweisung des Verstorbenen durch die Lamas, an merkwürdigen und *spukhaften* Ereignissen vorkommen soll, ist für uns unbegreiflich. Es sei denn, wir nehmen die Behauptung der Tibeter an, daß das Bewußtsein tatsächlich nach dem leiblichen Tod in der Art eines reinen körperlosen Bewußtseins weiterlebt.

Im Sinne einer wissenschaftlichen Hypothese ist gegen diese Annahme nichts einzuwenden. Vergessen wir nicht, daß jede neue Theorie mit einer Hypothese beginnt. Jede neue Erkenntnis ist das Ergebnis einer vorausgegangenen Behauptung. Meist sind es sogar die unglaubhaftesten Behauptungen, die sich im nachhinein als richtig erweisen.

Da hat mir erst kürzlich und recht spontan ein guter Freund von einem seltsamen Vorfall berichtet. Er ist ein erfahrener Journalist, bekannt für seine kritischen Recherchen, und ein ausgesprochener Realist. Kein Anlaß also, seinen Bericht zu bezweifeln.

Peter R., jung verheiratet, verlor seine Frau durch einen tragischen Unfall. Gemeinsame Arbeit, gemeinsame Interessen und eine tiefe seelische Verbundenheit kennzeichneten diese Ehe. Verständlich, daß Peter R. nach dem Tod seiner Frau in eine Depression fiel.

Etwa vier Wochen nach dem Unfall suchte ihn eine attraktive Kollegin auf, wohl mit der Vorstellung, ihn zu trösten. Es wurde einiges getrunken, und die Situation begann etwas lockerer zu werden. Plötzlich drangen merkwürdige Geräusche aus der

Küche neben dem Wohnzimmer. Es begann dort zu scheppern und zu rumoren. Peter R. sieht nach und stellt fest, daß zwei Kupferpfannen über dem Herd, die seine Frau besonders gern benutzt hatte, noch leicht hin- und herschwingen. Das Küchenfenster war geschlossen. Es konnte also keine fremde Katze oder sonst ein Tier hereingeraten sein. Außer den beiden befand sich niemand in der Wohnung.

Obwohl Peter R. Berichte über PSI-Erlebnisse früher allenfalls ironisch belächelt hatte, »wußte« er jetzt spontan: Das war seine Frau, die sich hier bemerkbar gemacht hat. Er war zutiefst erschrocken. Die Kollegin wurde ziemlich rasch verabschiedet. Noch viele Monate danach vermied er jede neue Bekanntschaft.

Dieser Bericht ist natürlich kein exakter Beweis dafür, daß die verstorbene junge Frau tatsächlich ihren Mann aufsuchte und das Zusammensein mit einer möglichen Nachfolgerin stören wollte. Doch zeitlich würde dieses Ereignis mit der im »Tibetanischen Totenbuch« getroffenen Festellung übereinstimmen, wonach sich der Verstorbene mit seinem körperlosen Bewußtsein nach drei bis vier Wochen wieder in der gewohnten Umweltsphäre bewegt.

Die Vorstellung von der Wanderung der Seele nach dem Tode ist übrigens auch in Europa zu finden, und zwar seit den ältesten Zeiten. So enthalten die germanischen Riesensteingräber an der Kopfseite ein in die Steinplatte gebohrtes kreisrundes Loch, durch das die Seele ein- und ausgehen konnte. In Züschen bei Fritzlar ist ein solches Steingrab mit einem *Seelenloch* aus dem 2. Jahrtausend v. Chr. zu sehen. In alten italienischen und provenzalischen Bauernhäusern sind noch heute kleine, schmale unverglaste Fenster zu finden, die als Seelenfenster angebracht wurden.

Ein ähnliches Erlebnis wie dem zuvor erwähnten Journalisten ist auch mir widerfahren. In meinen Aufzeichnungen über prognostische Träume und besondere Vorfälle findet sich folgende etwa drei Jahre alte Notiz:

14. 1. PSI-Erlebnis. Ich lese das Buch von Ulli OLVEDI »Za-Zen«, den Text auf S. 17 f., der vom Tod als Tor zur weiteren

Wiedergeburt handelt. Da berührt mich plötzlich zweimal kurz hintereinander jemand kräftig an der rechten Schulter. Ich schaue mich um, weil ich denke, B. ist hereingekommen und ich habe sie nicht gehört. Niemand da! Ich denke: die Katze! Die Katze liegt im Wohnzimmer und schläft fest. Ich habe das starke, direkt erschütternde Gefühl, daß eben jemand bei mir gewesen ist. Uhrzeit: 19 Uhr 30.

Soweit die Eintragung über diesen Vorfall. Am nächsten Tag erhalte ich von einem Notar einen Brief mit der Mitteilung, daß dreieinhalb Wochen zuvor ein entfernter Verwandter von mir gestorben ist. Er hat mich in seinem Testament unter einer bestimmten Auflage mit einem Legat bedacht. Seit vielen Jahren hatte ich zu dem Betreffenden den Kontakt verloren. Von seinem Tod war mir zuvor nichts bekannt gewesen.

Auch das ist sicher kein Beweis dafür, daß es der Verstorbene war, der mich an der Schulter faßte. Doch nachträglich erinnerte ich mich, daß die Geste des An-die-Schulter-Fassens zu der impulsiven Art des Betreffenden gehörte.

Das Problem der Verbindung von Bewußtsein und Gehirn – das alte Leib-Seele-Problem, das der Materialismus aus der Welt geschafft zu haben glaubte – beschäftigt neuerdings auch die Philosophen unserer Zeit. So veröffentlichte der bekannte Philosoph Karl R. POPPER zusammen mit dem Nobelpreisträger für Medizin, Sir John ECCLES, jüngst ein Buch mit dem Titel »The Self and its Brain«. Darin stellt POPPER eine Drei-Welten-Theorie auf, wonach Geist und Körper grundsätzlich unabhängige Einheiten sind. Unter »Welt 1« versteht POPPER die gesamte materielle Welt des Kosmos einschließlich aller Organismen des Lebendigen und des Menschen mit seinem Gehirn.

»Welt 2« umfaßt alle Arten von Bewußtseinszuständen und jegliches subjektive Wissen, auch alle je gedachten Gedanken, Vorstellungen und alle Erinnerungen. Das würde in etwa dem vor über fünfzig Jahren bereits von C.

G. JUNG formulierten und seither eingehend erforschten *Kollektiven Unbewußten* entsprechen. »Welt 3« ist für POPPER das Ergebnis der Produkte des menschlichen Geistes, die Welt der Sprache und Kultur wie auch der menschlichen Kreativität. Zwischen diesen drei Welten besteht eine Wechselbeziehung, wobei das Bewußtsein und der menschliche Geist – in »Welt 2« – die vermittelnde Rolle spielen.

In einem Interview zu diesem Buch und der darin aufgestellten Theorie antwortet Sir ECCLES[62] als Hirnforscher auf die Frage, ob das Bewußtsein nicht bereits durch die Informationsverarbeitung der Großhirnrinde erzeugt wird, so daß es keiner höheren Dimension zur Erklärung bedarf, mit einem eindeutigen Nein. Die Grundlage dieser Auffassung stützt sich auf die gegenwärtig moderne »Modul-Theorie«, wonach die Nervenzellen des Gehirns in der Art der Bauelemente eines Computers zu Moduln als komplexe Informationsträger verschaltet sind. Sir ECCLES sagt dazu: »Ich untersuche das Gehirn viel mehr gemäß den Gesetzen der Physik als jene (die Modultheoretiker; der Verf.) es tun. Denn immer dann, wenn es kompliziert wird, tritt ihrer Behauptung nach plötzlich das Bewußtsein auf. Aber es gibt nichts in der Physik, wovon man derartiges ableiten könnte. Nirgendwo in den Gesetzen der Physik steht geschrieben, daß irgend etwas bewußt werden kann.« Die Tätigkeit des Gehirns und das Bewußtsein gehören für ihn zu unterschiedlichen Dimensionen.

»Aber was ereignet sich beim Tod?« Sir ECCLES meint: »Es ist falsch zu dogmatisieren und zu sagen, daß alles aus ist, wenn das Gehirn stirbt, daß das Selbst am Ende ist. Wenn das Gehirn – dieses schöne Instrument, das das ganze Leben hindurch so gut funktioniert hat – nicht mehr da ist, muß dann auch der Spieler sterben?« Nach seiner Auffassung verliert der Mensch nach dem Tode zwar seinen *neuronalen* Gedächtnisspeicher, wenn der Körper zerfällt und sich das Gehirn auflöst. »Aber das uns innewohnende Selbst und alle unsere tieferen, emotionalen, feineren Erlebnisse des eigenen tiefen Wesens müssen nicht mit dem Gehirn verlorengehen, denn ich glaube, sie sind im Bewußtsein und nicht im Gehirn gespeichert.«

Es gibt eine interessante Theorie der russischen Grundlagenforschung, wonach sich der Nachweis einer Identität aller Erscheinungen des Lebendigen aus der Ähnlichkeit der Grundformel der Thermodynamik

$$S = k \log n \, P$$

und der Grundformel der Informationstheorie

$$I = k \log n \, P$$

ableiten läßt. (Zur Erklärung: S ist das Symbol für die *Entropie*. Das ist, vereinfacht gesagt, die Summe aller Ausleseprozesse, die den physikalischen Bewegungs- oder Lebensprozeß in allen Bereichen, von der Welt der Atome bis zu den kosmischen Welten des Universums, in Gang hält. I ist das Symbol für eine Informationsmenge, die insgesamt alle Informationen über das Gesamtgeschehen des Universums enthalten kann.)

Nur ist *Information* nichts Materielles. Auch wenn unsere Kybernetiker und Computertechniker diese als ein Attribut der Materie ansehen. »*Information* ist die konstatierbare oder existenzielle Form des Geistes«, wie Gotthard GÜNTHER in seinem Buch »Das Bewußtsein der Maschinen« feststellt, dessen spezielles Forschungsgebiet die »mehrwertigen Logiken« sind. Wir können für Information auch *Geist, der von sich selber weiß, gleich Bewußtsein* sagen. Jedenfalls ist das in höher organisierten Systemen wie dem Menschen und seinem Gehirn der Fall. Da nach heutiger wissenschaftlich gültiger Erkenntnis das Universum einen Anfang hatte, was ohne die Existenz eines göttlichen Schöpfers nicht möglich ist, so folgert GÜNTHER, daß »alle ›Information‹ im Anfang der Welt extramundan und ausschließlich im Bewußtsein Gottes ... existent war[63]«.

Für GÜNTHER steht fest, daß alle Bedeutungszusammenhänge – und das sind Bewußtseinserscheinungen – »unverdünnter göttlicher Geist« sind. Doch auch das ist eine Annahme. Sie widerspricht nicht der Identitätstheorie, wenn wir die Information – wie bei SCHELLING und auch noch bei HEGEL – als die schöpferische Ursache der materiellen Gestaltung der Welt – einschließlich des Menschen – ansehen. Interessant ist aber die russische Theorie von dem Identitätsnachweis – die gewiß nicht für einen Jenseitsbeweis entwickelt wurde –, weil sie zu folgender Überlegung führt:

Nach den Hauptsätzen der Thermodynamik und der Entropieformel kann keine Energie verlorengehen. Aber sie wandelt ihre Zustandsform. Beispielsweise wird bei jedem Energieprozeß Wärme frei, die an die Umgebung abgegeben wird. Die Himmelskörper erkalten allmählich. Das Ende der Welt müßte demnach in Jahrmilliarden ein Kältetod sein. Ebenso kann keine Information verlorengehen. Doch im Gegensatz zum Wärmeverlust bei der Freisetzung von Energie verhält es sich mit der Information umgekehrt in der Art einer *Negentropie*. Mit der Freisetzung von physikalischer Energie wächst die Informationsmenge oder Informationsdichte an. Wenn die Welt in der Art einer ungeheuren Explosion begann, so muß das Ende demnach eine ungeheure Verdichtung von Information, eine Zusammenballung von Bewußtseinsenergie sein.

Ob es tatsächlich so sein wird, wissen wir nicht. Wir werden es auch nicht erleben. Doch gewiß ist, daß Bewußtsein als geistige Energieform ebensowenig verlorengehen kann wie Information. Wenn wir am gestirnten Himmel ein helles Aufleuchten beobachten, dann wissen wir durch die Beobachtung unserer Astronomen, daß im Kosmos eine Energieumwandlung stattgefunden hat. Eine Super-Nova ist es, die Geburt eines neuen Sterns. Im »Tibetanischen Totenbuch« wird der Tod als Lichterlebnis geschildert, von dem auch nach den Untersuchungen von Karlis OSIS und anderen Thanatologen (von griech. *tha-*

natos = Tod) die klinisch bereits verstorbenen und wiederbelebten Personen berichten. Das deutet darauf hin, den
Tod als einen Umwandlungsprozeß von Bewußtseinsenergie anzusehen, als den Beginn der Geburt zu einem neuen
Bewußtseinszustand. Es wird sogar neuerdings die Auffassung vertreten, die UFOs, über die seit 1947 immer
wieder in Abständen als Lichterscheinungen berichtet
wird, als Botschafter aus dem Jenseits anzusehen. Sozusagen als Manifestationen von lichthaften Bewußtseins-
komplexen aus der Jenseitsdimension. Bei einem wissenschaftlichen Institut ist allerdings bisher noch kein einziges UFO gelandet, und noch hat sich bislang kein ein-
ziger »Außerirdischer« einer wissenschaftlichen Diskussion gestellt.

Was diese These angeht, so kann ich nur auf die Untersuchung von C. G. JUNG »Ein moderner Mythus – Von
Dingen, die am Himmel gesehen werden« verweisen. Was
immer auch darüber berichtet wird, etwas Konkretes liegt
nicht vor. Aber die UFO-Berichte zeigen das Bedürfnis
der menschlichen Seele für den Beweis einer überirdischen Macht, die beobachtend oder lenkend die Entwicklung der Menschheit und ihr Handeln und Verhalten
überwacht. Angesichts der heutigen Weltlage und eines
drohenden nuklearen Weltkriegs einerseits und des Ab-
sinkens der Religiosität zur bloßen Äußerlichkeit andererseits, ist das verständlich. So sieht auch JUNG in den
UFOs keine Raumschiffe aus fremden Sonnensystemen,
sondern Projektionen des Unbewußten in der Art von archetypischen Visionen.

Aber es ist gar nicht erforderlich, Beweise für das Jenseits und ein Weiterleben nach dem Tode aus Science-
fiction-Spekulationen herzuleiten. Die Erkenntnisse der
Atom- und Quantenphysik und die Forschungsergebnisse
der JUNGschen Psychologie reichen völlig aus, um an der
Existenz einer allumfassenden überpersönlichen höheren
Wirklichkeitsdimension geistiger Inhalte und Bewußtseinszustände keinen Zweifel mehr aufkommen zu lassen.

Die Denkmodelle der modernen Informationstheorie und Mathematik zwingen sogar dazu, von einer mehrdimensionalen Wirklichkeit der menschlichen Existenz auszugehen.

So wie ein uns Menschen überlegenes schöpferisches und göttliches Bewußtsein in der Welt erkennbar und jederzeit beweisbar ist, so können wir mit Gewißheit auch die Existenz des Jenseits annehmen. Für die Erhaltung des persönlichen Bewußtseins nach dem leiblichen Tode spricht eine große Anzahl von Fakten. Aber wie es sich damit tatsächlich verhält, darüber läßt sich eine endgültige Aussage nicht machen. Doch allein aus der Erkenntnis, daß die menschliche Bewußtseinsentwicklung bisher in der Art von Bewußtseinssprüngen verlaufen ist, ist für die Zukunft eine Steigerung der Bewußtheit zu erhoffen.

Was die Zukunft angeht, so bin ich weniger pessimistisch als die Soziologen. Alles deutet darauf hin, daß die kommende Revolution eine psychologische Revolution sein wird. Eine psychische Mutation wird dem Menschen eine Nutzung aller Bewußtseinsdimensionen ermöglichen. Noch ist es nicht soweit. Noch sind wir erst dabei, mühselig die Bausteine für eine neue *Wissenschaft vom Bewußtsein* zusammenzutragen. Diese wird uns ein exakteres Wissen über die Bewußtseinszustände nach dem Tode verschaffen

Abschließend aber läßt sich auch heute schon feststellen: Je größer das Bemühen eines Menschen, sein Bewußtsein in Richtung Bewußtheit zu entfalten und zu steigern, um so größer die Chance für ein persönliches und bewußtes Weiterleben, wenn das leibliche Leben sein Ende – und damit vielleicht das Ziel der materiellen Lebenswirklichkeit – erreicht hat.

Anmerkungen

1 Sir John HACKETT, Der Dritte Weltkrieg, München 1978; Vorabdruck im Nachrichtenmagazin »Der Spiegel« unter dem Titel »Schlachtfeld Deutschland«, Hefte 44-46/1978

2 Siehe Friedrich W. DOUCET, Intuitionstraining, München 1978, S. 29

3 In einem Interview mit Arthur FORD für das Buch »Bericht vom Leben nach dem Tode«, vgl. Magazin »P. M.«, Heft 5/1979, S. 20

4 Vgl. Friedrich W. DOUCET, Im Banne des Mythos – Die Psychologie des Dritten Reiches, München 1979, S. 236

5 Vgl. Aniela JAFFÉ, Geistererscheinungen und Vorzeichen, Zürich 1958, S. 11

6 Siehe Joachim ILLIES, »Diktat der Gene«, im Magazin »P. M.«, Heft 5/1979, S. 26

7 Siehe Illustrierte Zeitschrift »Stern«, Heft Nr. 17/1979, S. 82

8 Vgl. Max DESSOIR, Vom Jenseits der Seele, Stuttgart 1967, S. 262

9 Vgl. DESSOIR, a. a. O., S. 282 f.

10 Siehe Stichwort »Hypnose«, in: Friedrich W. DOUCET, Lexikon der psychoanalytischen Begriffe, Freud – Adler – Jung, 5. erw. Aufl., München 1975

11 Vgl. meine Ausführungen in Friedrich W. DOUCET, PSI-Training, München 1975, S. 104 f.

12 Vgl. die Serie »Aufstieg und Untergang der Volkstempler-Sekte in Guajana« im Nachrichtenmagazin »Der Spiegel«, Hefte 49-52/1978 und 1/1979

13 Siehe den Bericht von V. E. WIEDEMANN über die Demonstrationen im Trauermonat Moharran im Nachrichtenmagazin »Der Spiegel«, Heft 51/1978

14 Siehe Mircea ELIADE, Schamanismus und archaische Ekstasetechnik, Zürich 1954, S. 105

15 Vgl. Wilhelm MOUFANG, Magier, Mächte und Mysterien, Heidelberg 1954, Kapitel über »Indianische Zauberei«, S. 371 ff.

16 Vgl. Carlos CASTANEDA, Der Ring der Kraft, Frankfurt 1976, S. 177

17 Das Buch von Enrico d'ESTIANI erschien 1970 in einer begrenzten Auflage. Der Held des Romans ist eine Art Ödipus des Raumfahrtzeitalters, der vor, während und nach dem Krieg eine Reihe von Initiationen erlebt. Durch das Opfer seines Herzens für eine Transplantation hofft er am Ende ein Zeichen zu setzen für die Geburt des Neuen Menschen im kommenden Jahrtausend. Es handelt sich um den psychologisch verschlüsselten Lebensroman eines deutschen Wissenschaftlers, vergleichbar Hermann HESSEs »Demian«. Doch in einer zweiten, kaum sichtbaren Verschlüsselung enthält das Buch auch eine Geheimlehre des alchimistischen Opus – übertragen auf Ereignisse der heutigen Zeit. Überraschenderweise wurde dieser in seinem Konzept einzigartige Roman nach kurzer Zeit vom Verkauf zurückgezogen. (Bezugsquellennachweis durch den Verfasser.)

18 Vgl. H. JACOBSON, Das Gespräch eines Lebensmüden mit seinem Ba, in: Zeitlose Dokumente der Seele, Zürich 1952

19 Vgl. Karl KERÉNYI, Die Mysterien von Eleusis, Zürich 1962

20 Vgl. Karl KERÉNYI, Humanistische Seelenforschung, Wiesbaden 1978

21 Egmont COLERUS, Von Pythagoras bis Hilbert, Berlin – Wien 1936, S. 36

22 Siehe KERÉNYI, a. a. O., S. 16

23 Siehe hierzu auch Friedrich W. DOUCET, Intuitionstraining, München 1978, S. 136 ff.

24 Vgl. A. DIETRICH, Eine Mithrasliturgie, Berlin 1910

25 Siehe Rolf PALM, Die Sarazenen, Düsseldorf 1979, S. 33

26 PALM, a. a. O., S. 127

27 PALM, a. a. O., S. 223

28 Siehe C. G. JUNG, Psychologie und Alchemie, Zürich 1944, S. 241

29 Vgl. hierzu Friedrich W. DOUCET, Im Banne des Mythos – Die Psychologie des Dritten Reiches, Mün chen 1979, die Kapitel III (»Das Hakenkreuz als Symbol«) und V (»Die Theokratie des Bösen«)

30 Siehe hierzu die in Friedrich W. DOUCET, So deuten Sie Ihre Träume richtig, Wien 1978, angeführten Beispiele für echte Todesbotschaften im Traum. Das Auftauchen von Verstorbenen im Traum deutet in der Regel auf eine vernachlässigte und abgestorbene Beziehung zu Personen oder Sachverhalten, zu denen über den betreffenden Toten eine Verbindung bestand. Es kann sich ebenso um die Vernachlässigung oder Verdrängung von psychischen Inhalten aus dem Bewußtsein handeln, die für den Träumer in bestimmten Eigenschaften oder Eigenarten des Verstorbenen verkörpert waren.

31 C. G. JUNG in seinem Vorwort zu dem Buch von Stewart Edward WHITE, Das uneingeschränkte Weltall, Zürich 1963

32 Siehe Valentin KLUGE, Potenzsteigernde Mittel, München 1969, S. 135

33 A. VERDU, Abstraktion und Intuition als Wege zur Wahrheit in Yoga und Zen, München 1965

34 Zitiert nach Gonzagna de FONSECA, Maria spricht zur Welt, Freiburg/Schweiz 1943

35 Siehe C. G. JUNG, Erinnerungen – Träume – Gedanken, hrsg. von Aniela JAFFÉ, Zürich 1962, S. 159 f.

36 Siehe Friedrich W. DOUCET, Traum und Traumdeutung, 6. Aufl., München 1976, S. 63 f.

37 Vgl. die Fotos in deutschen Illustrierten Zeitungen, beispielsweise in der Zeitschrift »Stern«, Nr. 28/1979, als Illustration zu dem Bericht »Die verpfuschte Revolution«

38 Nach Raphael LENNÉ, Zeitkrankheit Depression, München 1978, S. 9 ff.

39 Vgl. Erich NEUMANN, Die Psyche als Ort der Gestaltung, in: Eranos, Bd. XXIX, Zürich 1960, S. 24

40 Zitiert nach der Gesamtausgabe, Friedrich NIETZSCHE, Gesammelte Werke, 1895–1912. Die Prophezeiung des Gewalt-Herrn gilt natürlich für LENIN und STALIN gleichermaßen. Was NIETZSCHE voraussah, ist die Ablösung der liberalen aristokratischen Herrschaft in den parlamentarischen Monarchien durch die Terror-Herrschaft der Diktatoren in unserem Jahrhundert als Folge der sozialistischen Ideologie.

41 Zitiert nach der Buchbesprechung zu »Le testament de Dieu« von Bernard-Henri LÉVY, Paris 1979, im Nachrichtenmagazin »Der Spiegel«, Heft 29/1979, S. 139 f.

42 Siehe Anm. 41. Der Genauigkeit halber sei hier vermerkt, daß die Existenzphilosophie bereits zwischen den beiden Weltkriegen entstand. Martin HEIDEGGERS Buch »Sein und Zeit« erschien 1927. Die »Existenzphilosophie« von Karl JASPERS erschien 1938 und Jean Paul SARTRES »Das Sein und das Nichts« im Jahre 1943. In der Öffentlichkeit wurde der Existentialismus jedoch erst nach dem Zweiten Weltkrieg bekannt und als Folge des Kriegserlebnisses populär.

43 Vgl. hierzu den Artikel »Die Jesus-Falle« von Friedrich KABERMANN in der Schweizer »Weltwoche«, Nr. 28/1979, S. 45 ff.

44 Siehe Anm. 12

45 Siehe Anm. 12

46 Siehe Karlis OSIS und Erlendur HARALDSSON, Der Tod – ein neuer Anfang, Freiburg/Breisgau 1978, S. 216 f.

47 Siehe das Stichwort »Symbol«, in: Georg KLAUS, Wörterbuch der Kybernetik, Frankfurt 1969

48 Vgl. hierzu den Bericht unter der Rubrik »Kirchen«

im Nachrichtenmagazin »Der Spiegel«, Heft 13/1979, S. 92

49 Siehe Ludwig MARCUSE, Sigmund Freud – Sein Bild vom Menschen, München 1964, S. 119 f.; vgl. auch FREUDs Theorie über die Entstehung der Religionen in seiner Schrift »Totem und Tabu«, Frankfurt 1956

50 C. G. JUNG, Symbolik des Geistes, Zürich 1948, S. 417

51 Siehe L. KISSELJOW, Probleme der Eiweiß-Biosynthese, in: Ideen des exakten Wissens, hrsg. in Verbindung mit der Akademie der Wissenschaften der UdSSR, Stuttgart, Heft 2/1969

52 Siehe Lew KOMAROW, Die Verlängerung des Lebens, in: Ideen des exakten Wissens, Stuttgart, Heft 7/1969

53 Vgl. hierzu die Titelgeschichte im Nachrichtenmagazin »Der Spiegel«, Heft 52/1970, S. 114 ff.

54 Siehe Anm. 50

55 Pascal JORDAN, Der Naturwissenschaftler vor der religiösen Frage, 7. Aufl., Stuttgart 1978, S. 156

56 JORDAN, a. a. O., S. 158

57 Siehe Friedrich W. DOUCET, Mensch und Psychologie, München 1973, S. 114 und 179 f.

58 C. G. JUNG in seinem Vorwort zu Stewart Edward WHITE, Das uneingeschränkte Weltall, Zürich 1963

59 JORDAN, a. a. O., S. 110

60 Siehe Egmont COLERUS, Vom Punkt zur vierten Dimension, Berlin – Wien 1935, S. 444

61 Vgl. Detlef I. LAUF, Geheimlehren tibetischer Totenbücher, Freiburg/Breisgau 1977, S. 111

62 »Ein Gespräch mit Nobelpreisträger Sir John Eccles über seine vieldiskutierte Theorie zum Leib-Seele-Problem«, in der Zeitschrift »Integral«, Wien, Nr. 5/1978, S. 25 ff.

63 Gotthard GÜNTHER, Das Bewußtsein der Maschinen, Baden-Baden 1963

Literaturverzeichnis

ANRICH, Ernst, Moderne Physik und Tiefenpsychologie, Stuttgart 1963

BENDER, Hans, Parapsychologie, Bremen 1953

BENESCH, Kurt, Magie, Wien 1975

BENZ, Ernst, Vision und Führung in der christlichen Mystik, in: Eranos-Jahrbuch 1962, Zürich 1963

BERRY, Adrian, Die Große Vision, München 1978

BLOFELD, John, Das Geheime und Erhabene, Bern – München 1974

BOZZANO, Ernesto, Übersinnliche Erscheinungen bei Naturvölkern, Bern 1948

BRUNTON, Paul, Geheimnisvolles Ägypten, Zürich 1951

CARREL, Alexis, Der Mensch, das unbekannte Wesen, Stuttgart 1952

CARREL, Alexis, Das Wunder von Lourdes, Stuttgart 1952

CASTANEDA, Carlos, Der Ring der Kraft, Frankfurt 1976

CLARK, Adrian V., Psychokinese, Freiburg/Breisgau 1973

COLERUS, Egmont, Von Pythagoras bis Hilbert, Berlin – Wien 1936

COLERUS, Egmont, Vom Punkt zur vierten Dimension, Berlin – Wien 1935

CORBIN, Henry, De la philosophie prophétique en Islam shi'ite, in: Eranos-Jahrbuch 1962, Zürich 1963

CROOKES, W., Das Medium D. D. Home, hrsg. von R. TISCHNER, Leipzig 1925

DAIM, Wilfried, Experimente mit der Seele, Graz 1949

DAVID-NEEL, Alexandra, Meister und Schüler, Stuttgart 1934

DAVID-NEEL, Alexandra, Heilige und Hexer, Stuttgart 1936

DESSOIR, Max, Vom Jenseits der Seele, Stuttgart 1967

DOUCET, Friedrich W., Forschungsobjekt Seele, Eine Geschichte der Psychologie, München 1971

DOUCET, Friedrich W., Lexikon der psychoanalytischen Begriffe, Freud – Adler – Jung, 5. erw. Aufl., München 1975

DOUCET, Friedrich W., Traum und Traumdeutung, 6. Aufl., München 1976

DOUCET, Friedrich W., Mensch und Psychologie, München 1973

DOUCET, Friedrich W., PSI-Training, München 1975

DOUCET, Friedrich W., Intuitionstraining, München 1978

DOUCET, Friedrich W., So deuten Sie Ihre Träume richtig, Wien 1978

DOUCET, Friedrich W., Im Banne des Mythos – Die Psychologie des Dritten Reiches, München 1979

ELIADE, Mircea, Schamanismus und archaische Ekstasetechnik, Zürich 1954

ELIADE, Mircea, Kosmos und Geschichte, Hamburg 1966

ELIADE, Mircea, Das Heilige und das Profane, Hamburg 1957

ESCHMANN, Ernst Wilhelm, An den Rändern der Wirklichkeit, Zürich 1959

EVANS-WENTZ, W. Y., Das Tibetanische Totenbuch, Zürich 1953

FECHNER, G. Th., Das Büchlein vom Leben nach dem Tode, Leipzig o. J.

FONSECA, Gonzagna de, Maria spricht zur Welt, Freiburg/Schweiz 1943

FREUD, Sigmund, Totem und Tabu, Frankfurt 1956

FREUD, Sigmund, Die Zukunft einer Illusion, in: Das Unbewußte, Frankfurt 1960

FREUD, Sigmund, Das Unbehagen in der Kultur, in: Das Unbewußte, Frankfurt 1960

FROMM, Erich, Die Seele des Menschen, Stuttgart 1979

GEBSER, Jean, Asienfibel, Frankfurt – Berlin 1962

GERLOFF, Hans, Materialisation, Die Phantome von Kopenhagen, München 1953

GREBER, Johannes, Der Verkehr mit der Geisterwelt, New York 1937

GÜNTHER, Gotthard, Das Bewußtsein der Maschinen, Baden-Baden 1963

HACKETT, Sir John, Der Dritte Weltkrieg, München 1978

HAGENAU, Gerda, Verkünder und Verführer, Prophetie und Weissagung in der Geschichte, München 1979

HEIDEGGER, Martin, Sein und Zeit, Leipzig 1927

HERLIN, Hans, PSI-Fälle, München 1974

HEYER, Richard, Vom Kraftfeld der Seele, Stuttgart 1949

HOLZER, Hans, PSI-Kräfte – Beweise für das Unglaubliche, München 1975

HUXLEY, Aldous, Schöne Neue Welt, Frankfurt 1953

JACOBI, Jolande, Vom Bilderreich der Seele, Olten 1969

JACOBSON, H., Das Gespräch eines Lebensmüden mit seinem Ba, in: Zeitlose Dokumente der Seele, Zürich 1952

JAFFÉ, Aniela, Geistererscheinungen und Vorzeichen, Zürich 1958

JASPERS, Karl, Existenzphilosophie, Berlin – Leipzig 1938

JORDAN, Pascal, Der Naturwissenschaftler vor der religiösen Frage, 7. Aufl., Stuttgart 1978

JORDAN, Pascal, Schöpfung und Geheimnis, Stuttgart 1978

JUNG, Carl Gustav, Psychologie und Religion, Zürich 1962

JUNG, Carl Gustav, Symbolik des Geistes, Zürich 1948

JUNG, Carl Gustav, Psychologie und Alchemie, Zürich 1944

JUNG, Carl Gustav, Von den Wurzeln des Bewußtseins, Zürich 1954

JUNG, Carl Gustav, Ein moderner Mythus – Von Dingen, die am Himmel gesehen werden, Zürich 1958

JUNG, Carl Gustav, Erinnerungen – Träume – Gedanken, hrsg. von Aniela JAFFÉ, Zürich 1962

KERÉNYI, Karl, Die Mysterien von Eleusis, Zürich 1962

KERÉNYI, Karl, Antike Religion, Wiesbaden 1978

KERÉNYI, Karl, Humanistische Seelenforschung, Wiesbaden 1978

KLAUS, Georg, Wörterbuch der Kybernetik, Frankfurt 1969

KLUGE, Valentin, Potenzsteigernde Mittel, München 1969

LAUF, Detlef I., Geheimlehren tibetischer Totenbücher, Freiburg/Breisgau 1977

LENNÉ, Raphael, Zeitkrankheit Depression, München 1978

LEUNER, Hanscarl, Die Experimentelle Psychose, Heidelberg 1962

MARCUSE, Ludwig, Sigmund Freud – Sein Bild vom Menschen, München 1964

MCLUHAN, Marshall, Die magischen Kanäle, Frankfurt 1970

MOUFANG, Wilhelm, Magier, Mächte und Mysterien, Heidelberg 1954

NEUHÄUSLER, Anton, Telepathie – Hellsehen – Praekognition, Bern – München 1957

NEUMANN, Erich, Ursprungsgeschichte des Bewußtseins, München o. J.

NEUMANN, Erich, Tiefenpsychologie und Neue Ethik, München o. J.

NIETZSCHE, Friedrich, Gesammelte Werke, 1895–1912

ORNSTEIN, Robert E., Die Psychologie des Bewußtseins, Frankfurt 1976

OSIS, Karlis, und HARALDSSON, Erlendur, Der Tod – ein neuer Anfang, Freiburg/Breisgau 1978

PAGENSTECHER, G., Die Geheimnisse der Psychometrie und das Hellsehen in die Vergangenheit, Leipzig 1928

PALM, Rolf, Die Sarazenen, Düsseldorf 1979

PAUWELS, Louis, und BERGIER, Jacques, Der Planet der unmöglichen Möglichkeiten, Bern – München – Wien 1968

PAUWELS, Louis, und BERGIER, Jacques, Die Entdeckung des ewigen Menschen, München 1975

PORTMANN, Adolf, Unterwegs zu einem neuen Bild vom Organismus, in: Die Welt in neuer Sicht, München 1957

RICHTER, Horst E., Der Gotteskomplex, Hamburg 1979

ROESERMUELLER, W. O., Die Praxis des Jenseitsverkehrs, Freiburg/Breisgau 1951

ROSENBERGER, Ludwig, Geisterseher, München 1951

SARTRE, Jean Paul, Das Sein und das Nichts, Reinbek 1962

SCHÄRF, Riwkah, Die Gestalt des Satans im Alten Testament, in: Symbolik des Geistes, Zürich 1948

SMITH, Susy, Astrale PSI-Geheimnisse, München 1977

TENHAEFF, H. C., Hellsehen und Telepathie, Gütersloh 1962

UPHOFF, Walter und Mary Jo, Neuland der Psyche, München 1978

WALTER, William Grey, Das lebende Gehirn, München – Zürich 1963

WENZEL, Alois, Unsterblichkeit, Bern 1951

WIENER, Norbert, Kybernetik, Hamburg 1968

WIENER, Norbert, Gott & Golem Inc., Düsseldorf 1965

ZACHARIAS, Gerhard P., Psyche und Mysterium, Zürich 1954

ZÖLLNER, Friedrich, Vierte Dimension und Okkultismus, Leipzig 1922

Glossar

Abaissement du niveau mental
Von C. G. JUNG in die Tiefenpsychologie eingeführter Begriff für *Bewußtseinsabsenkung* durch Überschwemmung mit Inhalten des Unbewußten.

Affekt
Entladung aufgestauter Aggression, jedoch kurz umrissener triebgeladener Gefühlsablauf von drang- und zwanghaftem Charakter im Gegensatz zur emotionalen Erregung.

Aggression
Nach dem Verhaltensforscher K. LORENZ ein beim Tier dem Überleben dienender Instinkt, der jedoch beim Menschen nicht mehr sinnvoll ist. Von S. FREUD angenommener unbewußter Bewältigungstrieb im Gegensatz zu einem Destruktionstrieb.

Akascha-Chronik
Sanskrit-Bezeichnung für das »Buch des Lebens«, die Aufzeichnung aller menschlichen Gedanken, Gefühle und Taten im Welt-Äther. So lassen sich angeblich das Hellsehen und andere PSI-Phänomene erklären.

Animismus
Eine besondere Richtung innerhalb des Okkultismus und der früheren Parapsychologie, wonach alle PSI-Phänomene als Erscheinungen der Seele (lat. *anima*) oder des Unbewußten anzusehen sind. Für die Tiefenpsychologie, Völkerkunde und Religionsforschung bedeutet *Animismus* die frühe Religionsform eines Glaubens an die Allbeseeltheit der Natur durch Geister – auch durch Geister von Verstorbenen.

Allbewußtheit
Erstmals bei dem griechischen Philosophen PYTHAGORAS (580–496 v. Chr.) erwähnt; für ihn war die Ma-

thematik die Darstellung einer kosmischen Allbewußtheit. Die Gesetzmäßigkeiten der Mathematik enthalten so die Muster der Schöpfung.

Astralleib
Von dem mittelalterlichen Arzt PARACELSUS geprägter Begriff für den gewissermaßen aus Sternenlicht bestehenden unsichtbaren Seelenkörper. Entspricht dem nach fernöstlicher Auffassung im Menschen existenten oder durch geistige Übungen zu schaffenden feinstofflichen *Geistleib*.

ASW
Außersinnliche Wahrnehmung. Sammelbegriff für PSI-Fähigkeiten und PSI-Erscheinungen.

Aura
Den menschlichen Körper umgebendes Ausstrahlungsfeld; für besonders medial veranlagte Personen als Lichterscheinung sichtbar. Seit dem Nachweis einer Aura durch die *Kirlian-Fotografie* und dem Beweis einer Veränderung der Körperausstrahlung im Hochfrequenzfeld hinsichtlich Intensität, Form und Farbe durch seelische Einflüsse von Interesse für die moderne PSI-Forschung.

Automatismus
Für Spiritisten die Bezeichnung für das automatische Schreiben, Reden, Zeichnen und Komponieren von Medien als Werkzeuge der Geister von Verstorbenen.

Bilokation
Das Erscheinen an zwei Orten zugleich durch einen psychischen Doppelgänger, wie von den Eingeweihten in die – westlichen wie östlichen – Geheimwissenschaften berichtet.

Bewußtsein
Bisher wissenschaftlich noch nicht geklärtes Selbsterlebnis der Außenweltinformationen wie der innerpsychisch auftauchenden Informationen. Hinsichtlich der Verarbeitung

der Informationsbedeutung und Einordnung in Zusammenhänge lassen sich experimentell unterschiedliche Klarheitsgrade des Bewußtseins unterscheiden. Als Träger der Informationsstrukturen gilt das Gehirn. Jedoch ist das Phänomen des Bewußtseins mehr als nur die Begleiterscheinung eines neurophysiologischen Vorgangs, wie es die Vertreter eines mechanistischen Materialismus (Behaviorismus) annehmen. Der amerikanische Kybernetiker MACKAY versteht unter Bewußtsein die Fähigkeit, hochorganisierte System-Symbole (Grundmuster) wahrzunehmen. Demnach wäre Bewußtsein nicht nur dem Menschen zu eigen und u. U. – wenn auch noch sehr begrenzt – sogar den elektronischen Denkautomaten zuzusprechen. Georg KLAUS von der Humboldt-Universität in (Ost-) Berlin definiert Bewußtsein als ideelle Widerspiegelung der objektiven Realität durch das Zentralnervensystem, entstanden im Verlauf einer Optimierung zwischen Mensch und Umwelt. Nach Auffassung moderner Hirnforscher – z. B. Sir John ECCLES – besteht zwischen dem Bewußtsein und den Hirnfunktionen keine Identität. Bewußtsein ist eine selbständige Eigenschaft der Psyche, die mit dem Gehirn in Wechselwirkung steht.

Zu unterscheiden von Bewußtsein ist die *Bewußtheit,* worunter erkenntnistheoretisch ein begriffliches Erfassen und denkendes Verarbeiten verstanden wird. Der Verfasser versteht unter *Bewußtheit* das Erkennen des Planes, nach dem sich Ereignisse abspielen.

Bewußtseinsprinzip
Nach tibetischer Auffassung das seelische System, bestehend aus mehreren Bewußtseinszuständen oder Dimensionen, wie Körper- und Schlafbewußtsein, Traumbewußtsein, Wachbewußtsein und ein kosmisches oder Überbewußtsein.

Bewußtsein, reines
Nach tibetischer Auffassung als körperloses Bewußtsein im Bar-do oder Nachtod-Zustand existent und nach

jedem Leben bei entsprechendem Bemühen zu Lebzeiten zu aufsteigenden Bewußtheitsgraden entfaltungsfähig.

Dematerialisation
Auflösung von Gegenständen in ihre atomaren, unsichtbaren Bestandteile.

Depression
Zustandsform einer psychischen Erkrankung, bei der echte oder vermeintliche Enttäuschungen, Minderwertigkeitsgefühle, Hoffnungslosigkeitsgefühl und Lebensüberdruß die Lebensaktivität lähmen.

Doppelgänger
Erscheinung des Menschen in doppelter Gestalt und an verschiedenen Orten, von ihm selbst oder von anderen Personen erlebt.

Dualismus
Von dem griechischen Philosophen ARISTOTELES (384–322 v. Chr.) eingeführte Trennung der ursprünglich als Einheit aufgefaßten Welt in eine körperliche und eine geistige. Seither Trennung der Wissenschaften in Natur- und Geisteswissenschaften; ebenso Aufspaltung der Psyche in eine biologisch wirksame Leibseele und einen unsterblichen Geist.

EEG (Elektroenzephalographie)
Elektronische Verstärkung und Aufzeichnung der Hirnstrommuster.

Entropie
Aus der Physik stammender Begriff, wonach Energieumsetzungen nur infolge vorhandener Intensitätsdifferenzen möglich sind. Von C. G. JUNG 1928 für die Tiefenpsychologie übernommen, später von SHANON und WIENER für die Informationstheorie und die Kybernetik.

Ethologie
Verhaltensforschung.

Feld, affektives
Bei Suggestionen entstehende Gefühlsspannung, die Gruppen von Personen oder auch Massen erfaßt.

Feld, psychisches
(Siehe *Kollektives Unbewußtes*.)

Glossolalie
Ekstatisches Zungenreden, bekannt durch das christliche Pfingstwunder, ist auch bei manchen Medien zu beobachten.

Halluzination
Sinnestäuschung, im Gegensatz zur Illusion ohne nachweisbare Sinneswahrnehmung.

Hellsehen
Außersinnliche Wahrnehmung von Ereignissen, Personen und Gegenständen in Zeit und Raum. Inzwischen wissenschaftlich anerkanntes PSI-Phänomen.

Hirnwellen
Von dem Neurologen Hans BERGER 1928 entdeckte elektrische Eigenströme des Gehirns, wie sie heute als Hirnstrombilder durch das *EEG* erforscht werden.

Hypnose
Künstlich hervorgerufener schlafähnlicher Zustand von unmerklicher Veränderung bis zum tiefen Schlaf, bei erhaltener geistiger Kommunikation, Rapport genannt, zwischen dem hypnotisierten Medium und dem Hypnotiseur. Kennzeichnend für den Hypnosezustand ist erhöhte Suggestibilität. Die Hypnose wird ausgelöst durch verbale Einwirkung. Der Erfolg hängt ab von der Hypnosebereitschaft des Mediums.

Illusion
Eine falsche, oft durch Wunschvorstellungen bedingte Auffassung oder Sinneswahrnehmung.

Imagination
Konzentrierte gedankliche Vorstellung in bildhafter Form.

Intuition
Nach C. G. JUNG psychische Funktion für spontane unmittelbare Erkenntnisse und schöpferische Einfälle.

Karma
Nach hinduistischer und buddhistischer Lehre das persönlich vom Menschen durch gute und böse Taten gestaltete Schicksal für das Fortleben nach dem Tode durch Wiedergeburt, je nachdem in Mensch, Pflanze oder Tier.

Kirlian-Fotografie
Von dem russischen Ingenieur Semjon Davidowitsch KIRLIAN entwickelte Hochfrequenzfotografie, mit der sich die menschliche Ausstrahlung *(Aura)* nachweisen läßt.

Kollektives Bewußtsein
Von C. G. JUNG eingeführter Begriff zur Unterscheidung vom Kollektiven Unbewußten für die Bewußtseinsinhalte, die das Verhalten von Kollektivgruppen bestimmen; auch für soziales Bewußtsein. Je stärker die psychisch-energetische Ladung des Kollektiven Bewußtseins, desto mehr wird das Ich – die individuelle Persönlichkeit – von den Meinungen und Tendenzen des Kollektiven Bewußtseins aufgesogen.

Kollektives Unbewußtes
Von C. G. JUNG geprägter Begriff für ein überpersönliches »seelisches Feld«, in dem die Instinkte und die Archetypen angelegt sind, ein Feld psychischer Dispositionen, in dem auch die persönliche Psyche als ein offenes System verwurzelt ist. (Siehe *Überbewußtsein.*)

Kosmos
Griechisch gleich Ordnung, seit PYTHAGORAS die Weltordnung, das Weltall, insbesondere der Himmel mit den Himmelskörpern.

Logik, mehrwertige
Eine Logik, die sich nicht auf die beiden Aussagen »wahr – falsch« beschränkt, sondern mit drei, vier bis unendlich vielen Wahrheitswerten operiert.

Magie
Die übernatürliche, in die Natur und Menschen hineinwirkende Kraft oder Macht zur Verwandlung.

Mantik
Die Seherkunst, die Kunst der Wahrsagung und Prophetie.

Materialisation
Die Verstofflichung von Energie, im Spiritismus die angebliche Produktion von Körperteilen durch Medien aus sogenanntem Ektoplasma. Auch die Verkörperlichung von Geistern Verstorbener.

Nirwana
Indisch das Verwehen, Verlöschen; höchstes Ziel der buddhistischen Religion und Weisheitslehre ist die Vermeidung der Wiedergeburten durch Steigerung der Bewußtheit und Abtötung des Begehrens und das endgültige Aufgehen im kosmischen All. Das persönliche Ich erlischt dabei nach dem Tode, geht aber in die kosmische Allbewußtheit ein.

Null-Raum
(Siehe *Null-Zeit.*)

Null-Zeit
Gleichzeitigkeit von Ereignissen an räumlich voneinander entfernten Orten. Die Zeitkoordinate hat hier den Größenwert Null. Oder – in bezug auf einen irdischen Beobachter – gemeinsame Zeitebene im Raum-Zeit-Kontinuum, im Alltagsleben als Gegenwart bezeichnet. Insoweit von C. G. JUNG im Falle analoger bis identischer psychischer Erlebnisgehalte als *Synchronizitätsphänomen* abgehandelt (z. B. übereinstimmendes reales und Traum-

geschehen für zwei 1000 km voneinander entfernte Personen). Bei synchronistischen Ereignissen mit einer erkennbaren Bezogenheit aufeinander spricht die Parapsychologie vom Hellsehen, während sich die akademische Psychologie mit der Feststellung *akausaler Zusammenhänge* begnügt, solange Übertragungsmedien und Kanäle nicht wissenschaftlich exakt geklärt sind.

Zeit ist jedoch untrennbar mit Bewegung verknüpft; physikalisch mit der Lichtgeschwindigkeit c als konstanter Meßgröße. Licht bewegt sich aber nicht stetig, sondern gequantelt, d. h. sprunghaft in kleinen Energieportionen (Photonen). Quantentheoretisch (wie mengentheoretisch) ist die Menge der Lichtquanten auf einem Strahl nicht unendlich, sondern durch die Länge λ (10^{-13}), als die vermutlich kürzestmögliche Entfernung zwischen Teilchen, bestimmbar. Daraus folgt: Der Bereich zwischen Quantenzuständen ist masseleer, raumleer, zeitleer. Jedoch hat dieser als Null-Zeit und Null-Raum bezeichenbare Zustand eine Ausdehnung, nämlich die von λ. Eine räumliche Ausdehnung aber läßt sich indirekt durch die drei Raumkoordinaten für die benachbarten Quantenzustände räumlich beschreiben und durch die drei Zeitkoordinaten – Vergangenheit, Gegenwart, Zukunft – zeitlich einordnen. Das heißt, die Existenz eines derartigen sechsdimensionalen Null-Zeit-Null-Raum-Kontinuums ist nicht zu bezweifeln, sofern wir den Begriff Existenz so weit formulieren, wie auch z. B. für die Planetenbahnen, die Information im Sinne der Kybernetik oder – vereinfacht für dieses Modell – die Löcher in einem räumlichen Gitter; materiell gesehen bilden diese Löcher einen Leerraum, doch ein zusammengehöriges Feld von bestimmbarer Ausdehnung. Die Paradoxie eines zeit- und raumleeren Feldes, das dennoch bestimmbar ist, ergibt sich aus der Komplementarität von Korpuskel und Welle im Rahmen der modernen Quantenmechanik.

Das hypothetische Null-Zeit-Null-Raum-Feld setzt zwar die Konstante λ und das PLANCKsche Wirkungsquant *hi* voraus (das für alle Wirkungen gilt, und damit theoretisch auch für psychische), doch muß hier die Zeitmauer *c* gemäß den sonstigen Voraussetzungen kein Hindernis sein. Das bedeutet die Möglichkeit überlichtschneller oder quasi zeitloser Verschiebungen von Informationsmatrizen von Ort zu Ort und Zukunft und Vergangenheit zur jeweiligen Gegenwart.

Mit dieser vom Verfasser erstmals 1973 veröffentlichten Theorie ist ein Erklärungsmodell für sämtliche synchronistische wie zeitüberspringende psychische Wirkungsphänomene, die als Erfahrungstatsachen bekannt sind oder werden, gegeben. Beispielsweise für Intuition, prospektive und prophetische Träume, Telepathie, Telekinese, Vorzeichen, Geistererscheinungen, Jenseitsbotschaften u. a. m.

Okkultismus

Die Lehre von geheimen Naturkräften und Geistern, die mit den menschlichen Sinnen nicht erfahrbar und mit der üblichen Schulweisheit nicht erfaßbar sind.

Poltergeist

Laienhafte Bezeichnung für spukhaften Lärm aller Art.

Projektion

Tiefenpsychologischer Begriff für das Nach-außen-Verlegen von innerseelischen Bildern und Vorstellungen, zumeist von unbewußten Inhalten. Bekanntestes Beispiel ist die »Sündenbockprojektion«; das ist das unbewußte Abschieben der eigenen Fehler, Aggressionen oder bei sich selbst unterdrückter Verhaltensweisen auf andere Personen – auch auf andere Völker, z. B. nach einem verlorenen Krieg.

Psychokinese

Von J. B. RHINE in die Parapsychologie eingeführter Begriff für die Bewegung von Gegenständen durch psychische Energie. Allgemein jegliche Einwirkung von nichtphysikalischer Energie (Gedanken, Unbewußtes u. ä.) auf materielle Objekte.

Psychose
Seelische Erkrankung, die wegen des damit verbundenen Realitätsverlustes zu den Geisteskrankheiten gezählt wird. (Etwa Schizophrenie, endogene Depression u. a. m.)

Quasars
Quasistellare Radioquellen im Kosmos mit dem Bild normaler Sterne, doch erheblich von der Norm abweichendem Spektrum. Nach Auffassung der US-Astrophysiker PETROSIAN und SALPETER befinden sich die Quasars in einem unserem dreidimensionalen Universum übergeordneten höherdimensionalen Universum. Von US-Spiritisten als fiktiver Ort des Jenseits gedacht.

Quasiteilchen
Objekte der Kernphysik, die sich wie Quanten verhalten, z. B. Phononen (Schallquanten), Gravitonen (Schwerkraftquanten), Photonen (Lichtquanten) u. a. m. Ausgehend von der Physik der elektromagnetischen Felder im 19. Jh. wurden anfänglich die Vorgänge im subatomaren Bereich hinsichtlich ihrer Wellennatur im Feld beschrieben. Seit der Erkenntnis, daß jegliche Erscheinungsform von Materie/Energie paradoxerweise Wellen- und Teilchencharakter zugleich hat, setzt sich immer mehr eine quantentheoretische Untersuchung auch der Felder durch. Daher das Operieren mit Quasiteilchen.
Analog sind Psychonen oder Geistquanten als Quasiteilchen denkbar und in der Konsequenz eine Quantentheorie psychischer Felder, wie z. B. Kollektives Unbewußtes, Überbewußtsein, kosmisches Bewußtsein u. a. m.

Reinkarnation
Wiedergeburt.

Schamane
In den Früh-, Nomaden- und Primitivkulturen der Vermittler zu den Naturgottheiten, Ahnengeistern und Dämonen durch besondere Ekstasetechniken. Der Schamane ist die zuständige Persönlichkeit seines Stammes für den

Verkehr mit dem Geisterreich und dem Jenseits. Er ist auch Heiler und Orakeldeuter, doch nicht im Sinne eines Zauberers und Medizinmannes, sondern mehr in der Art der Priesterärzte in höherentwickelten Kulturen.

Seelenwanderung

Weiterleben der Seele nach dem Tode durch Wiedergeburt in einem anderen Lebewesen.

Selbst

Unbewußtes Persönlichkeitszentrum der Psyche im Gegensatz zum Ich als Zentrum des Bewußtseins.

Symbol

Begriff für ein Objekt, Bild, Sprachausdruck usw., die für etwas anderes stehen. Kennzeichnend für das Symbol in Abgrenzung zur Allegorie, Zeichen, Signal usw. ist der Doppelcharakter. Symbole haben sowohl einen eidetischen wie einen operativen Sinn. Der eidetische Sinn bezieht sich auf die Gemeinsamkeit mit den Objekten, Ideen, Vorstellungen, die sie vertreten. Der operative Sinn umfaßt die Wirkung, die nachweislich von Symbolen aus geht.

Tabu

Aus der religiösen Vorstellung der polynesischen Eingeborenen stammender Begriff für Unberührbares.

Tod

Klinisch endgültiges Ende des leiblichen Lebens, wenn die Hirnstromaktivität aussetzt und während dreißig Minuten nicht mehr in Gang kommt.

Überbewußtsein

Als Begriff von Max SCHELER in die Psychologie eingeführt im Gegensatz zu dem von FREUD verwendeten Begriff des Unterbewußtseins. Heute jedoch für ein a priori der Welt der Erscheinungen innewohnendes überpersönliches Bewußtsein anstelle des von C. G. JUNG angenommenen *Kollektiven Unbewußten* verwendet.

Vision
Halluzinatorische, durch Ekstase, Meditationstechniken oder Drogen hervorgerufene innerseelische, aber in der Regel in die Umwelt projizierte (meist bildhafte) Erscheinung.

Xenoglossie
Die Fähigkeit »in fremden Zungen«, also in einer fremden Sprache, zu sprechen, ohne diese gelernt zu haben.

Zeitumkehr
Weitgehend unerforschtes, doch theoretisch mögliches Phänomen, das die Vorausschau in Träumen, Tagträumen, Visionen und sonstigen akausal zukunftweisenden Erscheinungen erklärt. (Siehe *Null-Zeit*)

Stichwortverzeichnis

Abel 114 f., 117
Ablösung des Bewußtseins 28
Adler, Alfred 76
Agrippa von Nettesheim 187
Albigenser 161 f., 243
Alchimisten 137, 244
Alexander der Große 149, 156
Animismus 89, 92 f., 104, 106, 116, 135, 144
Aphrodite 188 f.
Apoll 130
Archetypen 87 f., 113 f., 132, 168, 171, 180 f., 188, 230 ff., 253, 275
Aristoteles 145 f., 148 f., 155, 168, 217
Armstrong, Neil 200
Asklepios 146 ff.
Astralleib 67, 182, 185
Atlantis 165 f.
Atman 135, 137, 285
Augustinus 155 f.
Aura 68

Ba 107 ff., 135, 154
Bar-do 281 f.
Becker, Paul 85
Behaviorismus 209
Bell, C. 47
Berg, David 221 f.
Bioplasma 67
Biopsyche 87
Bleuler, Eugen 76
Boethius 217
Bohr, Niels 250
Brahman 135, 137, 285
Braun, Wernher von 41, 154
Breuer, Josef 75
Bruno, Giordano 252
Buddha 132, 134 ff., 144, 151, 161, 220, 224, 252
Buddhismus 131, 134, 137, 140, 285

Cardanus, Hieronymus 183 ff
Carrel, Alexis 37
Castaneda, Carlos 94 f., 97

Christentum 104, 113, 117, 150 f., 154, 158, 186, 234
Christus 118, 151, 153, 159, 162, 175, 232 f.
Clynes, Manfred 148, 247
Colerus, Egmont 126, 267
Cyborg 38, 247

Däniken, Erich von 81, 84 f., 152
Dante Alighieri 160 f.
Darwin, Charles 18, 81 ff., 211
David-Neel, Alexandra 140 ff., 169
Dement, W. 270 f.
Demeter 120, 188
Demokrit 153 f.
Descartes, René 57
Dessoir, Max 60 f., 194
Dethlefsen, Thorwald 65 f.
Dionysos 120, 123
Doppelgänger(erscheinung) 28, 183, 197, 199
Driesch, Hans 46, 255
Dublin, L. 245

Ebstein, Katja 65
Eckhart 255
Eccles, Sir John 289 f.
Einstein, Albert 70, 154, 177, 186, 250, 252, 258, 260 f., 267
Ektoplasma 62
Eliade, Mircea 93 f., 181
Empedokles 130, 153
Energie, psychische 13, 25, 37, 59, 69, 75, 77, 197
Engels, Friedrich 163, 234
Eros 21, 125 f., 145
d'Estiani, Enrico 97
Euklid 267
Eurydike 121, 123
Evans-Wentz, W. Y. 182, 281
Existentialismus 214 f., 217

Fatima 172, 174 f., 178, 189
Fechner, Theodor 255
de Fiori, Giacomo 162 f., 234, 243

Freud, Sigmund 21, 54 f., 75 f., 108, 167, 179, 186, 194 f., 221, 237 ff., 275
Freyja 189
Friedrich I. Barbarossa 164
Fromm, Erich 54 ff., 250

Gauss, Karl Friedrich 267
Geller, Uri 70
Gerontologie 245
Gilgamesch 104
Ginsberg, Allen 181
Glucksmann, André 216
Goethe, Johann Wolfgang 85, 130, 162, 216, 239, 255
Grischenko, V. 67
Günter, Gotthard 291 f.
Gurdjew, Georg Iwanowitsch 166

Hackett, Sir John 11
Hades 122, 188
Haeckel, Ernst 16
Hainuwele 115
Haraldsson, Erlendur 225 ff.
Haushofer, Karl 166
Hegel, Georg Friedrich 163, 253, 292
Heidegger, Martin 213 ff., 217
Heine, Heinrich 162
Heisenberg, Werner 186, 250, 256, 268
Heraklit 121, 154
Hess, Rudolf 166
Hiob 118 f.
Hippokrates 146 f.
Hitler, Adolf 163, 166, 212, 234
Hoffmann, E. T. A. 162
Homer 119, 121, 151
Horkheimer, Max 210, 220, 236, 240, 248, 250
Huxley, Aldous 241 f., 249
Hypnose 66

Ich-Bewußtsein 83, 109, 112, 136 f., 167, 269, 271, 278 f.
Ich, poröses 28, 197, 199 f.
Illies, Joachim 52 f.
Imagination 139
Injuschin, W. 67, 69
Instinkt 48 f.
Intuition 12, 25 f., 243

Isis 111, 149
Islam 78 f., 104, 157 f., 231

Jaffé, Aniela 45 ff., 59
Jaspers, Karl 213 f., 217
Jermolajew, Boris 72
Johannes Paul II., Papst 164
Jones, Jim 78, 222 ff.
Jordan, Pascal 251 f., 257 f., 265, 267
Jung, Carl Gustav 45 f., 75, 77, 88 ff., 108, 121, 142, 168, 179 ff., 183, 186, 194, 207, 230, 242, 249 f., 253, 260, 263, 275, 290, 293

Ka 106 ff., 135, 143
Kaas, Harald 199
Kain 114, 117
Karl der Große 164
Katharer 161 f., 243
Kekulé, Friedrich August 250
Kepler, Johannes 34, 252
Kerényi, Karl 121, 125, 130, 188, 250
Khomeini, Ayatollah 78
Kirlian-Fotografie 67 f.
Kisseljow, L. 245
Kleitman, N. 270 f.
Kline, Nathan 247
Klopfgeist 193 f.,
Kluge, Valentin 181
Kollektives Bewußtsein 234
Kollektives Unbewußtes 67, 86 f., 112, 171, 179 ff., 186, 230, 253, 275
Kollektiv-Psyche 87
Komarow, Lew 245 f., 249
Kompanejez, Alexander 277
Komplexe 77
Konstantin 150
Kontemplation 139
Kornberg, Arthur 81, 201
Körperbewußtsein 271, 278 f.
Kreativität 25, 243
Kübler-Ross, E. 225
Kulagina, Nina 69, 72
Kybernetik 85, 187, 240, 250, 282, 285

Lama(ismus) 66, 94, 128, 137, 141 f., 169, 281, 285

Lamettrie, Julien Offray de 165
Lance, Long 96
Lange, F. A. 211
Lauf, Detlef I. 287
Leibniz, Gottfried Wilhelm 127, 253
Lemarchand, Marie 177
Lenin 164, 234
Lenné, Raphael 205
Leuner, Hanscarl 178
Lévy, Bernard-Henri 216
Libido 75
Lotka, A. 245
Lourdes 147 f., 173 ff.
Luzifer 112 f., 117 f., 152, 161, 203, 232 ff., 238 f.

Mann, Thomas 210
Mantik 95, 146
Mao 164
Marx, Karl 163, 210, 234
Marxismus 167, 236
Materialismus 177, 193, 207, 211, 234, 236, 250
Matriarchat 111, 123 f.
Meditation 139
Medizinmann 37, 92, 96
Mereschkowskij, Dimitri 238
Mitscherlich, Alexander 206, 219
Mitscherlich, Margarete 206
Mohammed 78 f., 114, 117, 156 f., 159 f., 231

Nachtod-Zustand 281 f., 287
Napoleon Bonaparte 165
Neumann, Erich 87, 207, 221, 250
Newton, Isaac 34
Nietzsche, Friedrich 210 ff., 234
Nirenberg, M. W. 249
Nirwana 136

Ödipuskomplex 237
Offenbach, Jacques 122 f.
Origines 153
Orpheus 122 f., 125, 130 f., 135, 189
Orwell, George 241
Osiris 110 f., 114 ff., 123
Osis, Karlis 225 ff., 292

Palladino, Eusapia 61
Palm, Rolf 79, 156
Paracelsus 187, 255
Patriarchat 111, 123 f.
Pauli, Wolfgang 256, 268
Paulus 153, 159
Persephone 120, 188
Petrus 159
Planck, Max 177, 250, 261, 268
Plato 87 f., 145 f., 162
Plotin 182, 186 f.
Popper, Karl R. 289 f.
Portmann, Adolf 250
Praekognition 194
Prometheus 113
Psychokinese 30, 69, 71 f.
Puschkin, Wenjamin 69 ff.
Pyramiden 107, 110, 202
Pythagoras 126 ff., 136 f., 151, 153, 161, 189, 254

Quantensprünge 261, 267, 277, 280
Quasare 265

Reanimation 85
Reinkarnation 64
Religion, eleusinische 120, 134, 220
Rhea 120
Richter, Horst Eberhard 56
Riemann, Bernhard 267
Roosevelt, Franklin D 214
Russell, Bertrand 22

Sarazenen 156, 159, 161
Sartre, Jean Paul 213 ff., 229
Satan 117 ff., 152, 157, 232 f., 238
Schamane 37, 66 f., 92 ff., 98 f., 101, 105, 157
Schärf, Riwkah 152
Schelling, Friedrich Wilhelm von 253, 255, 292
Schlafbewußtsein 137, 271, 278
Schrödinger, Erwin 186, 250, 256, 268
Seth 111, 116 f.
Siddhartha 134
Sinnestäuschung 31 f., 196
Skinner, Burrhus F. 77, 209 f., 215, 236

319

Sokrates 133
Soubirous, Bernadette 172 f
Soziopsyche 87
Spiegelmann, M. 245
Spiritismus 59, 193
Stalin 214
Symbole 88, 171, 230 f., 234, 275

Tantrik, Tantrismus 137, 140, 253, 276, 285
Tao(ismus) 129, 140, 142, 161, 182 f., 253
Tart, Charles 67
Tertullian 153
Thales 132, 254
Thanatos 21
Thornelle, Gwaldys 65
Thule-Orden 165 f.
Totem(pfahl) 92 f.
Totenbuch, Tibetanisches 265, 282, 285 f., 288, 292
Trauma 14
Traumbewußtsein 137, 170, 272, 275, 278, 283
Träume, prognostische 28

Überbewußtsein 60, 137, 181, 276ff., 280, 282
UFO 293
Unbewußtes 14 ff., 29, 45, 48, 59, 67, 76, 108 f., 128, 132, 135, 170, 178 ff., 186, 197, 208, 230, 239 f., 243, 265, 270, 272

Upanishaden 128, 132, 135

Veden 128, 135 f.
Venus 188
Verdu, Alfonso 182
Vergil 160
Vogt, Karl 193

Wachbewußtsein 271 f., 278 f
Wahrträume 28
Watson, John B. 77
Weininger, Otto 237
Whitaker, Edmund 265
White, Stewart Edward 263 f.
Wiedergeburt 62, 65 ff., 115, 130 f., 136, 199, 212, 284
Wiener, Norbert 85, 187, 250, 285
Wilhelm, Richard 142, 183
Wood, F. H. 62 ff., 66
Wunderheilung 30

Xenoglossie 63

Yoga 181 f., 244, 286
Yogi 37, 66 f., 94, 138, 221

Zahl, irrationale 126
Zarathustra 224
Zen(-Buddhismus) 129, 140, 144, 182
Zola, Emile 177 f
Zukunftsträume 28

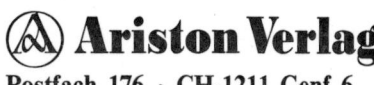

SACHBÜCHER AKTUELLER ESOTERIK

in Balacron mit Goldprägung und cellophaniertem, farbigem Schutzumschlag

---

GESPRÄCHE MIT SETH –
VON DER EWIGEN GÜLTIGKEIT DER SEELE
Von Jane Roberts

Dieses Buch – das weltweit ein Bestseller ist – macht uns das Bewußtsein als offenes, in steter Wandlung begriffenes System und die Seele als Quelle aller Kreativität und Entwicklung deutlich, deren Potential beinahe unbegrenzt und multidimensional ist. Was hier über Seele, höhere Realitäten, über innere Wahrnehmung, Traum, Lebens- und Todeserfahrung, Reinkarnation, jenseitige Alternativen und Religion gesagt wird, ist »provozierend und faszinierend« (Publisher's Weekly). »Ich möchte die *Gespräche mit Seth* als das aufregendste Buch des Jahres bezeichnen« (Österreichischer Rundfunk ORF). Und Richard Bach, Autor der *Möwe Jonathan,* schrieb: »Dies ist eines der besten Bücher, die ich je gelesen habe.« 448 Seiten, geb., ISBN 3-7205-1181-2.

DIE NATUR DER PERSÖNLICHEN REALITÄT –
EIN NEUES BEWUSSTSEIN ALS QUELLE DER KREATIVITÄT
Von Jane Roberts

Nach den »Gesprächen mit Seth«, die »als das aufregendste Buch des Jahres« bezeichnet wurden (ORF), legt die Bestseller-Autorin wiederum ein höchst subtiles Werk vor. Es führt Ihnen die Quelle aller Kreativität und Energie vor Augen und läßt erkennen, welch entscheidende Rolle unsere zu Glaubenssätzen verdichteten Überzeugungen für die Eigenart und Entfaltung unserer Persönlichkeit und für unser Leben spielen. Sie lernen Methoden kennen, wie Sie solche Glaubenssätze bewußt ergründen und auch aufgrund innerer Wahrnehmung – intuitiv, paranormal und im Traum – entdecken können. Wie immer Ihre Lebensumstände sein mögen, Sie können sie ändern und alle Kanäle Ihres Seins neuen, erwünschten und wünschenswerten Erfahrungen öffnen. 504 Seiten, geb., ISBN 3-7205-1299-1.

DIE NATUR DER PSYCHE – IHR MENSCHLICHER
AUSDRUCK IN KREATIVITÄT, LIEBE, SEXUALITÄT
Von Jane Roberts

Jane Roberts stellt in diesem neuen »Seth-Buch« die Psyche, durch die wir Zugang zur universellen Welt höherer Realitäten haben, in ihrem natürlichen Ausdruck dar. Was in diesen Botschaften über die kreative Gestaltungskraft unseres psychischen Potentials, über Träume, Liebe und Sexualität, über Hetero- und Bisexualität sowie über homosexuelle und lesbische Triebe im Menschen gesagt wird, ist revolutionär. Es sprengt den Rahmen konventioneller Sicht. Die spielerischen Übungen zur Erweiterung des Bewußtseins sind verblüffend. Dieses herausfordernde Buch verstrickt uns mit unserem tiefsten Wesen. 330 Seiten, geb., ISBN 3-7205-1215-0.

ARISTON VERLAG · GENF/MÜNCHEN

CH-1211 GENF 6 · POSTFACH 176 · TEL. 022/786 18 10 · FAX 022/786 18 95
D-8000 MÜNCHEN 70 · BOSCHETSRIEDER STRASSE 12 · TEL. 089/724 10 34

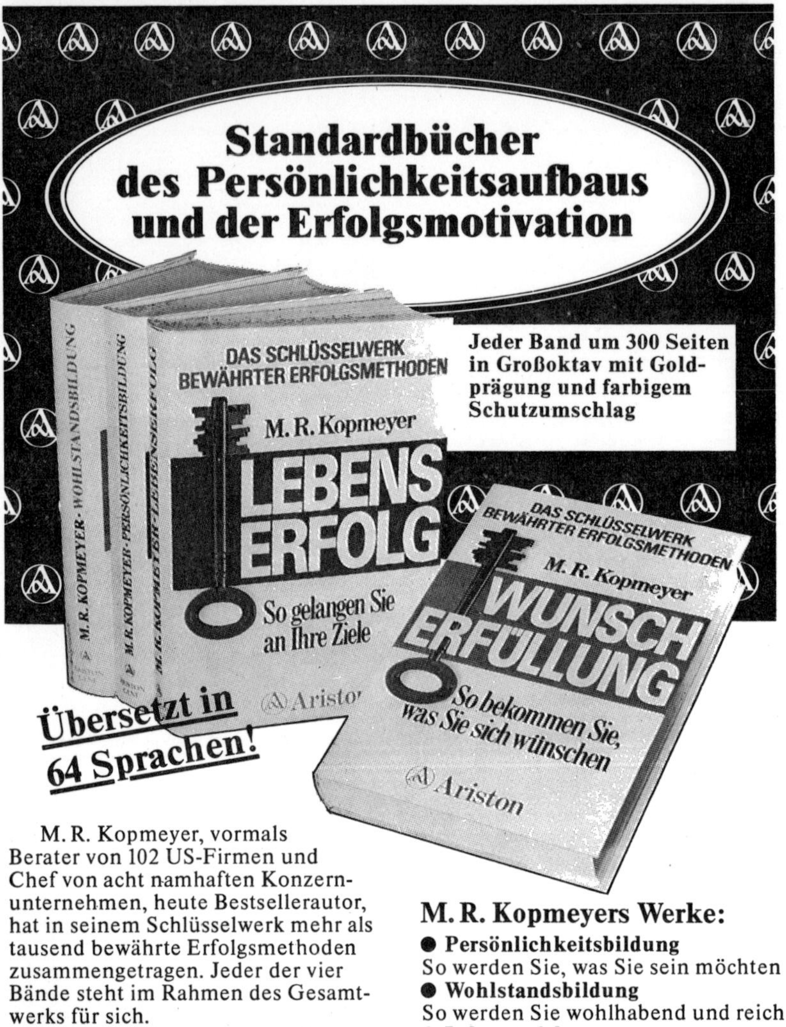
Standardbücher
des Persönlichkeitsaufbaus
und der Erfolgsmotivation
Jeder Band um 300 Seiten in Großoktav mit Goldprägung und farbigem Schutzumschlag
DAS SCHLÜSSELWERK BEWÄHRTER ERFOLGSMETHODEN
M. R. Kopmeyer
LEBENS ERFOLG
So gelangen Sie an Ihre Ziele
Ariston
M. R. KOPMEYER · WOHLSTANDSBILDUNG
M. R. KOPMEYER · PERSÖNLICHKEITSBILDUNG
Übersetzt in 64 Sprachen!
DAS SCHLÜSSELWERK BEWÄHRTER ERFOLGSMETHODEN
M. R. Kopmeyer
WUNSCH ERFÜLLUNG
So bekommen Sie, was Sie sich wünschen
Ariston

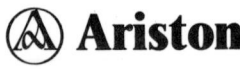